Le parfait secrétaire

Le parfait secrétaire

nouvelle édition
par
Georges Vivien

Librairie Larousse
17, rue du Montparnasse, Paris VIe

Le présent volume appartient à la dernière édition (revue et corrigée) de cet ouvrage. La date du copyright mentionnée ci-dessous ne concerne que le dépôt à Washington de la *première* édition.

Librairie Larousse (Canada) limitée, propriétaire pour le Canada des droits d'auteur et des marques de commerce Larousse. — Distributeur exclusif au Canada : les Éditions Françaises Inc., licencié quant aux droits d'auteur et usager inscrit des marques pour le Canada.

2-03-701003-6

Correspondance usuelle et mondaine

Conseils pour écrire une lettre

On écrit, dit-on, de moins en moins. Pourtant, le volume du courrier postal augmente régulièrement. C'est que la correspondance a pris une autre forme : l'imprimé, la circulaire, le bulletin tout préparé où il suffit de cocher quelques cases ont fréquemment remplacé la lettre classique. Fréquemment, mais pas toujours. Sur le plan des affaires, dès que la question est nuancée ou litigieuse, il faut bien utiliser un système d'expression également nuancé, et la lettre demeure indispensable. Sur le plan des relations personnelles, nombreuses sont les circonstances où il est toujours nécessaire d'écrire : il faut remercier, compatir, féliciter, offrir des vœux, garder le contact avec les absents. Certes, la forme épistolaire, qui constituait autrefois un divertissement ou un exercice de style, n'a plus guère la faveur de nos contemporains. Il reste néanmoins les lettres les plus difficiles à rédiger, celles où la fantaisie n'a plus de place, où il faut peser chaque mot et suivre rigoureusement les règles de la correction et de la courtoisie. Enfin, il y aura toujours les lettres familiales, qui font tellement plus plaisir aux personnes âgées qu'une brève conversation téléphonique. Le mot écrit a plus de poids, plus de charme. Aussi vaut-il mieux ne pas écrire n'importe comment et n'importe où. Prenez votre temps, installez-vous, réfléchissez et puis laissez parler votre cœur ou votre esprit.

• *Le choix du papier.*

Rien n'est imposé. Pour correspondre avec vos familiers, vous êtes libre de choisir la couleur et le format, mais, pour une lettre d'une certaine tenue, le blanc est toujours plus sûr. Vous pouvez utiliser un papier portant, imprimés ou gravés en haut et à gauche, votre nom ou vos initiales, votre adresse, votre numéro de téléphone. Cette mode semble cependant diminuer, sauf pour les papiers légèrement teintés, de format moyen, réservés aux lettres très mondaines. Le papier de deuil, bordé de noir, est tombé en désuétude.

• *La lettre dactylographiée.*

Peut-on dactylographier les lettres qui ne sont pas des lettres d'affaires ? C'était considéré autrefois comme une incorrection, mais, maintenant que la calligraphie tend à devenir un gribouillage, ce serait plutôt un service rendu aux personnes qui n'aiment pas déchiffrer des hiéroglyphes. Evidemment, on peut toujours vous soupçonner d'avoir chargé votre secrétaire d'écrire à votre place, mais il y a tout de même de plus en plus de gens qui écrivent directement à la machine (et qui font assez de fautes de frappe pour qu'on ne puisse les confondre avec des professionnels !). Il est d'ailleurs facile, après avoir tapé la lettre, d'ajouter quelques mots manuscrits pour bien personnaliser votre envoi. Notons, toutefois, qu'il serait déplacé d'exprimer des condoléances ou des félicitations à l'aide d'une machine à écrire.

Si vous écrivez à la main, écrivez bien, le plus lisiblement possible. Evitez les mots en abrégé, les lettres informes, les accents mal placés, les ratures, etc. Que votre correspondant n'ait pas à regretter que vous n'ayez pas acheté de machine à écrire.

• *La présentation.*

Une marge spacieuse donne à la lettre un ton de soin et de respect, mais n'en profitez pas pour écrire seulement sur une demi-page : le destinataire pourrait penser que vous cherchez à limiter la durée de la corvée épistolaire.

Pour une lettre manuscrite, une marge de deux centimètres est un maximum. Ne rajoutez rien dans la marge ou en haut de la page : vous passeriez pour un brouillon. Ne craignez pas d'aller souvent à la ligne, votre lettre sera plus agréable à lire ; et rappelez-vous la règle d'or : un sujet par alinéa. De plus, n'oubliez jamais la date et, si votre lettre est longue, numérotez les pages. Il n'est pas incorrect de souligner un mot ou une proposition d'une importance exceptionnelle.

• *La ponctuation.*

Il faut toujours veiller à ce que la ponctuation soit correcte et, si nécessaire, recourir aux services d'une bonne grammaire. Une virgule mal placée peut faire naître un malentendu. On connaît sans doute cette anecdote. Quelqu'un avait écrit : « M. Leduc nous avait envoyé des huîtres, et notre cousine une grosse bécasse, qui fut le clou du déjeuner ». Mais il avait placé la virgule non pas après huîtres, mais après cousine, et ladite cousine prit la chose fort mal.

Notez ces quelques indications. Il est vulgaire d'abuser des points d'exclamation, surtout s'ils sont répétés : ! ! ! Les guillemets se mettent ouverts après les deux points qui précèdent une citation, et fermés après la dernière ponctuation de la citation. Pour exprimer une idée subsidiaire, il vaut mieux utiliser les parenthèses que les tirets, qui risquent d'être pris pour des traits d'union.

• *Les abréviations.*

« Monsieur », « Madame », « Mademoiselle » s'écrivent en abrégé (M., Mme, Mlle, MM., Mmes...) devant un nom propre, sauf si la personne dont on parle peut lire votre lettre. Si un monsieur Vincent habite chez vos amis ou fait partie de la famille, employez toujours Monsieur en toutes lettres devant son nom lorsque vous écrirez à vos amis. Dans tous les autres cas, écrivez M. Vincent. Employez toujours Madame votre mère, et non Mme votre mère. Docteur et Monseigneur suivent la même règle. On abrège Dr Dupont, Mgr Chassagon.

On évitera les abréviations peu usuelles, mais on ne se donnera pas le ridicule d'écrire Postes et Télécommunications pour P et T. ou Taxe à la valeur ajoutée pour T. V. A.

- *L'en-tête.*

D'égal à égal. Un homme écrivant à un autre homme l'appellera *Monsieur* ou, s'il le connaît depuis quelque temps, *Cher Monsieur* (jamais *Mon cher Monsieur* ni *Cher monsieur Untel* à la manière anglo-saxonne). Entre fonctionnaires, on dit *Monsieur et cher collègue,* puis *Mon cher collègue.* Entre membres d'une même profession, *Mon cher confrère* ou *Mon cher confrère et ami* (avec un ami de longue date on peut se risquer à employer la formule humoristique : *Mon cher confrère et néanmoins ami*). Les mêmes formules se retrouvent au féminin. Un homme écrivant à une femme dira seulement *Madame.*

A un subordonné, on écrira *Monsieur* ou *Cher Monsieur.*

A un supérieur, *Monsieur* ou, si on le connaît très bien, *Mon cher Directeur* (*Conseiller, Président,* etc.) *et ami.*

Pour les officiers, on ne donne le titre qu'à partir du grade de commandant (et on ne le fait précéder de *mon* que si l'on veut marquer sa subordination). Pour les hauts fonctionnaires, on donne le titre. Donc on dira *« Général »*, *« Amiral »*, mais *« Monsieur le Préfet »*. Pour un médecin, on mettra *« Docteur »*, pour un avocat ou un homme de loi, *« Maître »*.

Quand on écrit à des **membres du clergé,** les formules sont très nuancées. A un cardinal, on dit *Eminence,* à un évêque, *Monseigneur,* à un abbé, selon son rang, *Mon Révérend Père* (ou *Très Révérend* ou *Révérendissime*). Pour les membres du clergé séculier, on donne le titre : *Monsieur le Chanoine, Monsieur le Curé, Monsieur l'Abbé,* etc. Toutefois, par une tendance à la simplification, bon nombre d'ecclésiastiques, même de rang élevé, se font appeler tout bonnement *Père* ou *Mon Père.*

- *Les formules finales.*

Elles peuvent être beaucoup plus variées, mais il faut se souvenir de quelques règles :

— On répète toujours dans la formule finale les mots qui ont servi pour l'en-tête :
Mon cher confrère et ami... Recevez, mon cher confrère et ami, l'assurance de mes sentiments très distingués.

— Lorsqu'on veut marquer une certaine déférence, on dit non pas « recevoir », mais « agréer » ou « accepter » : on donne non pas l'« assurance », mais l'« expression » de ses sentiments :
Recevez, cher Monsieur, l'assurance de mes meilleurs sentiments ; veuillez agréer, cher Monsieur, l'expression de mes sentiments respectueux.

— Une dame n'assure jamais un monsieur de son respect.

Voici enfin, d'après le protocole du ministère des Affaires étrangères, quelques-unes des salutations en usage dans la chancellerie française.

Pour un souverain ou **une souveraine,** l'en-tête est *Sire* (ou *Madame*) et la formule finale :

> Que Votre Majesté royale (ou impériale) daigne agréer les assurances de la respectueuse considération avec laquelle j'ai l'honneur d'être, de Votre Majesté, le très humble et très obéissant serviteur.

Pour un président de la République :

> Monsieur le Président... Veuillez agréer, Monsieur le Président, l'hommage de mon profond respect.

Pour un ambassadeur :

> Monsieur l'Ambassadeur... Votre Excellence...
> Veuillez agréer, Monsieur l'Ambassadeur, les assurances de ma très haute considération.

Pour un ministre :

Veuillez agréer, Monsieur le Ministre, l'assurance de ma très haute considération.

Pour le Premier ministre : Monsieur le Premier Ministre.

Pour un sénateur ou un député :

Veuillez agréer, Monsieur le Sénateur, l'assurance de mes sentiments les plus distingués.

(Monsieur le Président, *si le parlementaire a été président du Conseil.*)

Pour un ministre plénipotentiaire de première classe :

... l'assurance de ma haute considération.

Pour un directeur du ministère :

... de ma considération la plus distinguée.

Pour un sous-directeur :

... de ma considération très distinguée.

Pour un fonctionnaire ordinaire ou **pour un particulier**

... de ma considération distinguée.

Pour une dame :

Veuillez agréer, Madame, l'hommage de mon respect.

Pour les titres de noblesse, à part celui de duc et de prince, donner le titre est un aveu d'infériorité. On dira donc, tout simplement, *Monsieur* ou *Madame.* Seuls les gens de service, les protégés et, le plus souvent, les fournisseurs diront : *Monsieur le Comte, Madame la Marquise.*

Sur l'enveloppe, cependant, un homme écrira toujours *Madame la Comtesse de Bonneterre.* A l'encontre de ce qu'on imagine communément, il ne s'agit pas du tout d'une marque de servilité, mais d'un raffinement de courtoisie, l'adresse étant exposée aux yeux des employés de la poste.

De même, un homme jeune écrira *Monsieur le Marquis de la Marche* à un homme âgé, une femme jeune, *Madame la Baronne de Saint-Meslin* à une personne âgée.

Enfin, si par hasard on a à écrire **au Pape,** on emploie du papier de grand format, on se sert comme en-tête de la formule *Très Saint Père,* on écrit à la troisième personne en désignant le pape par les mots *Votre Sainteté* et l'on termine par les lignes suivantes, sans en changer la disposition :

Prosterné aux pieds de Votre Sainteté et implorant
la faveur de sa bénédiction apostolique,
J'ai l'honneur d'être,
Très Saint Père,
avec la plus profonde vénération,
de Votre Sainteté,
le très humble et très obéissant serviteur et fils.

• *La signature.*
Il est pratique d'avoir une signature lisible ; si elle est véritablement indéchiffrable, il est bon d'écrire en dessous le nom en caractères d'imprimerie. Une femme mariée signe habituellement du nom de son mari, précédé de sa propre initiale ou de son prénom entier. Les femmes appartenant à la noblesse peuvent signer de leur titre.

• *Le post-scriptum.*
Mots latins signifiant : « écrit après ». Il n'est pas inélégant d'ajouter quelques mots à une lettre sous la signature, s'il s'agit d'une information parvenue après la rédaction de la lettre ou qui n'a aucun rapport avec les sujets traités. Sinon, on vous taxera d'étourderie. Il est donc toujours bon de relire sa lettre avant de la signer.

• *L'enveloppe.*
D'après les instructions administratives, la suscription de l'enveloppe doit contenir le nom (et si nécessaire le prénom) du destinataire, sa qualité ou profession, son domicile, son numéro de code postal (éventuellement le

nom du pays étranger). L'expéditeur a tout intérêt à inscrire son adresse au dos de l'enveloppe afin que la lettre lui soit retournée si le destinataire est introuvable. Le timbre se colle en haut et à droite de l'enveloppe. Il est bon de joindre un timbre ou une enveloppe timbrée pour la réponse lorsqu'on s'adresse à une personne publique ou privée pour lui demander un renseignement qu'elle n'est pas tenue de vous donner.

Si vous pensez que votre correspondant peut ne pas être à son domicile, écrivez sur l'enveloppe, en haut et à gauche : « Prière de faire suivre ». Si vous voulez vous faire réexpédier votre courrier lorsque vous vous déplacez, demandez à la poste des enveloppes de réexpédition. Votre gardien pourra vous faire suivre gratuitement votre courrier, à condition que les enveloppes aient été normalement timbrées.

Lorsque vous confiez à un ami une lettre à expédier à votre place, ou à remettre à un tiers, la politesse exige que vous lui remettiez l'enveloppe non fermée ; il la cachètera en votre présence.

La **carte postale** n'a actuellement guère de chances d'arriver dans des délais normaux, sauf si vous la mettez sous enveloppe et la timbrez comme une lettre. S'il n'y a pas d'urgence, vous pouvez l'envoyer à découvert, mais en songeant bien qu'elle peut être lue par tout le monde. Usez donc de discrétion dans la rédaction. Evitez aussi les expressions vulgaires telles que « Un bonjour de ... » et n'oubliez pas quelques mots de salutation. Quant au choix de la carte elle-même, vous penserez toujours aux goûts du destinataire. Et, si vous avez l'habitude de conserver les lettres et les cartes que vous recevez, prenez la peine de constituer un répertoire alphabétique pour vous retrouver rapidement dans vos collections.

• *La carte de visite*

On a un peu perdu l'habitude de la déposer chez quelqu'un, avec un coin corné, pour rappeler qu'on lui a rendu une visite de courtoisie ou de remerciement. La carte de visite, actuellement, sert surtout à remplacer une lettre dans des cas très précis : vœux, félicitations, condoléances, invitation à une réception, changement d'adresse, ou encore pour accompagner un cadeau ou un chèque. Elle ne porte en général qu'un rapide libellé manuscrit.

Les imprimeurs possèdent tout un choix de caractères ou de modes de présentation. Voici quelques éléments pour orienter le choix.

La carte gravée est plus élégante, mais plus coûteuse que la carte imprimée. Les impressions brillantes en relief sont passées de mode.

Les caractères de fantaisie sont aujourd'hui peu goûtés.

Le nom doit toujours se placer au milieu de la ligne.

Carte d'homme : elle mentionne le prénom, le nom, la profession ou le titre principal, l'adresse et le numéro de téléphone privés. Les cartes professionnelles mentionnent l'adresse de la société.

Carte de femme : elle porte le mot *Madame* suivi du prénom et du nom du mari. Une veuve n'indique pas « veuve », mais garde le nom et le prénom de son mari ; toutefois, si elle a une activité professionnelle, elle peut, de même que toute autre femme, faire figurer son propre prénom. Une jeune fille mentionne ses nom et prénom, pas son adresse.

Carte de couple : elle porte en abrégé *M.* et *Mme,* suivis des nom et prénom du mari. Si l'on mentionne le titre, on écrira : *Docteur et Mme Guy Larsac, le Colonel et Mme Désiré Grondin, Comte et Comtesse de Serizy.* On commence maintenant à donner simplement les prénoms et le nom du couple : *Jean et Sylvie Baruch.*

Les cartes de visite sont particulièrement commodes pour les personnes qui connaissent beaucoup de monde au moment des grandes « fournées » de décorations. Un texte très court suffira : *Avec ses très chaleureuses félicitations pour la promotion si méritée du docteur X.*

Rappelons qu'on est *nommé* chevalier, *promu* officier ou commandeur, *élevé* au grade de grand officier et à la dignité de grand-croix.

Il est habituel de répondre aux cartes de vœux du jour de l'an ; il est bon, quand c'est possible, de répondre aux cartes de félicitations. On ne répond pas aux cartes purement cérémonielles, par exemple quand un fonctionnaire prend sa retraite et adresse à ses supérieurs ou à ses collègues sa carte avec la simple mention P. P. C. (pour prendre congé).

• *Les télégrammes.*

Ils sont pratiques, mais coûteux. On essaiera donc d'en réduire le texte à l'essentiel, sans pourtant le rendre énigmatique. Comme ponctuation, on emploiera, si nécessaire, le mot *stop*. Ne pas oublier que, pour certaines personnes âgées, l'arrivée d'un télégramme est encore synonyme de catastrophe ; il vaut donc mieux utiliser cette formule seulement quand il est impossible de faire autrement.

Les télégrammes peuvent aussi, dans certains cas, être remplacés par des messages téléphonés, moins coûteux. Se renseigner à la poste.

La naissance

Nous donnerons ici quelques types de lettres qui ne doivent pas être considérés comme des modèles, car, en de telles circonstances, chacun doit laisser parler son cœur. Nous essayons simplement de fournir une orientation qui peut aider à trouver le ton le plus approprié.

1. Une jeune femme annonce à ses parents qu'elle attend un enfant

Maman chérie, mon cher papa,

Je suis si heureuse que je ne sais par quel bout commencer cette lettre — mais peut-être avez-vous deviné pourquoi ? Eh bien ! oui, j'attends un enfant. J'en suis sûre maintenant et je puis vous en parler.

Jacques se moque gentiment de ma joie, mais je sais qu'au fond il est aussi content que moi. Chose bizarre, il souhaite un garçon alors qu'on dit généralement que les pères préfèrent les filles. C'est moi qui espère une fille, et il ne me déplairait pas qu'elle ressemble à son père. Enfin, pendant sept mois nous allons rêver layette et berceau. Mais je m'occupe aussi sérieusement de lire toute la littérature qui tourne autour des soins à donner aux bébés, car je me sens un peu paniquée et je ne sais pas trop comment je m'en tirerai en sortant de la clinique. Heureusement que tu seras là, maman chérie, pour m'aider de tes conseils. Quant à l'accouchement, je me sens assez tranquille, car j'ai un bon médecin, spécialiste de l'accouchement sans douleur (à ce qu'on dit !).

Ecrivez-moi vite un petit mot pour me dire que vous partagez ma joie. Jacques se joint à moi pour vous embrasser avec toute notre tendresse.

Réponse de la mère

Ma chérie,

Tu devines notre joie en recevant ta lettre. Ton père est aux anges et il réfléchit déjà à la carrière de son petit-fils (car, pour lui, ce sera un garçon). Moi, je vois moins loin que lui et ne pense qu'au petit poupon que je vais bientôt serrer dans mes bras.

Ne t'inquiète pas au sujet de ton retour de clinique. Bien sûr, je serai là pour t'aider, mais tu verras comme une mère apprend très bien toute seule. D'ailleurs, qu'importe que tu tiennes bien ou mal le biberon ? C'est surtout d'amour que le bébé a besoin et je suis bien sûre qu'il n'en manquera pas.

Je suis heureuse de ce que tu me dis de ton médecin ; il est très important que tu aies confiance en lui. Suis bien ses conseils dès les débuts de ta grossesse.

Je vais immédiatement me mettre à tricoter, mais dis-moi quelles sont les couleurs que vous préférez. On a tant d'imagination aujourd'hui pour les choisir.

De l'imagination, il va aussi vous en falloir pour trouver un prénom et encore plus de fermeté pour vous opposer aux fantaisies quelque peu pédantesques de ton père, qui pencherait assez pour Sigismond. Mais nous avons le temps d'en reparler.

Nous ne tarderons pas à venir vous voir et nous vous embrassons, ton père et moi, bien tendrement.

2. Un jeune père à ses parents

Chers parents,

Tout s'est bien passé, en dépit de mes appréhensions. L'accouchement dit sans douleur est un euphémisme, mais Monique a été extrêmement courageuse et beaucoup plus calme que moi. Pourtant le bébé, une grosse fille déjà très chevelue, pesait près de huit livres. J'étais, bien sûr, tout attendri, mais un peu déconcerté devant cette espèce de gnome rougeoyant et bavant dont on m'a affirmé, en se fondant sur je ne sais quels critères, que c'était un enfant magnifique. Sa mère a perdu tout sens de l'objectivité et la contemple comme s'il s'agissait de la Joconde. Il paraît que c'est mieux ainsi, mais je ne vois pas comment il pourrait en être autrement puisque nous étions déjà l'un et l'autre gâteux à la pensée de sa venue.

Toutes deux vont bientôt sortir de la clinique et je me prépare à accueillir avec tous les honneurs notre petite Irène (je tiens beaucoup à ce nom de paix). J'ai déjà acheté des hochets et des boules de couleur, mais Monique me conseille suavement de garder mes faibles économies pour des dépenses plus utiles. C'est dur le métier de père, mais, au fond, quelle joie ! J'aimais déjà profondément Monique, mais je sens que, maintenant, elle m'est encore plus chère. Et que dirais-je d'Irène ? On m'assure qu'elle se tourne volontiers vers moi et je suis assez bête pour le croire. Que sera-ce quand elle sourira ? D'ailleurs, vous vous en rendrez bientôt compte, puisque vous allez venir nous rejoindre, pour le plus longtemps possible. Nous aurons tellement besoin de vos conseils et de votre assistance, moi, surtout, qui suis si maladroit ! Que Dieu garde la mère et l'enfant, sans trop oublier le père.

Je vous embrasse de tout cœur et vous enverrai les baisers d'Irène quand elle bavera un peu moins.

Réponse de la mère

Mon cher Charles,

Tu es toujours le même. A t'entendre, on croirait que l'arrivée de cette petite fille te déplaît, alors que, déjà, tu ne penses plus qu'à elle. Cesse donc tes manifestations d'ironie maladroite. Pense que ta femme, en ce moment, doit y être encore plus sensible que d'habitude et que, si tu n'affirmes pas hautement que votre fille est la huitième merveille du monde, elle te prendra pour un père indigne.

Tu es d'ailleurs bien avare de détails sur Irène et sur sa mère. Comment s'est passé l'accouchement ? A-t-il été long ? Monique est-elle bien remise ? Est-ce qu'elle a du lait ? Comment est ta fille, blonde, brune ou rousse ? Est-ce qu'elle pleure ? Enfin je sais bien que tu ne me répondras jamais à ma pleine satisfaction.

Il vaut mieux que je vienne au plus tôt. Ton père a pu régler ses affaires, et nous arriverons dans trois jours. Tu peux compter que nous apporterons à Monique toute l'assistance dont nous serons capables. Toi, tu n'as pas besoin de grand-chose, mais la maman et la petite, oui. Nous verrons sur place tout ce qu'il faut faire. Embrasse-les toutes deux de notre part de toutes tes forces.

Les faire-part de naissance sont envoyés en général une dizaine de jours plus tard. On utilise tantôt la carte de visite du couple, tantôt des cartons spécialement gravés. Les formules sont à peu près toujours les mêmes :

M. et Mme Louis SERVOLLAZ
sont heureux de vous faire part de la
naissance de leur fils André

Sylvie, Jannick et Gaston DRUT
ont la joie d'annoncer la naissance de leur petit frère
Michel

En bas à gauche l'adresse, à droite la date.

On a pris aussi l'habitude d'insérer dans la rubrique mondaine d'un quotidien une courte annonce qu'il vaut mieux rédiger dans les termes les plus simples. On écrira, par exemple : *M. Louis D. et Mme (née Arlette C.)* (adresse) *ont la joie d'annoncer la naissance de leur fils*

Edmond, le... Ou encore : *Anne, Catherine et Isabelle* (nom et adresse) *sont heureuses d'annoncer la naissance de leur petit frère Gaston.* On évitera les formulations prétentieuses du type : *M. et Mme ... laissent à Delphine et Monique la joie d'annoncer la naissance de leur petit frère Désiré.*

Lorsqu'une naissance est annoncée dans une famille amie, on peut envoyer une petite lettre sur un ton assez léger :

3. La naissance d'Olivier m'apporte une joie réelle. Je vous félicite de tout cœur et partage votre bonheur. J'adresse mes vœux les plus chaleureux pour l'avenir de ce petit garçon, qui ne saurait mieux faire que de ressembler à ses chers parents et je présente à la maman tous mes souhaits de prompt rétablissement.

Lorsqu'il s'agit de simples relations, on se bornera à une carte de visite ainsi rédigée : *M. et Mme X. prient M. et Mme Y. d'accepter leurs très vives félicitations pour la naissance du petit Olivier.*

Si l'on écrit à des personnes considérées comme d'un rang égal ou inférieur, on portera sur la carte de visite : *avec leurs très vives félicitations pour l'heureuse naissance du petit Olivier et tous leurs vœux de bonheur.*

Il arrive que les parents tiennent à signaler la naissance d'une façon plus personnelle à des gens envers lesquels ils ont des obligations.

4. A un ancien professeur

Cher Monsieur (ou Madame),

Vous m'avez donné trop de marques de bienveillance pour que je vous laisse ignorer mon bonheur : je me permets donc de vous annoncer la naissance de mon petit Jean-Claude.

Malgré tout ce que je pouvais autrefois pressentir des joies de la maternité, je me sens émerveillée et comblée au-delà de toute imagination.

Je vous garde un attachement profond, car je vous dois en grande partie tout ce que je suis aujourd'hui, et il me serait très agréable de pouvoir vous faire connaître mon petit enfant. Il faudra que vous me donniez un jour des conseils pour son éducation, et qui, mieux que vous, pourrait m'y aider ?

Veuillez croire, chez Monsieur (ou Madame), à mes sentiments de respectueuse affection.

5. Lettre d'un homme pour annoncer à un supérieur hiérarchique la naissance de son enfant

Monsieur,

J'ai le grand plaisir de vous faire connaître qu'un événement heureux vient de survenir à notre foyer. Je me permets de vous annoncer la naissance d'un fils, Bruno, qui nous comble de joie.

Je vous remercie d'avoir bien voulu, à cette occasion, m'accorder les facilités nécessaires pour que je puisse aller voir fréquemment ma femme à la clinique. Nous vous en avons tous deux une grande reconnaissance.

Veuillez agréer, Monsieur, l'assurance de mon respectueux dévouement.

Réponse

Mon cher Decoin,

La nouvelle que vous m'apprenez me fait le plus grand plaisir et je vous adresse mes chaleureuses félicitations à partager avec Madame Decoin, que j'espère en parfaite santé.

Recevez, mon cher Decoin, mes meilleurs compliments.

Le baptême

Si l'on donne une réception à l'occasion du baptême, on peut envoyer aux amis intimes un petit carton ainsi rédigé :

> Nous donnons samedi ... de cinq à sept une petite réception intime à l'occasion du baptême de notre fille Caroline ; il nous serait agréable de voir autour d'elle nos meilleurs amis. Nous espérons beaucoup pouvoir compter sur vous deux et sur vos enfants. Croyez, chers amis, à nos affectueuses pensées.

On peut aussi envoyer une simple carte de visite :

M. et Mme René GRANDMARTEL
recevront à l'occasion du baptême
de leur fille Caroline
le samedi 9 mai de 16 à 19 heures.

Adresse

Carte à laquelle il sera répondu par une autre carte :

M. et Mme Bernard LANGLOIS
remercient Monsieur et Madame Grandmartel
de leur aimable invitation ; ils seront heureux
d'apporter samedi à la petite Caroline
tous leurs vœux de bonheur.

Dans tout baptême, il faut un parrain et une marraine. On les choisit dans la famille, parmi les amis les plus chers.

6. Pour demander à un ami d'être parrain

Mon cher André,

Tu dois déjà savoir que Suzanne attend un bébé dans trois mois. Veux-tu nous faire la grande joie d'en être le parrain ?

Je suis hostile au parrainage des vieux oncles; j'estime qu'il faut confier son enfant à un être jeune qui puisse le comprendre, le guider et, le cas échéant, remplacer son père. Nul mieux que toi ne pourrait remplir ce rôle. N'es-tu pas mieux qu'un frère pour moi, mon meilleur et mon plus vieil ami ? Ne considère surtout pas la question sous son angle matériel. Je te supplie de te souvenir qu'on a supprimé dragées et cadeaux. Je te demande simplement d'accepter la charge morale de notre enfant, c'est la plus grande preuve d'amitié que tu pourras nous donner.

J'ajoute que c'est ma jeune belle-sœur, Yvette, que tu connais bien, qui doit être la marraine.

Bien cordialement à toi.

Réponse

Mon cher Gérard,

Ta lettre me touche infiniment. Cette preuve de confiance venant de toi ne me surprend pas, mais renforce encore ma vieille amitié. Comment refuserais-je ce qui m'est une si grande joie ?

Ton mariage, qui aurait pu nous séparer, nous rapproche et tu voudras bien dire à Suzanne ma reconnaissance.

Si tu savais comme ce gosse me sera cher ! Je me sens tout prêt à l'épauler au cours de sa vie. Mais surtout à l'aimer, car tu n'as certes pas besoin de moi, j'en ai la conviction, pour en faire quelqu'un de très bien.

Alors, dis à Suzanne de se dépêcher pour qu'on sonne les cloches du baptême et demande-lui de me suggérer ce qu'elle aimerait comme souvenir durable pour mon filleul... ou ma filleule : médaille ? timbale ? couvert ?

Pour tous deux, ma grande et reconnaissante amitié.

7. A un oncle pour lui demander d'être parrain

Mon cher oncle,

Maman vous a déjà mis au courant des grandes nouveautés de notre ménage. Dans trois mois, nous aurons le bonheur de devenir à notre tour des parents.

Nous avons pensé, Ghislaine et moi, vous demander une grande faveur : voulez-vous accepter ce petit enfant attendu pour filleul ?

Vous êtes à la fois le chef de famille et notre oncle préféré ; ce serait pour nous une sécurité et une joie de vous confier ce que nous avons de plus cher.

Ghislaine souhaite demander à sa tante Marchevaux de partager avec vous ce parrainage et nous attendons votre réponse avec impatience.

Voulez-vous croire, mon cher oncle, à notre respectueuse affection.

Réponse

Mon cher Jean,

Tu me touches profondément en me sollicitant comme parrain pour ton enfant, mais ne me tiens pas rigueur d'un refus que tu dois comprendre.

Je ne suis plus assez jeune pour assumer cette tâche. Un parrain doit doubler un père, le remplacer au besoin si, pour une raison ou une autre, il est éloigné et fait défaut. Or, quand ton enfant deviendra un homme, il y a longtemps que je ne serai plus de ce monde.

Tu as des frères, des cousins, des amis beaucoup mieux qualifiés que moi pour ce rôle. Alors pardonne-moi et trouve ici une preuve de ma grande affection et de ma sollicitude pour ton ménage. Cela ne m'empêchera pas d'aimer ton enfant aussi vivement.

Partage avec Ghislaine mes sentiments reconnaissants et affectueux.

8. A un prêtre pour lui demander de baptiser l'enfant

Cher monsieur l'Abbé,

C'est une grande faveur que je viens vous demander aujourd'hui. Les marques de bienveillance et d'amitié dont notre ménage a toujours bénéficié de votre part m'autorisent à faire cette démarche. Nous avons le très grand bonheur d'espérer un enfant : dans un mois, s'il plaît à Dieu, cet espoir deviendra une réalité. Il s'agit donc d'en faire un petit chrétien le plus rapidement possible et il nous serait réconfortant que vous acceptiez de le baptiser. Il n'est pas défendu, j'en suis certain, d'ajouter au sacrement une part de sentiment et de souhaiter choisir la main qui l'accorde.

Il nous semble ainsi que vous accepteriez de prendre notre petit enfant sous votre protection et de nous aider, par vos conseils, à l'élever.

Nous espérons donc une réponse favorable et souhaiterions que le baptême ait lieu dans les premiers jours de mai si cette période vous convient.

Veuillez accepter, Monsieur l'Abbé, l'expression de mes sentiments respectueux.

9. Remerciements pour l'envoi d'un cadeau

Ma chère Antoinette,

A l'instant, je reçois le charmant vêtement que vous avez tricoté pour mon petit Olivier et je veux vous dire, sans plus attendre, tout mon plaisir. La forme est excellente et rien n'est plus pratique que ce kimono facile à enfiler et indispensable dès que fraîchit le temps. Je n'ai pu résister au désir de le lui essayer tout de suite et je voudrais que vous puissiez voir combien l'effet est adorable.

Merci de tout cœur, ma chère Antoinette ; vous êtes une délicieuse amie que j'embrasse avec toute mon affection.

La profession de foi

C'était autrefois une cérémonie très solennelle. Elle réunissait toute la parenté pour la messe, bien sûr, mais aussi pour le banquet. C'était l'occasion d'échanges de lettres et d'envois de cadeaux. De nos jours, la première communion, devenue la *profession de foi,* a beaucoup perdu de son caractère « triomphaliste ». Lettres et cadeaux se sont faits moins nombreux. Il reste encore d'usage pour la marraine d'envoyer un missel à sa filleule.

10. Une marraine à sa filleule pour sa profession de foi

Ma petite Véronique,

Ainsi, tu vas bientôt faire ta profession de foi. C'est un grand événement qui marque une étape importante dans ta vie de chrétienne. Je pense avec émotion que j'étais auprès de toi pour la première de ces étapes, ton baptême et, de même que je t'avais offert alors un cadeau qui ne t'a plus quittée, je voudrais aujourd'hui te donner un souvenir qui, tout au long de ta vie chrétienne, te rappellera ta marraine. Reçois donc ce missel (ou ce crucifix) : chaque fois que tu le regarderas, tu pourras penser aussi à toute l'affection que j'ai pour toi.

Je t'embrasse bien tendrement.

Il est moralement nécessaire de répondre aux envois de cadeaux par une lettre. Pour la marraine, laissons la petite fille écrire toute seule : sa lettre sera peut-être un peu confuse, mais sûrement bien plus touchante.

Voici quelques indications pour les autres cas.

11. Au supérieur du mari qui a envoyé un cadeau

Monsieur,

Vous êtes infiniment bon d'avoir pensé à gâter notre fille et le livre que vous avez bien voulu lui envoyer a fait son admiration. Mon mari et moi vous en gardons une profonde reconnaissance et je me hâte de venir vous en remercier.

Je vous prie de croire, Monsieur, à mes sentiments distingués.

12. A une employée du mari qui a envoyé des fleurs

Chère Mademoiselle Sabordier,

Vous êtes vraiment trop aimable d'avoir si gracieusement manifesté votre pensée au moment de la profession de foi de notre fille. Vos fleurs étaient ravissantes, et tout le monde les a admirées.

Je suis infiniment touchée de votre attention, chère Mademoiselle Sabordier, et je veux vous en dire ma vive reconnaissance avec toute ma sympathie.

Si, à l'occasion de la profession de foi, la famille donne une réception, elle fera ses invitations par carte de visite :

Madame Pierre LENOBLE
recevra jeudi 28 mai de 5 à 7, à l'occasion de la profession de foi de son fils Eric.

R. S. V. P.

On répondra par une autre carte

M. et Mme DUGUICHARD
remercient Madame Lenoble de son aimable invitation à laquelle ils auront le grand plaisir de se rendre *ou* qu'ils ont le regret de ne pouvoir accepter, étant pris par des engagements antérieurs, mais ils penseront tout particulièrement à Eric et à ses parents jeudi matin.

L'éducation

C'est, depuis bien longtemps, l'un des soucis majeurs des familles françaises. Actuellement, deux tendances semblent se manifester.

Certains parents, excédés par le mauvais vouloir des enfants et par l'anarchie de l'enseignement, baissent les bras et laissent les choses aller. Ils ont tort, car, souvent, avec un peu de discernement et d'esprit de collaboration, on peut redresser des situations apparemment très compromises.

D'autres parents ont tendance à multiplier les interventions qui inquiètent les enfants et peuvent lasser des enseignants parfois surmenés.

L'essentiel est de garder son calme : un échec, toujours désagréable, n'est pas nécessairement une catastrophe. Verlaine et Sacha Guitry n'ont jamais eu leur baccalauréat, et l'on connaît maints recalés du bac qui ont fait par la suite une très brillante carrière dans les affaires, dans le commerce ou dans l'audio-visuel.

Les interventions écrites sont d'ordinaire plus efficaces que les visites; d'abord, en général, l'enfant les ignore, ce qui lui épargne bien des inquiétudes; d'autre part, elles font moins perdre de temps que des conversations souvent oiseuses, et elles laissent une trace que l'enseignant ne peut ignorer.

Enfin, il est des cas où il est nécessaire d'écrire pour des raisons de caractère officiel ou réglementaire.

13. A un proviseur pour demander l'inscription d'un élève

Monsieur le Proviseur,

Je souhaiterais beaucoup vous confier mon fils Hubert Hulot, huit ans, qui a jusqu'ici travaillé à la maison.

Je suis inspecteur d'assurances et je voyage trop pour pouvoir suivre comme il se doit l'éducation et le travail d'un enfant de cet âge, qui a besoin d'une discipline sérieuse.

Auriez-vous l'obligeance de m'indiquer quelles sont les pièces nécessaires à la constitution de son dossier ainsi que vos exigences en matière de trousseau. Veuillez me dire aussi quand je pourrai venir vous présenter l'enfant.

Veuillez croire, Monsieur le Proviseur, à ma considération distinguée et à toute ma gratitude.

14. A un proviseur à l'occasion d'un très mauvais bulletin

Monsieur le Proviseur,

Le bulletin que je vous retourne signé m'est un grave sujet de préoccupation et je voudrais vous en entretenir. Bien sûr, mon fils est à l'âge difficile et tumultueux où les enfants sont capables du meilleur et du pire, mais je constate que ses résultats sont nuls et que ses efforts de travail ne sont pas convaincants. Je suis d'autant plus surpris de ses échecs en mathématiques que, l'an dernier, il semblait suivre facilement. Il paraît découragé par l'attitude de son professeur qui, visiblement, l'a définitivement classé parmi les élèves dont on ne peut rien tirer. Je me doute bien que mon fils a pu lasser sa patience, mais n'est-il pas un peu tôt pour le rejeter tout de suite parmi les cancres ? Je serais heureux de savoir ce que vous en pensez et comment nous pourrions conjuguer notre action pour aider ce malheureux enfant à sortir de l'impasse.

Croyez bien que je vous serai très reconnaissant de ce que vous ferez pour lui, en liaison avec ses professeurs, et, en espérant que nos efforts ne seront pas vains, je vous adresse, Monsieur le Proviseur, l'expression de mes sentiments distingués.

15. A un professeur pour excuser un élève qui n'a pu faire son devoir

Monsieur,

Puis-je vous demander une indulgence particulière pour Alain ? Il se fait beaucoup de souci de ne pas vous apporter son devoir. Mais nous avions hier soir une réunion familiale exceptionnelle à l'occasion des fiançailles de sa sœur. J'ai donc pris personnellement la responsabilité de le dispenser de travail. J'espère que vous voudrez bien m'en excuser et que vous continuerez à lui faire confiance.

Veuillez croire, Monsieur, à mes sentiments distingués.

16. Autre lettre

Monsieur,

Alain ne vous apportera pas son devoir. J'ai pris sur moi de lui conseiller cette abstention. En effet, il n'avait absolument rien compris aux explications données en classe. Je lui ai reproché son manque d'attention ou, peut-être, son manque d'effort d'adaptation. Quoi qu'il en soit, il m'a semblé préférable qu'il vienne vous trouver pour se faire donner des précisions ; il sera tout prêt, après son entretien avec vous, à vous donner son devoir, si vous l'y autorisez, malgré le retard.

Veuillez croire, Monsieur, à l'expression de mes sentiments distingués.

17. A un proviseur pour l'informer de la maladie d'un enfant

Monsieur le Proviseur,

Mon fils, Antoine Bricaud (quatrième), ne pourra pas suivre les cours ces jours-ci ; il a depuis hier une forte température et le docteur a diagnostiqué une bronchite.

Dès que la fièvre tombera, Antoine demandera à l'un de ses camarades de lui apporter les leçons et un aperçu des cours afin de ne pas se laisser trop gravement distancer.

Veuillez agréer, Monsieur le Proviseur, l'assurance de mes sentiments respectueux.

18. A un professeur pour lui demander des leçons particulières

Monsieur,

Je sais combien votre temps est occupé. Cependant, je viens vous demander s'il ne vous serait pas possible de consacrer, une ou deux fois par semaine, un moment à mon fils Gabriel pour des répétitions de mathématiques. Vous avez pu constater qu'il suivait sa classe avec peine, mais c'est peut-être un mauvais départ en classe de 6e qui l'a brouillé temporairement avec les mathématiques.

Je suis persuadé qu'il trouverait grand profit à être pris à part et éclairé par vous.

Voudriez-vous me dire, si la chose est possible, quels sont les jours et les heures où vous vous occuperiez de lui, de préférence en fin d'après-midi et peut-être le mercredi ?

Je vous serais reconnaissant de me dire aussi quelles seraient les conditions de ces répétitions.

Veuillez accepter, Monsieur, l'assurance de mes sentiments distingués.

19. Pour proposer une place d'institutrice

Mademoiselle,

Votre annonce du ... retient mon attention.

Pour mes trois enfants (une fille de dix ans, deux garçons de huit et six ans), je cherche une personne compétente, jeune, catholique et de bonne santé, qui puisse les faire travailler (ils suivent actuellement des cours par correspondance).

Nous habitons la campagne toute l'année ; notre installation est confortable et nous recevons souvent des voisins ou des amis. Comme nous nous absentons fréquemment, mon mari et moi, nous avons besoin de pouvoir, sans arrière-pensée, confier la direction de la maison et la responsabilité des enfants à une personne sûre.

Nous avons une cuisinière, et la femme du jardinier vient aider. Je demanderais simplement que vous puissiez assurer le ménage des chambres d'enfants et de la vôtre, les enfants nous aidant en toutes choses, d'ailleurs. C'est la seule tâche matérielle que je suis obligée de solliciter.

L'instruction, bien organisée, avec heures d'études régulières, la direction morale, la formation intellectuelle des trois enfants seront naturellement l'essentiel de votre activité.

Il me reste maintenant à vous demander si tout cela vous semble correspondre à vos propres souhaits ; si vous avez déjà rempli le même rôle ailleurs, voudriez-vous me donner quelques précisions et références.

Dites-moi enfin quels sont les honoraires que vous désirez recevoir. Je suis moi-même toute prête à répondre aux questions qui vous préoccupent.

J'aimerais pouvoir compter sur une présence auprès de mes enfants à partir du 1er avril.

Recevez, Mademoiselle, mes salutations distinguées.

20. A une jeune fille étrangère pour lui proposer un poste au pair

Mademoiselle,

Votre annonce indique que vous souhaitez passer une année dans une famille française ; de mon côté, je cherche une jeune étrangère qui accepte de partager notre vie en m'aidant dans ma tâche quotidienne.

Mon désir est de vous accueillir comme je voudrais plus tard voir ma fille accueillie dans votre pays. J'ai trois enfants : Bruno (cinq ans), Bénédicte (trois ans) et Bertrand (sept mois). J'aimerais trouver en vous une compagne qui me seconde, bien que je sois aidée pour les plus gros travaux par une femme de ménage. Vous disposerez d'une journée libre en semaine et nous nous arrangerons, si vous êtes étudiante, pour vous permettre de suivre vos cours.

Vous seriez aimable de me donner votre réponse assez vite en indiquant la somme mensuelle dont vous comptez disposer pour vos dépenses personnelles.

Croyez, Mademoiselle, à mes sentiments distingués.

21. Pour demander une bourse

Monsieur,

Auriez-vous l'obligeance de me faire parvenir le formulaire à remplir afin de faire une demande de bourse pour ma fille Sylvie, élève de seconde C ?

Veuillez agréer, Monsieur, avec mes remerciements, l'assurance de mes sentiments distingués.

A envoyer au secrétariat de l'établissement fréquenté par l'enfant, de préférence au début de l'année scolaire.

Renvoyer ensuite le formulaire dûment rempli, en l'accompagnant d'une pièce établissant les ressources de la famille (imprimé 1533 M de l'administration fiscale).

22. Pour demander son inscription aux épreuves du baccalauréat

A adresser, pour Paris, à l'Office du baccalauréat, 22, rue Vauquelin, dans le 5e arrondissement ;
pour la province, au recteur de l'académie.
Le dossier d'inscription sera fourni par l'établissement scolaire fréquenté.

Monsieur le Recteur,

En vue des prochaines épreuves du baccalauréat, auxquelles je désire me présenter, j'ai l'honneur de vous faire parvenir dûment rempli mon dossier d'inscription. Je désire composer au centre de ... si c'est possible.

Veuillez agréer, Monsieur le Recteur, l'assurance de mes sentiments respectueux.

23. Pour demander ses notes après l'examen

A adresser, pour Paris, à l'Office du baccalauréat, 22, rue Vauquelin, dans le 5e arrondissement ;
pour la province, au recteur de l'académie.

Monsieur le Recteur,

Candidat à l'épreuve du baccalauréat, section C, passée avec succès le 10 juillet dernier, j'ai l'honneur de solliciter de votre bienveillance le détail de mes notes dans les différentes matières d'écrit et d'oral.

J'espère ne pas trop vous importuner par cette démarche et vous prie d'agréer, Monsieur le Recteur, avec mes remerciements anticipés, l'expression de mes sentiments respectueux.

Indiquer le nom, l'adresse, le numéro d'inscription et joindre une enveloppe timbrée pour la réponse.

Le mariage

La préparation d'un mariage s'entourait autrefois de beaucoup de précautions. Si ce mariage n'avait pas été déjà arrangé par des parents ou des relations, qui connaissaient évidemment les avantages ou les inconvénients des deux familles, les parents s'efforçaient d'obtenir le plus de renseignements possible sur les personnes auxquelles ils allaient s'allier. Ils s'adressaient donc le plus souvent à des gens considérés comme honorables ou bien informés, un notaire, un magistrat, un prêtre, un collègue, etc. Dans les questions comme dans les réponses, on observait beaucoup de tact et de discrétion afin d'éviter de blesser ou de nuire moralement si le projet ne pouvait aboutir.

Ces précautions n'ont pas entièrement disparu, mais il faut bien reconnaître que les parents se trouvent désormais souvent mis en présence du fait accompli ou qu'ils ne connaissent qu'au dernier moment la décision de leurs enfants. Ce raccourcissement des délais de préparation officielle peut être préjudiciable à l'accomplissement des cérémonies usuelles de caractère mondain, mais beaucoup de jeunes gens et de jeunes filles ne semblent plus être très sensibles à ces considérations à résonance sociale : ils croient, peut-être à tort, qu'ils se marient pour eux-mêmes et non pour les autres.

Pourtant, dans le cas où ils tiendraient encore à conserver certains rites, même si, au fond d'eux-mêmes, ils les jugent désuets, nous allons indiquer les formules qui, aujourd'hui encore, semblent le plus en usage.

Ces formules stéréotypées sont-elles obligatoires ? Non certes, mais elles sont commodes et généralement acceptées. Il n'est pas interdit de chercher à les personnaliser. Certains couples adoptent le ton humoristique, mais, attention !, les résultats peuvent être décevants, car l'humour n'est pas la chose du monde la mieux partagée. Un parlementaire adressa un jour un faire-part de mariage ainsi conçu : Delphine et Marinette X. ont la joie de vous faire part du mariage de leurs parents. Effectivement, les enfants étaient nés pendant que leurs parents, combattants du maquis, n'avaient pas la possibilité de faire célébrer leur union. Pourtant, la réaction de nombre d'électeurs fut telle que le parlementaire perdit son siège.

Avant le mariage, il y a généralement une période de fiançailles. Le plus souvent, ces fiançailles ne sont annoncées qu'à des proches et gardent un caractère privé.

24. Lettre d'une jeune fille à une amie pour annoncer ses fiançailles

Ma chère Anne,

Il faut que tu sois sans tarder dans le secret des dieux : je viens de prendre une très grande décision, je me suis fiancée. Je n'arrive pas moi-même à croire à la réalité d'un pareil bonheur. Mon fiancé s'appelle Jean-Louis Renault. Il a vingt-six ans. Si je te dis qu'il est beau, intelligent, charmant, tu souriras en pensant que toutes les fiancées répètent les mêmes choses. Je souhaite donc simplement que tu le connaisses vite afin que tu comprennes mon choix. Il est dans les affaires et nous voyagerons beaucoup, ce qui m'enthousiasme.

Nous nous connaissons bien, nous partageons le même idéal de vie et nous avons les mêmes goûts. La date du mariage sera bientôt fixée et tu seras évidemment des nôtres.

Il me reste à te souhaiter de connaître bien vite un semblable bonheur. Je t'envoie, ma chère Anne, ma très vive amitié.

Réponse

Ma chère Nicole,

Ta lettre m'apporte en même temps une grande surprise et beaucoup de joie. Tu connais ma profonde affection pour toi et rien ne pouvait me faire plus plaisir que l'assurance de ton bonheur. Merci de me permettre de le partager sans attendre.

Je ne connais pas ton fiancé, mais je suis certaine que tu as très bien choisi ; d'ailleurs, c'est lui que j'aimerais pouvoir féliciter d'avoir conquis un trésor tel que toi.

Naturellement, je serai des vôtres pour le mariage, mais j'espère bien avoir prochainement l'occasion de rencontrer ton cher Jean-Louis et de te contempler dans ton délicieux rôle de fiancée. Quant à mon propre avenir, je te remercie de tes vœux qui, peut-être, ne sont pas entièrement en l'air ; je t'en reparlerai.

Je t'embrasse, ma chère Nicole, de toute mon affection.

25. A un employeur pour annoncer ses fiançailles

Monsieur,

Un événement important vient transformer ma vie et je tiens à vous en faire part sans tarder en vous annonçant mes fiançailles. J'épouserai en août prochain André Marcheron, qui est receveur des postes. J'ai choisi la période de mon congé pour fixer la date de notre mariage, car je ne veux pas entraver la marche de mon service. Rien ne sera changé dans l'avenir et je reprendrai mon travail le 1er septembre comme d'habitude. La nouvelle de mes fiançailles n'est pas encore officielle et je souhaitais que vous fussiez parmi les premiers à l'apprendre.

Veuillez accepter, Monsieur, l'assurance de mon respectueux dévouement.

Réponse

Chère Marie-Jeanne,

Je vous adresse toutes mes félicitations pour l'heureuse nouvelle et j'espère que votre prochain mariage vous apportera tout le bonheur que vous méritez. Je vous remercie d'avoir profité de vos vacances pour en fixer la date afin de ne pas entraver le travail de la maison, mais je comptais bien vous accorder quelques jours de congé supplémentaires pour la cérémonie ; vous les ajouterez à vos vacances d'hiver.

Recevez, chère Marie-Jeanne, mes compliments les meilleurs.

Lorsqu'on veut donner aux fiançailles un caractère plus officiel ou, tout au moins, public, on peut adresser aux amis et connaissances une carte de visite sur laquelle on ajoute quelques mots à la main. Il est d'usage de donner les nom et prénom du fiancé, mais non les titres ou décorations.

Monsieur et Madame Pierre VERDIER
ont le plaisir de vous annoncer les fiançailles
de leur fille Suzanne avec Monsieur
Philippe-Gaëtan Surcouf-Deville.
14 avril 1978

M. et Mme Théodore SURCOUF-DEVILLE
sont heureux de vous faire part des fiançailles
de leur fils Philippe-Gaëtan avec Mademoiselle
Suzanne Verdier.
14 avril 1978
« La Girodière »,
par Les Massues (S.-et-O.)

On peut également faire passer une annonce dans la rubrique mondaine d'un quotidien.

On annonce les fiançailles de M. Paul-Raymond LAMBERT-LACROZE, fils de M. Norbert Lambert-Lacroze, industriel, et de Mme, née de Poix, avec Mlle Marie-Thérèse LA TOUR, fille de M. François La Tour et de Mme, née Vieilcastel, décédée.

Ou encore :

M. Pierre Vidal et Mme, née de Baneins, nous prient de faire part des fiançailles de leurs deux filles : Mlle Raymonde VIDAL, avec le lieutenant aviateur René VAUCLERES, fils du Docteur Vauclères et de Mme, née Miramar ; Mlle Janine VIDAL, avec M. Jean DROIT, agrégé de l'Université, fils de M. Pierre Droit et de Mme, née Lemaire.

Si l'on n'est pas très lié avec la famille qui annonce les fiançailles d'un de ses membres, on se contentera d'envoyer une carte contenant quelques mots de félicitations. Si l'on a appris la nouvelle par le journal, on adressera de préférence la carte aux parents.

Ernest MANDLER
très heureux d'apprendre les fiançailles de son élève,
présente ses compliments et ses félicitations
à Monsieur et Madame Verdier et exprime à leur fille
ses plus sincères vœux de bonheur.

29, rue de la Sorbonne,
75005 Paris

Le Docteur et Mme Pierre de CLERTANT
s'associent de tout leur cœur à la grande
joie de leur amie Fernande et adressent
leurs respectueuses félicitations au
Docteur et à Madame Savoisier.

8, cours des Sablons,
33000 Bordeaux

Les invitations au mariage.

Les lettres d'invitation officielles sont en général gravées sur de grands feuillets doubles de beau papier assez épais. Sur un feuillet la famille du fiancé, sur l'autre feuillet la famille de la fiancée font part du mariage et invitent à la cérémonie. Ces feuillets sont glissés l'un dans l'autre, en mettant dessus la lettre du fiancé si la lettre est destinée aux amis du jeune homme, et *vice versa.*

On mentionne tous les titres et décorations des parents et du marié sur les deux feuillets.

Le mot veuve ne s'emploie pas. On dira simplement, par exemple, *M*me *Carel,* ou *M*me *Denis Carel* (avec le prénom du mari décédé).

Le texte est toujours classique et sobre, sans fantaisie.

> Monsieur Maurice Brissac, Monsieur et Madame Robert Vandœuvre ont l'honneur de vous faire part du mariage de Monsieur Jean Vandœuvre, lieutenant de vaisseau, chevalier de la Légion d'honneur, croix de guerre, leur petit-fils et fils, avec Mademoiselle Anne Domfranc.
>
> Et vous prient d'assister à la bénédiction nuptiale qui leur sera donnée par Son Excellence Monseigneur Varnoux, évêque d'Agen, le jeudi 26 novembre 19.., à midi précis, en l'église Saint-François-Xavier.
>
> 59, rue de Bellechasse (VIIe).

On emploiera une formule analogue si l'on veut faire passer cette annonce dans la rubrique mondaine d'un quotidien. Les personnes qui ont de très nombreuses relations et qui ne peuvent les inviter toutes personnellement, mais qui tiennent néanmoins a avoir beaucoup de monde à la cérémonie, pourront confirmer la date dans la même rubrique mondaine une semaine à l'avance :

> Le mariage de Mlle Estelle Carmosa avec M. Bernard Perrier sera célébré le jeudi 21 mai, à midi très précis, en l'église Saint-Thomas-d'Aquin.

Enfin, lorsqu'on fait l'invitation par lettre personnelle, en demandant à un ami ou un parent de prendre place dans le cortège, il faut lui dire avec qui il sera placé et le remercier d'avance de sa venue, car l'acceptation peut représenter un dérangement et des frais considérables. Cette invitation sera faite assez longtemps avant le mariage, afin de bien montrer aux invités qu'on n'a pas attendu pour leur écrire d'avoir essuyé des refus de la part d'autres personnes qu'on leur aurait préférées.

Les personnes qui sont empêchées d'assister au mariage envoient le jour même un télégramme de félicitations, ou d'excuses si elles avaient déjà accepté l'invitation.

L'invitation au lunch ou à la réception qui suit la cérémonie est gravée sur un carton simple, de format plus petit, que l'on glisse à l'intérieur des feuillets destinés à cette catégorie d'invités. Si les deux familles ont participé aux frais du lunch, l'invitation est faite au nom des deux mères (parfois aussi des grand-mères si elles reçoivent en même temps).

Madame Albert Thizy
Madame Pierre Domfranc
et Madame Robert Vandœuvre
recevront après la cérémonie religieuse

On dansera

17 heures à 22 heures

18, avenue de La Tour-Maubourg
75007 Paris

R. S. V. P.

Lorsqu'un deuil oblige à faire la cérémonie dans l'intimité, on avertit par un mot les parents et les amis intimes, et par une note dans les journaux les autres amis.

Par suite d'un deuil récent, le mariage de Mlle Christiane Durand avec M. Gaston Tournebride n'aura pas lieu le 13 mars prochain, ainsi qu'il avait été annoncé, et sera célébré à une date ultérieure dans la plus stricte intimité.

Après la cérémonie, on peut faire mettre une note dans les journaux.

Ces jours derniers a été célébré, en l'église Notre-Dame du Puy, le mariage de Mlle Odette La Chassagne, fille de M. Jean La Chassagne, décédé, et de Madame, née de Lussigny, avec le capitaine de corvette Robert Perrault, chevalier de la Légion d'honneur, croix de guerre, fils de M. Henri Perrault, avocat à la Cour, et de Mme, née Le Hello.

Les témoins étaient, pour la mariée : M. Robert La Chassagne, son oncle, et M. Rémy Boisrobert; pour le marié : l'amiral d'Arbonne et M. René Vitrac.

Le mariage, c'est aussi, souvent, le temps des cadeaux. En général, à l'exception des proches parents, on n'offre pas de cadeaux très coûteux ; c'est seulement une manière symbolique de marquer son affection aux jeunes époux. Alors, que choisir ? L'habitude s'étend de préparer une liste de mariage, déposée chez un spécialiste des cadeaux : elle comporte les articles choisis par les mariés et leur prix. Cela évite, bien sûr, au jeune couple de recevoir trois huiliers ou trois briquets en argent guilloché, mais bien des gens trouveront cette méthode assez froide et préféreront s'informer personnellement des désirs du couple.

26. Pour demander le choix d'un cadeau

Ma petite Christiane,

Le grand événement approche et nous ne voulons pas être les derniers à te prouver notre affection d'une manière tangible.

Pour que tu conserves un souvenir qui te parle de nous, je pense que le mieux est que tu nous dises très simplement ce qui te ferait plaisir. J'avais pensé à des éléments ménagers : corbeille à pain, dessous de carafe avec porte-couteaux assortis, assiettes à beurre individuelles avec le beurrier. Ton oncle, lui, préférerait vous offrir un livre de votre goût dans une édition rare. Veux-tu choisir ou même nous suggérer un autre objet qui te manque ?

Je compte sur une réponse très rapide et je t'envoie, ma petite Christiane, toute notre affection.

Réponse

Ma chère tante,

Vous êtes bien bonne de penser ainsi à me gâter et je vous en dis à l'avance toute ma reconnaissance. J'ai parlé de vos suggestions à Jacques ; comme moi, il a déjà reçu pas mal de choses et nous possédons déjà les objets ménagers que vous nous proposez. En revanche, il nous manque un huilier et des verres à liqueur, et l'un ou l'autre nous ferait un immense plaisir. Je ne parle pas de la belle édition que mon bon oncle voudrait nous offrir : il oublie toujours que sa nièce chérie n'est pas une bibliophile ni même, hélas !, une intellectuelle, et, à cet égard, Jacques ne vaut pas mieux que moi. Alors ce livre, enfermé dans une bibliothèque, nous ferait-il penser à vous ? Certes je n'ai besoin de rien de tangible pour me rappeler votre gentillesse et votre affection, mais je les évoquerai d'une façon plus concrète si vous êtes constamment liés par vos cadeaux à ma vie de tous les jours.

Je vous remercie encore, ma chère tante, et je vous embrasse tous les deux de tout cœur.

Problèmes de la vie de tous les jours

Les invitations

Elles se font maintenant directement par téléphone, sauf s'il s'agit d'une véritable cérémonie.

Pour inviter à un dîner important mais amical, envoyer une semaine à l'avance une carte de visite :

M. et Mme Lionel DENIAU
prient Monsieur et Madame André Gersaint
de leur faire le plaisir de venir dîner avec eux
mercredi prochain à 20 heures en toute simplicité.

Pour un grand dîner de cérémonie, inviter par carte de visite quinze jours à l'avance.

Mme Lionel DENIAU
prie Monsieur et Madame André Gersaint
de lui faire le plaisir de venir dîner
le ... à 20 heures.

adresse

Pour une réception ou un dîner officiel, on invite par un carton gravé (ou imprimé) où seuls les noms des invités sont écrits à la main. On précise « tenue de soirée » ou « tenue de ville » et on porte en bas à droite la mention R. S. V. P. (répondez, s'il vous plaît). Les invités répondent par carte de visite :

- *pour accepter :* M. et Mme X. remercient M. et Mme Y de leur aimable invitation pour le ..., à laquelle ils seront heureux de se rendre ;

- *pour refuser :* M. et Mme X. présentent leurs meilleurs compliments à M. et Mme Y. et les remercient de leur invitation à laquelle ils auront le regret de ne pouvoir se rendre, étant retenus par des engagements antérieurs.

Mais on a souvent l'occasion d'envoyer des lettres plus personnelles. Voici d'abord une invitation qui n'est pas toujours facile à rédiger.

27. Pour inviter un ami en bouche-trou

Cher ami,

C'est un service que je viens très simplement vous demander. Etes-vous libre demain soir pour dîner? J'avais invité quelques personnes, me proposant de vous réunir avec d'autres amis un peu plus tard. Au dernier moment, Monsieur Durand-Leroy me fait faux bond. Et c'est à vous que je pense tout de suite pour le remplacer. Il faut toute votre indulgence et votre amitié pour que je puisse ainsi vous prendre au dépourvu et agir avec une telle désinvolture. Toutefois, grâce à nos amis, je pense que vous ne perdrez pas complètement votre soirée.

Croyez, cher ami, à mes sentiments très cordiaux et à toute ma gratitude.

28. Invitation dont le mobile n'est pas désintéressé

Cher ami,

Mon fils a le plus grand désir de vous rencontrer et, s'il peut se le permettre, de vous poser quelques questions. Il souhaiterait vous demander conseil, car il vous sait plus que tout autre compétent en matière de banque et je ne serais pas fâché moi-même que vous puissiez lui apporter votre expérience. Le plus simple serait que vous veniez déjeuner avec nous le jour qui vous conviendra ; cela vous fera perdre moins de temps et nous procurera le plaisir trop rare de passer un moment avec vous.

J'espère que vous ne m'en voudrez pas d'agir aussi simplement avec vous et vous envoie, cher ami, l'assurance de mes sentiments très cordiaux.

29. D'une mère à une autre mère pour inviter un enfant

Chère Madame,

Ma fille Arlette, qui fête samedi son septième anniversaire, m'a demandé d'inviter à goûter ses camarades de classe. Vous savez sans doute que Cécile est sa grande amie ; je serais donc très heureuse qu'elle puisse participer à notre petite fête et que vous puissiez l'accompagner en cette occasion, ce qui nous permettrait de faire enfin connaissance.

Arlette attend ses amis à partir de 16 heures.

En espérant bien vivement que vous pourrez vous rendre à son invitation, je vous prie de croire, chère Madame, à l'assurance de mes sentiments les meilleurs.

30. Pour inviter le camarade d'un enfant pour les vacances

Chère Madame,

Après les examens que viennent de subir nos enfants, j'ai l'impression qu'un vrai repos leur ferait grand bien car ils sont actuellement surmenés.

Nous partirons d'ici quinze jours pour notre maison de Normandie où j'espère que le climat sédatif leur fera le plus grand bien.

Mon Claude n'imagine pas de vraies vacances sans la présence de son inséparable ami et complice, votre fils, Charles. J'ai déjà eu l'occasion de le rencontrer à la maison et j'ai pu apprécier sa gentillesse, son charme et sa parfaite éducation.

Je partagerais la joie de Claude si son ami pouvait le rejoindre pendant quelque temps.

Dans l'attente de votre réponse, je voue prie de croire, chère Madame, à tous mes meilleurs sentiments.

31. Pour s'excuser d'avoir manqué à une invitation

Chère Madame,

Vous me voyez bien désolée de n'avoir pu venir vous voir hier soir comme je vous l'avais promis.

Malheureusement, en rentrant à la maison j'ai trouvé mon fils avec une forte fièvre ; il m'a fallu attendre le docteur et rester auprès de Guillaume jusqu'à ce qu'il soit un peu plus calme. Je me suis affolée et n'ai point songé à vous téléphoner.

Ne m'en veuillez pas trop de vous avoir ainsi fait faux bond : je l'ai trop vivement regretté moi-même.

Dans l'attente et l'espoir d'une prochaine rencontre, je vous prie de croire, chère Madame, à mes bien fidèles pensées.

Après toute invitation, il est correct de remercier. On peut le faire par une simple carte de visite s'il s'agit d'un dîner, mais il vaut mieux adresser une courte lettre si le séjour s'est prolongé.

32. A des amis qu'on a visités au passage et qui vous ont retenu.

Chère Mylène, cher André,

Je ne songeais certes pas quand je venais vous dire un petit bonjour rapidement que je passerais auprès de vous deux journées merveilleuses. Après la paix de votre maison, la beauté de votre jardin, votre accueil si chaleureux, j'ai eu du mal à me réhabituer à mon existence de célibataire talonné par le travail et les bruits de la ville.

Merci encore pour ce calme et cette amitié. J'essaierais de vous rendre tout cela quand vous viendrez me voir, à votre tour.

Bien affectueusement.

Les félicitations

Nous avons vu l'usage de la carte de visite pour envoyer des félicitations à quelqu'un qui vient de recevoir une décoration. Lorsque les relations sont assez étroites, on peut être amené à envoyer une lettre plus développée.

33. Félicitations pour la Légion d'honneur

Cher Monsieur,

J'ai appris par le journal d'hier votre nomination au grade de chevalier de la Légion d'honneur (ou votre promotion au grade d'officier). Je veux, sans plus attendre, vous adresser mes plus sincères félicitations.

La valeur de votre personnalité, votre souci du bien public et votre brillante carrière rendaient cette distinction hautement souhaitable.

Je suis heureux de me joindre à tous les amis qui ne manqueront pas, en cette occasion, de vous manifester leur estime.

Veuillez croire, cher Monsieur, à mes sentiments de fidèle amitié.

34. Félicitations pour une promotion

Cher Pascal,

Je viens d'apprendre ta nomination à la tête des Etablissements Schmidt. Je me réjouis très sincèrement de cette promotion. Je sais en effet combien tu te sentais à l'étroit dans ton poste précédent. Tu pourras désormais faire preuve librement de cet esprit d'originalité et d'initiative que nous admirons tant en toi. Veux-tu dire à Simone que nous comprenons et partageons sa fierté.

Nous t'adressons, ma femme et moi, tous nos meilleurs vœux de succès.

Bien cordialement.

Les vœux

Contrairement à ce qu'on pouvait croire, l'habitude d'envoyer des cartes de vœux pour le nouvel an, que l'on croyait déclinante, est aujourd'hui plus vivace que jamais. Seulement, on remplace fréquemment la carte de visite, tenue pour banale, par une carte illustrée, que l'on peut essayer d'adapter à la personnalité de l'envoyeur ou aux goûts du destinataire. Dans tous les cas, le texte en est très bref. Mais il est certaines occasions où une lettre véritable demeure indispensable et elle peut être délicate à rédiger. Souvent les rédacteurs se trouvent gênés, hésitant entre une pudeur qui les empêche d'exprimer librement leurs sentiments et la crainte de se montrer trop froids. Il n'existe pas de recette ; chacun devrait écrire selon son tempérament. Il semble bien, toutefois, que la sincérité et la simplicité soient souvent (mais pas toujours) mieux accueillies que l'exagération, fût-elle convaincante.

35. D'un fils à sa mère

Ma chère maman,

Je suis bien triste d'être loin de toi et de te savoir seule en ces journées de fête de famille. Mais il ne m'a pas été possible d'arranger mon congé pour aller passer même une journée près de toi. Sois du moins assurée que mes pensées et mes vœux les plus affectueux s'en vont vers toi et que j'évoque avec émotion les matins d'autrefois où j'allais, au saut du lit, t'embrasser en te souhaitant une bonne et heureuse année.

Avec l'âge, j'ai mieux compris encore toute ta tendresse et la valeur de tes sacrifices. Je voudrais pouvoir à mon tour t'entourer de soins et te payer mon immense dette de gratitude.

J'espère aller te voir pour mon congé de Pâques et te trouver en excellente santé. Moi, comme toujours, je me porte bien : je te dois une santé de fer et je t'en suis bien reconnaissant.

Envoie-moi bien vite de tes nouvelles et reçois, chère maman, avec tous mes vœux de bonne et heureuse année, mes baisers les plus affectueux.

36. A un bienfaiteur

Monsieur,

Permettez-moi de vous présenter mes vœux les plus sincères pour la nouvelle année. C'est pour moi l'occasion de vous remercier une fois de plus de tous les services que vous m'avez rendus. Je voudrais pouvoir m'en acquitter autrement que par des vœux et des prières. Mais, si ma situation et la vôtre ne me laissent guère entrevoir la possibilité de vous être jamais utile, soyez assuré, du moins, que je serai toujours prêt à vous témoigner ma gratitude.

Je vous souhaite la santé et le bonheur pour vous et votre famille et le succès dans vos nombreuses entreprises.

Je vous prie d'agréer, Monsieur, l'expression de mes sentiments respectueux et reconnaissants.

37. A un supérieur hiérarchique qui vous a témoigné de la bonté

Monsieur,

Je ne veux pas laisser passer cette occasion de vous exprimer mon attachement et le souvenir reconnaissant que je garde de vos bontés pour moi. Si mes vœux pouvaient avoir quelque pouvoir, j'en serais profondément heureux, car je voudrais, pour vous et votre famille, toutes les réussites et toutes les satisfactions.

Puisse cette nouvelle année vous apporter tout ce que vous en espérez et que vous méritez tant.

Permettez-moi, Monsieur, de vous renouveler l'assurance de mes sentiments fidèles et respectueux.

Les services et recommandations

La vie, heureusement, n'est pas toujours deuil et solitude. Elle n'est pas non plus toujours une jungle où il faut se battre pour survivre. Chacun de nous est fréquemment sollicité soit pour accorder son appui à un faible ou à un malheureux, soit pour demander, au nom de l'amitié ou de l'entraide, le concours d'un autre, plus puissant ou plus efficace. D'où cet échange de lettres demandant ou promettant des secours de toute sorte. Il n'est pas question de se dérober à ce service ; cependant, il faut se garder de donner au solliciteur des espérances dans des domaines où l'on n'est pas soi-même maître de la décision : une espérance déçue est souvent plus cruelle qu'un refus motivé.

38. Pour demander un service

Cher Monsieur et ami,

Je ne me résigne pas sans quelque confusion à vous demander un service assez délicat. Voici ce dont il s'agit.

Mon docteur habituel m'ayant trouvé une tension artérielle inquiétante, il m'a soumis à un régime sévère qui m'a complètement épuisé sans faire baisser sensiblement cette tension. Mes forces diminuent alors que mes vertiges augmentent et je ne puis plus assurer mon travail sans une extrême fatigue.

J'ai nettement l'impression que mon docteur a fait fausse route et je suis décidé à voir un spécialiste. Or je me suis rappelé que le célèbre professeur X est un peu votre cousin, et je me suis demandé si un mot de vous ne pourrait pas m'obtenir une légère diminution de ses prix, que je sais très élevés. Vous me direz franchement, j'espère, si vous éprouvez quelque gêne à me rendre ce service, que je vous demande en vous faisant toutes mes excuses.

Je vous prie, cher Monsieur et ami, de présenter à votre femme mes respecteux hommages et de croire à ma bien reconnaissante sympathie.

39. Pour appuyer une demande de pension

Monsieur,

Notre amie commune, Mme Renaudot, dont le mari vous était cher comme à moi-même, constitue son dossier de pension. Je l'aide de mon mieux, mais ces formalités menacent d'être longues.

Connaissant l'affection qui vous unissait à ce pauvre Renaudot et pensant que votre situation au ministère vous permettrait d'intervenir utilement, Mme Renaudot m'a prié de vous signaler son cas.

La longue maladie de son mari, les frais de toute sorte auxquels il a fallu faire face ont complètement épuisé les économies du ménage. Aucun des deux enfants n'est en âge de travailler. Si notre amie n'avait pu obtenir un prêt grâce à l'obligeance d'un parent, la misère serait déjà installée au foyer.

Nous vous saurions donc un gré infini de bien vouloir, d'une part, donner à Mme Renaudot les conseils que vous jugeriez utiles pour établir et faire parvenir sans trop de délais son dossier à qui de droit et, d'autre part, si cela vous est possible, de faire hâter la liquidation de sa pension. Enfin, notre amie aimerait savoir si vous jugez opportun d'adresser une demande d'avance sur sa pension.

Je vous prie d'agréer, Monsieur, avec mes remerciements anticipés l'expression de ma respectueuse sympathie.

40. Pour emprunter de l'argent

Cher ami,

La démarche que je fais aujourd'hui m'est très pénible et il faut toute ma confiance en vous pour que je m'y résigne.

Un concours de circonstances très fâcheux me met provisoirement dans une situation assez critique.

Je ne peux prévoir des rentrées d'argent avant le mois d'août et je me tourne vers vous pour m'aider à franchir cette passe.

Vous serait-il possible de m'avancer dix mille francs jusqu'en août ? Naturellement, je suis prêt à vous donner toutes les garanties que vous pourriez souhaiter et dans la forme que vous choisirez.

Il s'agit vraiment d'un immense service et, si j'en mesure l'importance, je n'ignore pas non plus la solidité de votre sympathie pour ceux qui se débattent dans les difficultés de la vie.

Croyez, cher ami, à ma profonde gratitude et à mes sentiments de fidèle amitié.

Réponse négative

Cher ami,

Votre lettre me consterne, car elle me plonge dans un cruel embarras. J'aurais vraiment éprouvé un grand plaisir à vous aider à sortir de cette passe difficile, mais je me trouve en ce moment moi-même assailli par de nombreuses échéances. Je ne puis disposer d'aucune liquidité ; je pourrais, toutefois, vous recommander à mon banquier si vous pensez faire un emprunt.

J'espère que vous trouverez un appui plus efficace que le mien et que vos affaires seront rapidement rétablies.

Avec tous mes regrets, croyez, cher ami, à mes sentiments bien fidèles.

Réponse positive

Cher ami,

Vous avez bien fait de ne pas douter de notre amitié dans ces circonstances difficiles. Il se trouve que, pour le moment, mes affaires vont assez bien et je suis heureux d'avoir l'occasion de vous aider. Passez donc me voir dès demain et je vous remettrai la somme dont vous avez besoin. Je ne vous demande aucune garantie, votre parole me suffit. Toutefois, je compte très sérieusement que vous pourrez me rembourser, comme vous le prévoyez, en août ou, au plus tard, en septembre.

Croyez à ma fidèle amitié.

41. Lettre de recommandation

Monsieur,

Vous allez recevoir la visite d'un de mes amis, Monsieur Clerc, que je recommande à votre bienveillance. Je vous sais sollicité de tous côtés et je répugnerais à accroître vos soucis s'il ne s'agissait vraiment d'un homme dont je suis sûr comme de moi-même. Il a, de plus, une quantité de dons et de mérites dont je ne saurais me prévaloir et je suis certain que, là où vous pourriez songer à le placer, il rendrait les plus grands services.

Je vous serais infiniment reconnaissant d'examiner sa candidature avec une toute particulière attention.

Veuillez me pardonner de vous importuner ainsi — seule, l'amitié dont vous avez toujours bien voulu m'honorer me permet cette intervention — et croyez, Monsieur, à mes sentiments les plus distingués.

42. Lettre de remerciement après la visite

Monsieur,

Sans tarder, je veux vous remercier de l'accueil que vous avez réservé à mon ami, Monsieur Clerc. Il m'a dit avoir été reçu par vous avec une extrême bienveillance et je vous en suis très reconnaissant quelle que soit l'issue future de cette entrevue.

Veuillez agréer, Monsieur, l'expression de ma respectueuse gratitude.

43. Lettres du solliciteur à son protecteur

Monsieur,

J'ai été reçu avec une extrême bienveillance par Monsieur Laurel. Je sais parfaitement que, sans vous et votre démarche, je serais passé inaperçu. Quel que soit le résultat de cette entrevue, je vous en garderai une profonde reconnaissance.

Veuillez croire, Monsieur, à mes sentiments fidèlement dévoués.

Monsieur,

Vous m'aviez fait promettre de vous tenir au courant de mes recherches et démarches. Monsieur Laurel m'a convoqué hier pour me proposer un poste qui me convient tout à fait et que je me suis empressé d'accepter.

Je ne saurai jamais vous exprimer assez ma reconnaissance. Il me reste à souhaiter ne pas décevoir la confiance que vous m'avez ainsi témoignée ; vous savez que je m'y emploierai totalement.

Veuillez agréer, Monsieur, l'expression de ma très vive gratitude et de mes sentiments respectueux.

La mort

Nous arrivons au terme de notre voyage à travers les cérémonies et les rites sociaux. La mort est toujours la même, inexorable, mais les façons de manifester extérieurement son deuil ont beaucoup évolué. Déjà on ne porte plus le crêpe, à peine la cravate noire ; l'Eglise chante plus rarement le *Requiem ;* le papier bordé de noir qu'on utilisait pendant de longs mois a disparu. C'est peut-être la correspondance qui a le moins changé. Il est toujours nécessaire d'informer, de participer et, si l'on peut, de réconforter ou de consoler. Bien des gens répugnent à écrire des lettres dont ils croient connaître l'inutilité pratique ; ils se trompent. La plupart des personnes en deuil sont très sensibles à des manifestations de sympathie, fussent-elles de pure convenance. Et puis il est aussi des lettres qui réconfortent, des lettres qu'on relit et qui détournent de l'aridité solitaire de la douleur.

Pour annoncer un décès, en dehors des télégrammes qu'on peut envoyer aux proches, il existe deux manières : le *faire-part* dans les journaux et la *lettre d'invitation* aux obsèques.

Le faire-part peut être une simple insertion dans la rubrique mondaine ou le carnet du jour d'un quotidien. Les formules les plus usitées sont les suivantes :

- On nous prie d'annoncer le décès de M. Armand Tavernier, chevalier dans l'Ordre national du Mérite, survenu à Laon, le 3 mai 1979, dans sa 81ᵉ année.

  De la part de M. et Mᵐᵉ Louis Tavernier, M. et Mᵐᵉ Jean Méchin, Mˡˡᵉ Irma Bertrand, ses enfants, sœur, beau-frère et belle-sœur.

  La cérémonie religieuse aura lieu le jeudi 6 mai à 14 h en l'église Saint-Jacques de Laon.

  Cet avis tient lieu de faire-part. *adresse.*

• Mme Gérard Rival, M. et Mme Thomas Ledoux, le colonel et Mme Ulysse Fines, M. et Mme Sylvain Pore, leurs enfants et petits-enfants ont la douleur de faire part du décès de M. Gérard Rival, chef d'escadron (E. R.), officier de la Légion d'honneur, survenu à Paris le 1er septembre 1979.

La cérémonie religieuse sera célébrée le mardi 4 septembre en l'église Saint-Thomas d'Aquin, où l'on se réunira à 8 h 30.

L'inhumation se fera au cimetière de Château-Chinon (Nièvre) dans le caveau de famille.

Dans les quotidiens de province, le décès est quelque fois annoncé sous la forme d'un pavé bordé de noir. La formule, sensiblement identique, comporte généralement, après la liste des parents, les mots « et vous prient d'assister à ses obsèques qui auront lieu... ».

On utilise souvent encore, surtout en province, la lettre d'invitation aux obsèques. Elle est imprimée et envoyée avec toute la hâte nécessaire aux parents, amis et relations que l'on suppose susceptibles d'assister à la cérémonie. C'est d'ordinaire une lettre double, envoyée sous enveloppe fermée.

Voici quelques renseignements sur la façon de rédiger cette invitation :

• Une veuve défunte est désignée par son nom d'épouse et de jeune fille : Mme Paul Ribout, née Jeanne-Marie Descombes.

• Tous les parents au même degré doivent être mentionnés dans le même alinéa.

• Quel que soit leur âge, les parents du défunt viennent avant la belle-famille, les gens mariés avant les célibataires, les garçons avant les filles, et les religieuses avant les filles non mariées.

• Une religieuse est désignée par son nom de jeune fille et son nom de religieuse suivi du nom de son ordre : Mme Rose Hermann, en religion sœur Marthe de l'Enfant-Jésus, religieuse de Saint-Vincent-de-Paul.

- On ne mentionne pas les décorations des parents, mais on donne tous les titres et décorations du défunt.
- L'invitation est parfois faite, en même temps, par la famille et par l'administration ou le groupement auquel appartenait le défunt, par exemple le Conseil général (dans ce cas, le préfet invite aussi) ou une grande société.

Les catholiques mentionnent si le défunt est décédé muni des sacrements de l'Eglise. Si le décès est accidentel, ils remplacent la formule habituelle par *décédé subitement*, ou *rappelé à Dieu*, ou *endormi dans la paix du Seigneur.*

Lettre d'invitation

Vous êtes prié d'assister au service, convoi et enterrement de

Monsieur Jean-Marc LECLERC
Avocat au conseil d'Etat et à la Cour de cassation,
Officier de la Légion d'honneur,
Croix de guerre,

décédé le 3 janvier, muni des sacrements de l'Eglise, en son domicile, 8, allée Verte, à Bazouges, dans sa 59e année.

Qui auront lieu le jeudi 6 janvier à midi précis en l'église de la Trinité, sa paroisse.

De Profundis.

On se réunira à l'église.

De la part de
Madame Jean-Marc LECLERC, son épouse ;
Du Commandant Jacques LECLERC
et de Madame Jacques LECLERC, ses enfants ;
Madame Paule LECLERC, Fille de la Charité, sa fille ;
Monsieur et Madame Jean VERBOIS, ses enfants ;
Mademoiselle Monique LECLERC ;
Monsieur Bernard VERBOIS, ses petits-enfants ;
Monsieur Jean MATHIS, son beau-frère.

L'inhumation aura lieu au cimetière Vieux.

La lettre de faire part n'est pas tout à fait la même chose que la lettre d'invitation. Elle s'envoie en général quelque temps après l'enterrement et ne peut donc comporter la formule : « vous prient d'assister aux obsèques ». Elle est aussi rédigée un peu différemment. On y donne plus de détails que dans la lettre d'invitation ; on mentionne toute la famille, jusqu'aux cousins issus de germains, en indiquant pour chacun les titres et décorations.

La formule finale retenue pour les catholiques est parfois *De Profundis*, mais plus souvent *Priez pour lui*. Les protestants, eux, insèrent un verset biblique, généralement choisi d'avance par le défunt lui-même.

Lettre de faire part

Madame Louis DARAUD ;
Le Docteur Henri DARAUD, médecin-chef de l'hôpital Saint-Jean, et Madame Henri DARAUD ;
Monsieur Paul DARAUD, élève de l'Ecole centrale ;
Monsieur CALVET, conseiller général,
et Madame CALVET ;
Madame Louise BADOIS, directrice du Collège d'enseignement secondaire de Bourg-la-Reine, chevalier de la Légion d'honneur ;
Les familles MOREL et ARTHAUD

Ont la douleur de vous faire part de la perte
qu'ils viennent d'éprouver en la personne de
Monsieur Louis DARAUD
Ingénieur,
Officier de la Légion d'honneur,

leur époux, père, beau-père, oncle, grand-oncle et cousin, décédé subitement le 18 septembre 19.., à La Baule-sur-Mer, à l'âge de 78 ans.

Priez pour lui.

7, avenue des Gobelins, Paris.

Lorsque le défunt n'est pas un ami intime, on répond à la lettre de faire part par une simple carte de visite portant une formule manuscrite telle que « Avec ses respectueuses condoléances » ou bien « Souvenir ému et sincères condoléances » ou bien « Sentiments de douloureuse sympathie ». Quand les relations sont plus étroites, il vaut mieux répondre par une lettre, même si elle est pénible à écrire. On y trouvera l'occasion d'apporter un peu d'amicale chaleur à la personne éprouvée.

44. Lettre à un ménage ami

Chers amis,

Nous apprenons avec une pénible surprise le coup dont vous venez d'être frappés. La dernière fois que nous avons vu Madame Lebreton, elle semblait être en parfaite santé et promise à une longue et heureuse vieillesse. Nous la connaissions assez pour apprécier son intelligence, restée si vive, et sa grande bonté pour tous et surtout pour vos enfants. Quel déchirement pour vous et pour eux !

Croyez que nous prenons la part la plus sincère à votre grand chagrin et recevez, chers amis, l'expression de nos sentiments attristés et fidèlement sympathiques.

45. A un homme pour la perte d'une mère très âgée

Cher ami,

Ma pensée est avec vous en ce moment de tristesse. Quel que soit l'âge d'une mère, elle reste unique et incomparable. On s'attend bien à la voir disparaître, mais ce jour semble toujours lointain et imprécis. Lorsque la mort frappe, on sent que s'achève une période de l'existence et l'on demeure sans parole et sans recours.

Je voudrais que vous et votre femme vous sentiez combien je suis proche de vous en ce moment. Croyez à ma vive compassion et à toute mon amitié.

46. A une mère qui vient de perdre un enfant

Chère Madame,

C'est à peine si j'ose venir à vous tant j'imagine votre désir de fuir tout ce qui n'est pas votre douleur. Mais j'éprouve une trop grande compassion pour ne pas essayer de vous l'exprimer.

La brutalité de cet arrachement dépasse, je le sais, l'imagination ; il est tellement contre nature de voir partir avant soi celui que l'on a mis au monde. On se révolte contre cette injustice du destin incompréhensible. Peut-être pouvez-vous trouver dans votre foi chrétienne sinon un réconfort, du moins un appui.

Il est certainement trop tôt pour vous parler déjà d'apaisement. Mais sachez que j'ai le plus vif désir de tenter d'alléger un peu votre intolérable épreuve. Quand vous vous sentirez en mesure de desserrer l'étau de la douleur, faites appel à moi. Vous pourrez toujours compter sur mon affection fidèle et attentive.

A titre de curiosité, voici la lettre de condoléances que Victor Hugo écrivit à Lamartine pour la mort de sa femme.

Hauteville-House, 23 mai 1863

Cher Lamartine,

Un grand malheur vous frappe ; j'ai besoin de mettre mon cœur près du vôtre. Je vénérais celle que vous aimiez.

Votre grand esprit voit au-delà de l'horizon ; vous apercevez distinctement la vie future. Ce n'est pas à vous qu'il est besoin de dire : espérez. Vous êtes de ceux qui savent.

Elle est toujours votre compagne ; invisible, mais présente. Vous avez perdu la femme, mais non l'âme. Cher ami, vivons dans les morts.

V. H.

Correspondance commerciale

Principes généraux

La correspondance commerciale obéit à des règles plus formelles que celles qui régissent la correspondance ordinaire. En effet, elle peut constituer, aux termes de l'article 109 du Code du commerce, une preuve ou un témoignage susceptibles d'être retenus en justice, ce qui n'est pas le cas pour les simples communications téléphoniques. En raison de ce caractère et aussi du rôle qu'elle joue dans la pratique des affaires, la correspondance commerciale doit obéir à un certain nombre de contraintes.

• *La lettre commerciale doit être claire.*

Comme elle engage celui qui l'envoie et peut avoir des conséquences importantes pour celui qui la reçoit, elle ne peut donner place à aucune ambiguïté. Il n'est pas bon d'y employer des formules vagues, même brillantes, telles que : « Le sol et les murs de l'entrée seront traités luxueusement. » Il faut préciser quels matériaux seront employés. Il ne faut pas dire : « Notre représentant passera vous voir incessamment », mais fixer la date précise, fût-ce à l'intérieur d'une fourchette de quelques jours, car le client, lui aussi, a besoin d'organiser son temps. Toutes les imprécisions peuvent être source de réclamations ultérieures, de discussions, qui amèneront l'expéditeur à préciser sa pensée ou à corriger son expression ; d'où des pertes de temps préjudiciables à la bonne marche des affaires.

La clarté de la lettre résulte de la clarté de la pensée, mais aussi de sa formulation. Toute correspondance doit être rédigée en bon français. L'emploi de mots étrangers, même s'ils sont d'usage très courant, est à proscrire, car ils sont de nature à induire en erreur un lecteur peu averti. On peut, sans grand dommage, employer l'expression « payer *cash* » au lieu de « payer comptant », bien qu'elle fasse un peu vulgaire, mais on remplacera l'expression *cash and carry,* pas toujours comprise, par « commerce de gros en libre service ». Bien entendu, cette recommandation ne s'applique pas aux communications télégraphiques, pour lesquelles un code international est en vigueur ; on dira, par exemple, ALBA pour « chambre à un lit », ARAB pour « chambre à deux lits », etc.

On apportera également grand soin à la ponctuation : une virgule mal placée ou mise à la place d'un tiret peut entraîner des conséquences financières redoutables.

On ne craindra pas de multiplier les alinéas, et même de leur donner un numéro ou un titre, afin de mettre dans une lettre un peu longue le maximum d'ordre et de clarté.

On prendra soin, en répondant à une lettre ainsi subdivisée, de rappeler le numéro ou le titre de chaque alinéa.

• *La lettre commerciale doit être exacte.*

Un attachement rigoureux à la vérité est une nécessité absolue. L'inexactitude ou, *a fortiori,* le mensonge, même par omission, peuvent faire perdre la confiance de la clientèle. On n'annoncera pas, par exemple, qu'une marchandise livrée est de qualité supérieure, alors qu'elle est de qualité normale. Le client s'en apercevra très vite et n'appréciera pas l'exagération. Il convient donc de parler toujours avec précision.

Ne dites pas « En réponse à votre dernière lettre », mais « En réponse à votre lettre du 14 juin ou du 14 courant », car la maison à laquelle vous écrivez a pu, dans l'intervalle, envoyer d'autres lettres que vous n'avez pas entre les mains. Ne dites pas « Nos conditions sont les mêmes que pour vos précédentes commandes du même article », car vous obligez ainsi le lecteur à se reporter aux factures antérieures, ce qui l'agace, surtout si son classement laisse à désirer. Au contraire, répétez le texte même des conditions, en indiquant, si c'est nécessaire, qu'elles n'ont pas changé.

• *La lettre commerciale doit être prudente.*

Il va de soi que le rédacteur d'une lettre ne doit pas donner d'armes à un rival ou à un adversaire éventuel, car la lutte commerciale est souvent très âpre. Il évitera donc de dévoiler, dans sa rédaction, les positions dernières sur lesquelles peut se rabattre sa maison ; par exemple, il ne révélera pas son dernier prix réel, mais il révélera seulement celui sur la base duquel il entend traiter. Ce n'est pas un manque de sincérité, mais c'est un souci tactique. Si le rédacteur n'est pas lui-même le patron, ou le responsable principal, il s'assurera toujours, avant de rédiger sa lettre, qu'elle est bien conforme à l'esprit et à la politique générale de la maison. En outre, il prendra toutes précautions pour se prémunir contre les procès possibles, en consultant, par exemple, le service juridique de la maison. Ainsi se gardera-t-il d'annoncer qu'il s'engage à payer à une date déterminée alors qu'il n'est pas sûr de pouvoir tenir cet engagement. De même, il ne promettra pas avec assurance de livrer tel produit à telle date, alors que le produit est encore en fabrication chez un industriel dont on ne peut être absolument sûr qu'il respectera les délais prévus.

• *La lettre commerciale doit être rapide.*

Il ne s'agit pas seulement ici du temps qui s'écoulera entre la prise de décision et la rédaction, puis la signature, puis l'expédition de la lettre : toute maison bien organisée sait réduire ces délais au minimum. Il s'agit de la rédaction elle-même. Les commerçants sont gens fort occupés. La lettre commerciale doit donc se borner à l'essentiel, sans se perdre en superfluités. Pas de *horsing,* disent les Américains, c'est-à-dire : si vous envoyez un croquis représentant la bride que vous espérez vendre, inutile de la prolonger en dessinant un cheval digne de Rubens.

Toutes les améliorations de productivité qui ont marqué la production dans l'industrie doivent se retrouver au stade de la distribution. Si les innombrables appareils de bureau visent à gagner du temps, la lettre, qui, bien souvent, ne fait qu'en confirmer l'utilisation, ne doit pas être un facteur de ralentissement.

Donc la loi suprême de la correspondance commerciale, c'est la concision. D'où la nécessité de supprimer, dans la rédaction, toutes les formules de remplissage qui font perdre du temps à tous ceux entre les mains desquels passera la lettre, et qui ne servent qu'à discréditer les responsables. Mais la concision ne doit pas faire oublier la précision : il n'est pas suffisant, par exemple, par souci de faire court, de commander une marchandise livrable à Paris ; il faut tout de même préciser si la livraison se fait en gare (et à quelle gare ?) ou au domicile du destinataire.

• *La lettre commerciale doit être courtoise.*

Même si l'attitude de votre correspondant vous irrite, gardez-vous de le manifester : vous n'arriverez à rien de plus en le vexant. S'il tarde à répondre à une lettre urgente, ne l'accusez pas brutalement de mauvaise volonté. Laissez écouler un délai raisonnable, compte tenu des circonstances de temps et de lieu — au minimum le temps nécessaire pour que votre lettre, peut-être mal adressée mais portant extérieurement votre propre adresse, ait pu vous être retournée par la poste. Ecrivez alors une seconde fois la lettre, que, par politesse, vous supposerez avoir été égarée. Pour bien montrer votre bonne foi, vous pouvez même envoyer une photocopie et, si c'est la bonne foi de votre correspondant que vous suspectez, envoyez la lettre en recommandé avec accusé de réception. Il est d'ailleurs parfaitement possible d'envoyer une lettre très énergique sans enfreindre en rien les règles de la courtoisie. Sans vous emporter le moins du monde, par exemple, contre un payeur récalcitrant, vous pouvez lui faire entendre que l'affaire sera prochainement portée en justice.

Certaines personnes trouvent discourtois et même agaçant le fait que le rédacteur multiplie les « Je » et les

« Nous », surtout en début de paragraphe : « Je vous ai fait savoir... », « Nous tenons à vous dire... ». Ne vous formalisez pas de ce petit accès de mauvaise humeur. Tournez la difficulté en plaçant en tête du paragraphe votre correspondant lui-même. Ne dites pas : « Je vous enverrai », mais dites « Vous recevrez ».

Après ces quelques considérations de caractère général, passons aux conseils pratiques pour la rédaction de la lettre. Nous envisagerons plusieurs étapes : la dictée du texte, les formules plus ou moins protocolaires du début et de la fin, la signature, et enfin nous dirons quelques mots de la présentation matérielle.

• *La dictée du texte.*

Il n'est plus guère d'usage aujourd'hui de rédiger les lettres courantes que la secrétaire recopierait ensuite sur sa machine. On se borne généralement à quelques indications, notes succinctes ou signes conventionnels, que le chef d'entreprise porte sur la correspondance originale. Les secrétaires apprennent très vite à les interpréter et rédigent elles-mêmes les réponses, en se référant à des modèles, comme ceux de cet ouvrage, ou en suivant les habitudes, voire les manies, de leur employeur.

Lorsque la lettre est longue et compliquée, le responsable peut la rédiger lui-même, mais, pour gagner du temps, il préfère généralement la dicter. Or la dictée est un art. On connaît la définition humoristique d'Auguste Deteuf : « Une secrétaire est une personne à qui vous dictez des fautes de français et qui vous rend des fautes d'orthographe. » Or les fautes d'orthographe peuvent être évitées en recourant à un bon dictionnaire, mais ce n'est pas le rôle d'une exécutante que de rectifier ou de modifier la pensée du responsable. Celui-ci aura donc intérêt, s'il ne veut pas trop bafouiller dans sa dictée, à noter, au moins sommairement, son plan, les articulations de sa pensée, les éléments de son argumentation. A quoi sert de faire refaire deux ou trois fois la même lettre simplement parce qu'on n'a pas préparé le premier jet avec assez de soin ? Les nouveaux procédés d'enregistrement, dictaphone ou magnétophone, souffrent à cet égard des mêmes inconvénients que la sténographie ou la sténotypie : la secrétaire est seule devant le texte qu'elle doit reconstruire et ne peut donc consulter l'auteur en cas d'hésitation. Il est infiniment plus rationnel de dicter le texte sous sa forme définitive, après, bien sûr, y avoir sérieusement réfléchi.

• *Les formules du début.*

En raison même de la concision que nous avons préconisée, il est inutile de commencer une lettre commerciale par des précautions oratoires ou des formules recherchées. On entre directement dans le vif du sujet. Voici quelques exemples, très ordinaires et très habituels, parmi lesquels la secrétaire pourra choisir celui qui lui agrée le mieux, compte tenu du sujet de sa lettre.

Pour entamer une affaire ou offrir des services :

Nous avons l'honneur de vous informer (formule déjà ancienne ; on réservera plutôt l'expression « j'ai l'honneur » pour les lettres à caractère administratif).

Nous prenons la liberté de vous faire savoir...

J'ai le plaisir de vous faire connaître...

Pour demander un renseignement :

Je vous prie de me dire, autant que possible par retour du courrier...

Nous vous serions obligés de nous faire connaître...

Pour passer une commande :

Veuillez, je vous prie, m'expédier le plus tôt possible...

Au reçu de cette lettre, veuillez nous adresser...

D'ordre et pour compte de Messieurs Armand et Cie, je vous prie de me faire parvenir...

Je vous prie de prendre note que...

Prière de nous adresser immédiatement...

Pour rappeler une lettre ou confirmer une conversation téléphonique :

Je vous confirme ma lettre du 17 avril dernier par laquelle...

Nous vous avons informé, par notre lettre du...

Comme suite à notre conversation téléphonique de ce jour, je vous confirme que...

Pour répondre à une demande de renseignements ou à une commande :

En réponse à votre lettre du 13 courant, nous avons l'avantage de...

J'ai bien reçu votre lettre du 5 courant et je vous confirme la mienne de la même date, qui s'est croisée avec la vôtre...

Je vous accuse réception de votre lettre du 18 ... par laquelle vous me commandez...

J'accepte les conditions que vous me proposez par votre lettre du ...

Suivant la demande que vous nous avez faite par votre lettre du ..., nous vous adressons par le présent courrier...

Je vous remercie de la commande que vous m'avez passée le ...

Pour réclamer un paiement :

Je prends la liberté d'attirer votre attention sur...

En couverture de nos factures des 11 et 24 courant, nous prenons la liberté de...

L'examen de votre compte fait ressortir que vous restez me devoir... Je vous serais donc obligé de bien vouloir...

Je me vois dans l'obligation de...

Pour envoyer des fonds :

Nous vous prions de trouver ci-joint (en un chèque bancaire, ou postal, ou en mandat-lettre) la somme de ... F et nous vous serions obligés, pour la bonne règle, de nous en accuser réception.

En règlement de votre facture, nous vous prions de trouver...

En règlement de votre relevé de compte du 30 juin, j'ai fait virer à votre compte n°... à ... la somme de ... F.

En possession de votre relevé du 30 avril dernier, j'ai l'avantage de vous envoyer ci-inclus...

Pour accuser réception :

Nous avons bien reçu votre lettre du 25 mai contenant un chèque de ...

J'ai bien reçu par l'intermédiaire de MM. Hartmann et Cie...

Nous prenons bonne note du désir exprimé par votre lettre du ...

Je m'empresse de vous remercier de...

J'ai bien reçu votre lettre du 8 octobre m'exprimant votre désir de...

Pour s'excuser, refuser, reconnaître une erreur :

Nous regrettons vivement de ne pouvoir satisfaire...

J'ai le regret d'être obligé de vous informer...

Nous croyons devoir vous faire remarquer, en réponse à votre lettre du ...

Je me vois dans la nécessité de décliner vos offres...

Malgré mon vif désir, je ne puis donner suite à vos propositions...

J'apprends avec un vif regret qu'une erreur s'est glissée...

• *Les formules de la fin.*

On tend à réduire de plus en plus les formules protocolaires et à les simplifier. On a même essayé de les supprimer totalement, mais sans succès. Sans aller jusqu'à la sécheresse anglo-saxonne du « Yours truly » ou « Sincerely yours », on usera d'expressions simples, mais qui tiennent compte du caractère du destinataire de la lettre.

A un client que l'on ne connaît pas bien, on dira :

Agréez, Monsieur, mes salutations distinguées.

Veuillez agréer, Monsieur, l'expression de mes sentiments dévoués.

A un client avec lequel on a des relations amicales, on dira :

Veuillez agréer, Monsieur, l'expression de mes sentiments les meilleurs.

Croyez, Monsieur, à mes sentiments les plus amicaux.

A une dame :

Agréez, Madame, mes salutations les plus empressées.

Je vous prie d'agréer, Madame, mes respectueuses salutations.

On tend à éliminer certaines formules jugées inutilement obséquieuses, telles que « Toujours dévoué à vos ordres » ou « L'assurance de mon profond respect ». Toutefois, il n'est pas interdit d'indiquer dans la formule finale que l'on espère que cette lettre préludera à d'autres affaires :

Espérant avoir la faveur de vos ordres, nous vous prions...

Nous serions particulièrement heureux de traiter avec vous d'autres affaires et, dans cette attente, nous vous prions d'agréer, Messieurs, l'expression de nos sentiments distingués.

Toutefois, certains spécialistes proscrivent la formule « dans cette attente », qui peut laisser croire que, si la réponse attendue ne vient pas, le destinataire n'aura pas droit à la marque de politesse. C'est bien raisonné, mais peut-être un peu subtil pour une lettre d'affaires. Dans tous les cas, la phrase de salutation doit reprendre exactement l'appellation qui a été utilisée dans l'en-tête. Si vous avez commencé par « Monsieur » ou par « Cher Monsieur », ou par « Mon cher Monsieur » (qui indique des relations plus amicales), reprenez « Monsieur » ou « Cher Monsieur », etc., dans la formule finale, en mettant toujours ces mots entre deux virgules.

• *La signature.*

La signature devrait toujours être complète et lisible, mais, lorsque le courrier est abondant, le chef d'entreprise se borne souvent à un griffonnage ou à un simple paraphe. Dans ce cas, il est recommandé d'ajouter en dessous, au tampon, le nom du signataire.

Les secrétaires veilleront à laisser après la formule finale une place suffisante pour la signature, pas trop importante néanmoins pour qu'on ne puisse pas insérer une phrase entre le texte et la signature (celle-ci est en effet un acte définitif). Si un détail devait être obligatoirement ajouté, on le mettra en post-scriptum... ou l'on refera la lettre.

Il existe des maisons où le patron signe tout. Dans d'autres, il délègue la signature à des fondés de pouvoir. Dans ce cas, le délégataire doit signer très lisiblement et ajouter au-dessus de son nom P. P^{on} (Par Procuration).

• *Présentation matérielle.*

Les lettres commerciales sont habituellement rédigées sur du papier au format normalisé de 210 × 297 mm ; c'est la norme française N. F. Z. 11.001, format A 4. Bien sûr, ce n'est pas absolument impératif, mais il est évidemment bien plus commode de classer des papiers qui sont tous au même format. L'enveloppe qui correspond à ce papier normalisé doit être de 220 × 110 mm si la lettre est pliée en trois, de 162 × 114 mm si la lettre est pliée en quatre. Naturellement, toute personne est libre de choisir la qualité, le grammage, la couleur de son papier, mais on s'accorde à voir dans ce support de la correspondance l'emblème de la maison : il doit donc présenter les caractères conformes à l'image de marque que celle-ci veut donner. Un vendeur de produits courants évitera d'employer un papier trop luxueux ; un marchand d'objets d'art se déconsidérerait en utilisant un papier trop léger. Mais la fantaisie n'est pas toujours à proscrire.

En haut de la lettre, et toujours imprimé, est placé l'en-tête. Il comporte le nom ou la raison sociale de la maison, l'adresse, le numéro d'immatriculation au registre du commerce (ou au registre des métiers) du département, l'intitulé du compte courant postal, les numéros de téléphone et de télex, l'adresse télégraphique, la boîte postale ou référence du CEDEX, le numéro d'identification INSEE.

En dessous, à gauche, peuvent figurer des renseignements complémentaires (adresse du siège administratif, des succursales, des maisons dont on est représentant ou concessionnaire) et des motifs publicitaires (par exemple, récompenses obtenues dans les concours et expositions). Tout cela, en principe, est préimprimé.

A la même hauteur et à droite, on trouve ce qu'on appelle la *vedette,* c'est-à-dire l'adresse du destinataire : nom et titre, rue et numéro, localité, département, code postal et, éventuellement, bureau distributeur. C'est cette vedette qui apparaît dans certaines enveloppes, dites « à fenêtre », qui permettent de ne pas taper une seconde fois l'adresse, et surtout d'être sûr de ne jamais se tromper d'enveloppe.

4 cm environ au-dessous de la vedette, on écrit la date (il est indispensable de toujours dater une lettre commerciale). L'espace réservé entre la vedette et la date permet au destinataire d'apposer un timbre indiquant la date d'arrivée de la lettre.

A la hauteur de la date, mais à droite, il est d'usage, mais non obligatoire, de porter les indications suivantes : références de l'expéditeur et du destinataire, objet de la lettre (en quelques mots), pièces jointes et annexes.

On laisse d'ordinaire une marge du cinquième de la largeur de la page. On commence chaque paragraphe avec un retrait de 1 cm. A droite, on laisse en principe un bon centimètre d'espace, mais cela peut varier suivant la façon dont les mots doivent être coupés. Il est déconseillé de ne mettre qu'une partie infime du mot à la fin de la ligne, comme *é-tant,* ou au commencement, comme *indivi-se.* Dans ces deux cas, il vaut mieux ne pas couper, faire passer le mot *étant* à la ligne suivante et achever sur une seule ligne le mot *indivise.* Bien entendu, on ne coupe jamais après une apostrophe ni entre les différentes parties d'une date, ni au milieu d'une syllabe : on ne coupe donc pas des mots comme *étaient, voyaient,* etc. L'usage est, généralement, de ne pas écrire au dos d'une page ; on prend une nouvelle feuille et on numérote. Il est également assez rare que l'on utilise dans la rédaction commerciale le double interligne, par souci d'économie, ou l'interligne simple parce que le texte serait peu lisible. On choisit le plus souvent un interligne de un et demi, mais, avec les machines les plus perfectionnées, il est parfaitement possible de faire varier et l'interlignage et le caractère.

L'adresse du destinataire doit normalement être écrite dans la partie droite de l'enveloppe et à mi-hauteur. Certaines maisons, surtout celles qui envoient beaucoup de circulaires et d'imprimés sous bande, trouvent intérêt à utiliser l'adressographe, qui imprime d'un seul mouvement l'adresse entière des clients habituels. Naturellement, les plaques-adresses doivent être contrôlées et tenues à jour au même titre que le livre d'adresses, où l'on inscrit au fur et à mesure les changements de nom, de raison sociale, de rue, de numéro, etc.

Le classement de la correspondance pose fréquemment des problèmes. En général, la secrétaire tient un registre d'arrivée où elle mentionne le nom du correspondant, la date d'envoi de la lettre, l'objet de la lettre (avec les pièces jointes, s'il y a lieu). Elle appose sur la lettre, en haut et à droite, au-dessous de la date d'envoi, un timbre indiquant la date d'arrivée (cette indication n'a pas de valeur officielle), puis elle adresse le courrier au chef d'entreprise, s'il désire le voir en premier lieu, ou elle le ventile dans les services. Pour le courrier au départ, elle tient un registre analogue et elle classe les copies de lettre dans différents dossiers correspondant aux services intéressés. Le plus souvent, une copie est classée dans un dossier-matière, une autre dans un dossier-client. L'expérience prouve cependant que les retrouver n'est pas toujours une opération de tout repos.

Les activités de secrétariat

Le (ou la) responsable du secrétariat n'a pas seulement aujourd'hui un rôle de correspondancier ; il tend à devenir l'aide direct et constant du patron, autant dans les tâches d'organisation courante de la maison que dans des activités plus personnelles.

Les tâches d'organisation.

Elles varient bien sûr en fonction de l'importance de la maison. Laissons de côté, pour le moment, la comptabilité, qui fera l'objet d'un chapitre spécial. Ce qui est demandé en général à la secrétaire, c'est d'abord d'assurer la réception des visiteurs ou des clients et d'organiser matériellement le travail en commun lorsqu'il s'agit d'assemblées, de séances d'études ou de séminaires ; c'est ensuite de préparer les déplacements du patron ou des principaux responsables.

La réception des visiteurs peut prendre la forme la plus simple : faire patienter un client avant son entrée dans le bureau directorial, mais aussi la plus complexe : organiser un programme de visites pour des congressistes.

Le plus souvent, dans une grande ville, la secrétaire a à préparer le séjour de clients en provenance de province ou de l'étranger. Le plus commode, pour elle, est sans doute de faire réserver les chambres d'hôtel par une agence de voyages, mais il faut qu'elle s'y prenne assez tôt et qu'elle contrôle de près ce que fait l'agence. Dans certains cas, lorsque les visites sont très fréquentes, il y a intérêt à passer un accord avec un ou deux hôtels bien connus qui réservent des chambres en principe jusqu'à la dernière minute et trouvent encore les moyens de dépanner le client imprévoyant. La secrétaire possédera aussi, bien sûr, une liste de restaurants recommandables ainsi que des lieux de divertissement nocturne. Il se peut qu'elle soit invitée par des clients. Elle ne donnera sa réponse qu'après avoir pris le sentiment de son patron, qui, parfois, se montre rigide afin de maintenir — croit-il — le standing de sa maison.

Il est difficile de donner des précisions sur l'organisation d'un programme de visites, tant les sujets peuvent varier. En général, les clients ont fait connaître, avant leur venue, leurs desiderata. La secrétaire, alors, devra s'assurer que les horaires sont compatibles. Elle préviendra les responsables des établissements visités et, le cas échéant, remettra aux visiteurs une lettre d'accréditation. Elle n'omettra pas, éventuellement, de suggérer un programme distrayant aux épouses des clients si elles ont accompagné leur mari.

Lorsqu'il s'agit d'organiser des séances de travail en commun, plusieurs formules peuvent se présenter. Prenons deux cas limites.

• *Séance réunissant seulement des personnes qui font partie de la maison à quelque titre que ce soit, par exemple une assemblée générale.*

La plupart du temps, il faut d'abord se préoccuper de trouver une salle de réunion, si la maison ne possède pas de local assez vaste. En province, on utilise assez souvent l'une des salles de la mairie. Pour Paris on trouvera une liste des salles de réunion en consultant le *Bottin, annuaire des professions,* édition 1979, à la rubrique 1330 (Congrès, Fêtes), tome 2, pp. 1125-1126 et à la rubrique 4775 (Séminaires), tome 4, p. 3578. On trouvera aussi aux rubriques spécialisées la liste des entreprises qui louent du matériel pour les réceptions.

Une fois la salle choisie, la secrétaire envoie les convocations en y joignant l'ordre du jour, la documentation nécessaire (bilan et compte d'exploitation, budget prévisionnel, propositions de la direction, etc.) ainsi qu'une formule de pouvoir pour les membres qui, ne se trouvant pas en mesure d'assister à la réunion, voudraient déléguer leur vote. Ce pouvoir peut être rédigé sur papier libre et de la façon la plus simple.

Monsieur N... (nom, prénom, adresse) donne pouvoir à M... Z (nom, prénom, adresse) aux fins de le représenter à la réunion de l'Assemblée générale ordinaire de la Société X qui se tiendra le ... à ... et d'y prendre en son nom toutes décisions qu'il jugera utiles à la bonne marche de la société.

A ... le ... 197 .

Pendant la séance, la secrétaire fait circuler la liste de présence et, si elle en est chargée, prend des notes afin d'établir le compte rendu. Il est souhaitable qu'elle le rédige le plus tôt possible, pendant que sa mémoire est encore fraîche. Elle s'efforcera de le rédiger de la manière la plus claire et la plus concise, en négligeant tous les détails inutiles, mais en prenant grand soin de signaler toutes les interventions afin de ne pas froisser des vanités fréquemment susceptibles. Dans certains cas, assez rares, la direction exige un compte rendu intégral ou « verbatim » (mot à mot). Il est d'usage alors d'engager une sténotypiste experte (s'adresser à une école de secrétariat ou à la chambre de commerce).

Le compte rendu terminé et approuvé par le directeur est envoyé dans les meilleurs délais ; y sont joints les discours (du président, du directeur, etc.), qui, en général, ont été rédigés avant la séance et communiqués au secrétariat.

Les autres assemblées au sein de la maison présentent un caractère moins formel, mais la pratique reste à peu près la même.

• *Organisation d'un séminaire.*

Une fois fixé le thème du séminaire, la secrétaire se préoccupe de prendre contact avec les intervenants choisis par les responsables. Elle leur fait connaître le programme général, ainsi que leurs jours ou heures d'intervention. Elle essaie aussi, la plupart du temps sans succès, d'obtenir, en plus du titre de leur conférence, un bref sommaire susceptible d'être diffusé à l'avance aux participants. (Pour un séminaire important, il n'est pas inutile de prévoir quelqu'un capable de remplacer un intervenant défaillant.)

Elle recherche ensuite une salle susceptible de recevoir les membres du séminaire en fonction de leur nombre probable. (Outre le *Bottin,* déjà cité, il existe un *Annuaire des salles de conférence,* diffusé par Analyse et Création, 98, rue La Boétie, 75008 Paris, et un guide *Séminhôtel,* 13, rue Brezin, 75014 Paris, qui donne une liste d'hôtels et de salles en France et à l'étranger.) Dès que le lieu de la rencontre est fixé, elle envoie les invitations, en les accompagnant, si nécessaire, d'un bon d'inscription payante. Lorsque le nombre des participants est approximativement connu, elle prévoit, selon les instructions de la direction, une ou plusieurs réceptions (cocktail, repas, etc.).

Elle s'occupe enfin de la préparation matérielle du travail. Elle recueille la documentation, qu'elle envoie aux personnes inscrites ou, si cet envoi est trop coûteux, qu'elle regroupera à l'entrée de la salle dans un dossier au nom de chaque participant. Elle peut ainsi être amenée à prendre contact avec un imprimeur ou une maison de dactylographie. Pendant la durée du séminaire, il est rare qu'elle assure le secrétariat de séance car elle est bien trop occupée à piloter les assistants et les intervenants, à prendre ou à envoyer les messages téléphoniques, à veiller au bon déroulement matériel de la séance et de ses à-côtés. Pour un séminaire de quelque importance et d'une certaine durée, elle aura tout intérêt à demander le concours de plusieurs assistantes.

Après la tenue du séminaire, elle veillera à faire expédier rapidement aux participants les comptes rendus de séance et les conclusions, à faire régler leur dû aux fournisseurs et aux intervenants ; elle enverra même à ces derniers, si le séminaire a cédé à la mode actuelle, une fiche d'évaluation où les participants auront indiqué — et peut-être même noté en chiffres ou en lettres — ce qu'ils pensaient de leur talent et de l'intérêt de leur communication. Après quoi elle essaiera, au téléphone, d'apaiser les susceptibilités et les ressentiments.

Si tout s'est bien passé, elle sera sans doute chaudement félicitée par son patron et recevra peut-être des fleurs, des boîtes de bonbons ou même des propositions d'emploi.

- *Organisation des déplacements du patron ou des autres responsables.*

Aujourd'hui, les managers voyagent beaucoup. En général, leurs déplacements sont rapides, parfois imprévus. L'un des premiers soins de la secrétaire sera d'essayer d'obtenir assez tôt un tableau des déplacements et un calendrier. Elle se mettra en relation avec une agence de voyages pour la réservation des places (le plus souvent d'avion) et des chambres. Il se peut qu'elle ait aussi à prendre contact avec les personnes qui seront visitées au cours du voyage ; elle établira alors un programme horaire, qu'elle remettra au voyageur en même temps que tous les renseignements qu'elle aura pu rassembler sur les firmes et les personnes qu'il va rencontrer.

Une semaine avant le départ — lorsque c'est possible —, elle vérifiera que le voyageur possède bien son passeport, éventuellement ses visas et ses vaccins, ses traveller's cheques, son attestation d'assurance et ses cartes de crédit s'il se rend à l'étranger. Le jour du départ, une dernière vérification montrera sans doute que le patron a égaré ses billets, qu'il n'a pas d'argent liquide et que sa calculatrice de poche ne fonctionne pas. Mais la secrétaire diligente aura tout prévu, même de décommander les rendez-vous s'il s'agit d'un déplacement urgent et imprévu.

Le secrétariat de direction.

Dans toutes les tâches précédentes, l'activité rédactionnelle est voisine de zéro. Il n'en sera pas de même si le patron confie à sa collaboratrice, comme c'est fréquemment le cas, le soin de tenir son secrétariat personnel. Là encore son rôle sera double en tant que secrétaire de direction, en tant que secrétaire particulière.

Dans les maisons qui ne possèdent pas de direction du personnel autonome, c'est la secrétaire de direction qui est chargée en pratique de la gestion du personnel. D'abord, elle participe à son recrutement en préparant des annonces ; elle reçoit les postulants avant de les présenter au directeur et ne manque pas de faire connaître ses impressions, si elle est consultée ; elle rédige ensuite les lettres d'engagement.

Modèles d'annonces :

1. La filiale alsacienne d'un groupe important (1 000 personnes), spécialisée dans la distribution alimentaire, cherche son *responsable des ventes,* qui sera chargé de l'organisation des ventes et de leur animation auprès des grandes surfaces et des magasins à succursales multiples. Il aura pour mission de rentabiliser son secteur, éventuellement en le restructurant, et de participer à l'élaboration de la stratégie commerciale de la société en liaison avec les autres membres de la direction.

Le candidat, âgé d'au moins 35 ans, sera diplômé d'une ESC ou d'une école équivalente et aura déjà une bonne expérience de la gestion commerciale. La connaissance du dialecte alsacien est exigée.

2. Une petite société, spécialisée dans la distribution de peintures, d'accessoires et de petit outillage auprès des garagistes et des sociétés de transport ou de location de voitures, recherche un jeune *attaché commercial.*

Il aura pour tâche, en liaison avec les VRP déjà en place, de suivre l'évolution du chiffre d'affaires avec chaque client, d'assurer la promotion de certains produits et de prospecter de nouvelles clientèles.

Il devra posséder un tempérament de vendeur et une première expérience professionnelle. La rémunération sera composée, après une période d'essai, d'un fixe important et d'un intéressement substantiel aux résultats.

3. Une entreprise d'éditions/publicité recherche une *assistante de direction,* chargée de prendre en main progressivement la partie administration-gestion de la société afin de permettre au directeur d'en développer les possibilités commerciales. Son temps d'activité sera consacré pour les deux tiers à la constitution des dossiers et aux relations avec l'imprimeur et la clientèle, et pour un tiers au secrétariat et à l'établissement des devis. Age minimum : 35 ans. La candidate aura une expérience confirmée du secrétariat et la connaissance de l'allemand. Résidence à Roanne. Rémunération en fonction de la compétence.

4. Recherchons *secrétaire sténo-dactylo,* notion de compt., niv. bac ; minimum ou expérience profess., bonne présent. Avant. soc. GREFFIN, 27, rue Lemaître, Romorantin, avant 14 h.

Si les annonces ont donné un résultat satisfaisant pour le chef d'entreprise, le candidat peut être embauché. L'accord peut être simplement verbal, mais le plus souvent il donne lieu à une lettre d'engagement ou à un contrat de travail, de durée déterminée ou non, qui peut être précédé d'une période d'essai. La législation du travail étant complexe, il sera bon de se reporter à une documentation précise, que l'on trouve dans les revues spécialisées.

47. Modèle de contrat de travail sous forme de lettre d'engagement

Monsieur,

Pour faire suite à notre entretien du..., nous avons l'honneur de vous préciser les conditions de votre engagement par notre entreprise, sous réserve de votre agrément et des résultats de la visite médicale d'embauchage, à compter du...

Votre contrat sera régi par le règlement intérieur de la maison (ou par la convention collective) dont nous vous avons donné connaissance, ainsi que par les dispositions particulières ci-après :

1° Vous exercerez, dans le cadre de notre établissement sis à ..., les fonctions de ... en qualité de ... à l'indice ... Vos attributions seront les suivantes ... Vous vous conformerez à l'horaire de travail de notre entreprise, à savoir actuellement ...

2° En rémunération de vos fonctions, vous bénéficierez des avantages bruts suivants :
— un salaire mensuel fixé à ... (mentionner éventuellement le cas des heures supplémentaires) ;
— (éventuellement) un treizième mois de rémunération versé le ... de chaque année et égal au salaire mensuel fixe du mois de ... (généralement novembre ou décembre) ;
— les congés payés et avantages sociaux des employés de notre entreprise, soit actuellement ...

3° Le présent contrat est conclu pour une durée indéterminée. En conséquence, chacun de nous aura la possibilité d'y mettre fin à tout moment, à charge de respecter les procédures légales et conventionnelles, et notamment de prévenir l'autre de ses intentions par lettre recommandée avec accusé de réception au moins ... mois à l'avance

4° Vous vous engagez à consacrer toute votre activité à l'entreprise, l'exercice de toute autre activité professionnelle vous étant interdit.

Vous observerez le règlement intérieur et les instructions qui vous seront données, ainsi que la plus grande discrétion sur les activités de l'entreprise.

Vous voudrez bien nous confirmer votre accord sur les termes de la présente lettre en nous retournant avant le ... la copie jointe, sur laquelle vous aurez préalablement indiqué la date et porté votre signature précédée de la mention « lu et approuvé »

Recevez, Monsieur, nos sincères salutations.

48. Modèle de confirmation de l'engagement d'un commis voyageur

Monsieur,

Nous avons l'avantage de vous informer que nous vous acceptons comme voyageur de notre maison aux conditions suivantes :

1° L'engagement part du 1er septembre prochain ;

2° Nous vous accordons les ... francs par mois d'appointements fixes que vous nous avez demandés ;

3° Vos frais de déplacement seront calculés à raison de ... francs par jour de voyage ;

4° Vous recevrez en outre une commission de 4 % sur toute affaire traitée par votre intermédiaire et menée à bonne fin ;

5° Votre région comprendra le nord de la France (liste de départements ci-incluse) et toute la Belgique ;

6° Vous nous enverrez deux comptes rendus par semaine ;

7° Vos commissions seront liquidées à la fin de chaque trimestre ;

8° Nous nous chargeons de l'encaissement des factures de tous nos clients ; un acquit de vous serait donc nul ;

9° Vous vous engagez à ne traiter qu'avec des clients parfaitement solvables, à représenter exclusivement notre maison et à ne jamais chercher à faire d'affaires pour votre compte personnel.

Si ces conditions vous agréent, veuillez signer les deux exemplaires ci-joints de votre contrat et nous les retourner avec la mention « lu et approuvé ». Par le courrier suivant, nous vous en ferons parvenir un revêtu de notre signature.

Dans l'attente, nous vous prions de recevoir, Monsieur, nos salutations empressées.

La secrétaire aura sans doute à connaître ensuite de la carrière de ces nouveaux collègues, si elle s'occupe de la comptabilité. Elle recevra parfois des lettres de ce type :

49. Un commis voyageur demande une augmentation

Monsieur,

Lorsque vous m'avez engagé comme représentant de votre maison le ..., nous étions convenus des conditions suivantes de ma rémunération...

Vous n'avez pas manqué de constater que le chiffre des ventes dans le secteur dont vous m'aviez confié la charge a augmenté dans d'importantes proportions depuis que je m'y suis consacré. J'ajoute que la clientèle me fait entière confiance et me laisse espérer un nouvel accroissement de commandes.

Je vous demande d'examiner à nouveau les termes de nos conventions et je vous propose de porter le montant de mes commissions de 4% à 6%.

Je vous remercie à l'avance de la réponse que vous voudrez bien me faire, et je vous prie de croire, Monsieur, à l'assurance de mes sentiments dévoués.

50. Une sténodactylo demande de l'augmentation

Monsieur le Directeur,

Voici aujourd'hui un an que je suis dans votre maison et je ne crois pas vous avoir donné de raisons de regretter mon engagement. Pourtant, j'ai été engagée comme sténodactylo et j'accomplis en fait un véritable travail de secrétaire : je rédige des lettres sur vos instructions, je m'occupe du téléphone, j'ai même été chargée à plusieurs reprises d'organiser des réunions de travail pour lesquelles je n'ai ménagé ni mes efforts ni ma présence en dehors des horaires réguliers.

Je ne vous demande pas de me décharger de mes responsabilités, car ce genre de travail m'intéresse beaucoup, mais j'estime que, remplissant en fait un rôle de secrétaire de confiance, je dois être rémunérée en conséquence.

C'est pourquoi j'ai l'honneur de vous demander de bien vouloir faire passer mon traitement mensuel de ... à ... F. Je vous assure que votre compréhension sera vivement appréciée et que je prendrai encore plus à cœur, si c'est possible, les intérêts de votre maison.

Veuillez agréer, Monsieur le Directeur, avec l'expression de ma gratitude, celle de mon entier dévouement.

C'est encore la secrétaire qui sera le plus souvent chargée de régler les *formalités de départ d'un employé*, tant sur le plan comptable que sur le plan moral. Elle aura alors à rédiger des lettres de ce type :

51.

Monsieur,

Nous avons le plaisir de confirmer par la présente que nous avons employé pendant six ans (1973-1979) M... en qualité de chef comptable. C'est un homme d'une honnêteté scrupuleuse, capable et travailleur, qui toujours s'est acquitté de ses devoirs à notre entière satisfaction. Il se retire de son plein gré, libre de tout engagement à notre égard, et nous ne pouvons que le recommander auprès de ses futurs employeurs.

Agréez, Monsieur, nos salutations empressées.

Les motifs de licenciement peuvent être nombreux, en dehors des licenciements proprement économiques, mais la procédure ne varie guère. L'employeur notifie sa décision par lettre recommandée avec avis de réception. Il n'est pas tenu d'indiquer les motifs du licenciement, mais le salarié peut les demander dans les dix jours ; dans ce même délai, le patron doit répondre sous peine d'avoir prononcé un licenciement sans cause réelle et sérieuse. Dans sa réponse, il ne peut alléguer d'autres motifs que ceux qu'il a exposés au salarié dans l'entretien qui a précédé le licenciement.

Cette procédure peut donner à la secrétaire l'occasion de rédiger les lettres suivantes :

52. Convocation pour licenciement

Monsieur,

Notre société envisageant de procéder à votre licenciement, vous voudrez bien vous rendre le ... à ... heures dans le bureau de M... afin que nous ayons un entretien sur le sujet.

Vous avez le droit de vous faire assister au cours de cet entretien par une personne de votre choix, appartenant au personnel de notre entreprise.
Recevez, Monsieur, nos salutations distinguées.

53. Notification de licenciement

Cette notification suppose l'accord préalable de l'inspection du travail (v. les problèmes du travail, p. 327).

Monsieur,

Notre entretien du ... n'a pas modifié mon intention de vous licencier. J'ai obtenu du directeur départemental du travail l'autorisation de le faire.
Votre ancienneté dans la maison n'étant que de huit mois, vous cesserez votre travail un mois après la réception de cette lettre, soit le ..., et vous recevrez avec votre paie une indemnité égale à 1/10 du mois.
Recevez, Monsieur, nos salutations distinguées.

54. Explication du licenciement

Monsieur,

Vous avez demandé, comme c'était votre droit, à recevoir par écrit l'explication de votre licenciement.
Le motif en est le même que celui que je vous avais exposé lors de votre licenciement. Vous avez eu à trois reprises des altercations violentes avec un contremaître, ce qui constitue, aux termes de la loi, une cause réelle et sérieuse.
Croyez, Monsieur, en nos sincères salutations.

Dans le secrétariat particulier, la secrétaire qui a su inspirer une totale confiance devient la collaboratrice la plus proche du patron. Il lui confie souvent le soin de régler bon nombre de ses affaires personnelles. C'est elle qui, fréquemment, se charge des rapports occasionnels avec les services administratifs (v. les divisions administratives). C'est elle qui, bien souvent, s'occupe de la question des loyers de l'établissement commercial aussi bien que de ceux des habitations privées. Envisageons le cas, qui devient de plus en plus fréquent, où un chef d'entreprise possède un appartement dans un immeuble en copropriété. Il est bien souvent nommé président du conseil syndical en raison de ses compétences, réelles ou supposées, dans l'administration. Sa secrétaire sera donc amenée à rédiger des lettres de ce type :

55. Convocation de copropriétaires à une séance du conseil syndical

Monsieur (ou Madame),

En ma qualité de président du conseil syndical, j'ai l'honneur de vous convoquer le samedi 21 avril, à 10 heures, à mon domicile (esc. A, 3e gauche), à l'effet de délibérer sur l'ordre du jour suivant :

1° Modification du règlement de copropriété à propos de la nouvelle répartition des tantièmes de charges d'entretien de l'escalier principal, et du chauffage ;

2° Travaux relatifs aux ascenseurs de service ;

3° Réfection de l'antenne collective de télévision.

Je suis en possession des différents documents nous permettant de débattre efficacement sur cet ordre du jour. Aussi, en tant que membre du conseil syndical, êtes-vous invité(e) à assister à cette réunion, laquelle se déroulera avec la participation de M. Albéric Guillaume, architecte d'entretien de l'immeuble, et de M. Grelet, syndic de la copropriété.

Je propose que l'assemblée générale extraordinaire qui suivra cette réunion ait lieu le jeudi 3 mai, à 17 h 30, sur le même ordre du jour. Le syndic vous fera parvenir au plus tôt la convocation et les pouvoirs.

Comptant sur votre présence, je vous prie d'agréer, Monsieur (ou Madame), l'expression de mes sentiments distingués.

Nota : Rappelons que le conseil syndical n'a qu'un rôle de proposition. Les décisions ne peuvent être prises que par l'assemblée générale.

En fait, la gestion de l'immeuble dans le détail revient toujours au syndic, ce qui peut amener un copropriétaire à présenter une réclamation de ce genre.

56. Lettre de réclamation au sujet d'une demande de provision pour les charges

Monsieur le Syndic,

J'ai bien reçu votre lettre du ... dans laquelle vous m'invitez à verser au cours du prochain mois la somme de 3200 F à titre de provision sur les dépenses du prochain exercice.

J'attire votre attention sur le fait qu'en vertu de la législation en vigueur, la provision ne peut excéder le quart du budget prévisionnel. La somme qui m'est demandée ne saurait donc être supérieure à 2500 F.

Dans l'attente de vous lire, je vous prie de croire, Monsieur le Syndic, à mes sentiments distingués.

S'il n'est pas copropriétaire, le chef d'entreprise peut être soit propriétaire, soit locataire. Il pourra donc être amené à rédiger ou faire rédiger divers types de lettres.

57. Lettre à un locataire commerçant en vue de demander la révision du loyer

Par lettre recommandée avec accusé de réception.

Monsieur,

J'ai l'honneur de vous notifier que je me propose de réviser le montant du loyer que vous payez actuellement pour l'occupation des locaux commerciaux dont je suis propriétaire.

En me référant aux textes réglementaires récemment entrés en vigueur (augmentation libre mais modérée), je vous fais savoir que j'entends porter, à dater du prochain terme à payer d'avance, le montant de votre loyer à 9 000 F par trimestre, charges non comprises. Votre prochaine quittance sera établie en ce sens.

Je vous prie de croire, Monsieur, à l'assurance de mes sentiments distingués.

58. Un locataire au propriétaire pour demander des réparations urgentes

Monsieur,

Je vous signale que l'aggravation du mauvais état de la toiture de l'habitation que vous me louez rue ... rend indispensables des réparations.

Je vous avais déjà dit l'an dernier qu'à chaque pluie un peu forte je trouvais des flaques d'eau sur le sol d'une des pièces de l'étage supérieur. Depuis quelques semaines, ce n'est plus dans la seule chambre où elles se produisaient l'an dernier, mais c'est dans les trois pièces mansardées que le parquet est littéralement inondé chaque fois qu'il pleut sérieusement.

Ces inondations importantes font apparaître de larges taches au plafond des pièces à l'étage au-dessous.

Cet état de fait déplorable nous interdit désormais une utilisation normale des pièces de l'étage supérieur. Sa prolongation ne manquerait pas, en outre, de nuire au gros œuvre de l'intérieur de votre immeuble que les eaux de pluie dégradent.

Toute réparation du gros œuvre, notamment de la toiture, incombant au propriétaire, je viens vous prier de faire procéder à celles qui s'imposent.

Espérant que vous assumerez votre obligation à cet égard à bref délai et sans nouvel avis, et vous en remerciant à l'avance, je vous prie d'agréer, Monsieur, l'expression de mes sentiments distingués.

59. Lettre au maire pour imposer au propriétaire des réparations urgentes

Monsieur le Maire,

J'ai l'honneur de vous faire savoir que je suis locataire dans un immeuble sis à ..., appartenant à M...

Depuis plusieurs mois, des infiltrations d'eau régulières et importantes se produisent dans le plafond de notre salle à manger au point de causer une grave menace quant à la solidité de ce plafond qui risque de s'effondrer par endroits en raison des larges fissures qu'il présente.

Les interventions multiples auprès de notre propriétaire étant demeurées vaines à ce jour, je vous serais reconnaissant, notre sécurité étant menacée, de vouloir bien mettre en demeure ledit propriétaire de procéder promptement aux réparations qui s'imposent.

Avec mes remerciements anticipés, veuillez agréer, Monsieur le Maire, mes respectueux sentiments.

60. Demande d'acquisition de logement construit en application de la législation sur les H. L. M.

Monsieur le Président
du Conseil d'administration
de l'office public d'H. L. M. de ...

Monsieur le Président,

J'ai l'honneur de porter à votre connaissance qu'en application des articles 257 à 268 du Code d'urbanisme je désire bénéficier des dispositions de la loi du 10 juillet 1965, afin d'acquérir le logement que j'occupe.

Je vous saurai gré, en conséquence, de vouloir bien me faire connaître les conditions fixées par l'administration des Domaines et les possibilités d'un règlement fractionné.

Dans cette attente et avec mes remerciements anticipés, je vous prie de croire, Monsieur le Président, à mes sentiments distingués.

La circulaire

La circulaire est une lettre type par laquelle une entreprise transmet à un grand nombre de correspondants une information identique. Elle est le plus souvent imprimée, mais peut être aussi simplement ronéotypée. Les divers procédés d'impression ne modifient pas le caractère de la circulaire, qui est plus informative que publicitaire. Elle sera donc courte, de rédaction précise, mais impersonnelle, et ne visera à convaincre que dans le cas de circulaires très spécialisées, qui sont déjà des offres de service.

Dans la circulaire, on s'adresse au client par la majuscule M., complétée ou non, selon les cas, par les autres lettres de Monsieur, Madame, etc. Beaucoup de personnes estiment que ce procédé demeure assez froid et n'attaque pas assez directement le lecteur. On pourra donc pratiquer le repiquage, c'est-à-dire qu'on accolera au texte imprimé le nom du destinataire, par divers moyens phototypiques ou électroniques. Pour personnaliser plus encore la circulaire, on n'hésitera pas à donner du « cher monsieur Durand ». Ce procédé, inspiré des techniques américaines, ne plaît pas toujours au public français.

Le seul moyen de personnalisation qu'il semble vraiment agréer, c'est la signature authentique de l'expéditeur. Naturellement, pour des raisons pratiques, cette signature n'est pas réellement manuscrite, mais elle cherche à en donner l'impression. On recourt pour cela aux moyens phototypiques les plus perfectionnés. La signature n'est réellement apposée par l'expéditeur, de sa propre main sur chaque exemplaire, que lorsqu'il s'agit précisément, en annonçant la fondation d'une maison, l'entrée d'un nouvel associé ou la nomination d'un fondé de pouvoir, de donner aux clients le modèle des signatures qui engagent la responsabilité de la maison.

La circulaire, avec les frais postaux, est relativement coûteuse. Il sera bon de ne l'utiliser qu'avec modération en l'envoyant non pas au hasard, mais à une liste de destinataires spécialement choisis. Autrement, elle risque d'être confondue avec les innombrables envois de caractère publicitaire et d'être simplement jetée au panier.

Voici les principaux cas dans lesquels l'envoi d'une circulaire est à peu près indispensable :

- Fondation ou transformation d'une maison ;
- Avis de passage ;
- Offres de services ;
- Pour annoncer ou accompagner une campagne publicitaire ;
- Pour transmettre divers avis et rapports.

Les modèles que nous donnons ci-après ne sont évidemment pas impératifs ; ils peuvent cependant être une source utile d'inspiration.

Lorsqu'il s'agit d'une entreprise très importante, qui envoie des circulaires de large diffusion, l'action de la circulaire peut être doublée par des communiqués à la presse et à la radio.

Fondation ou transformation d'une maison

61. Fondation d'une banque

Banque Dupont, Lenoir et Cie
38, rue de l'Hôtel-de-Ville, 69000 Lyon

Lyon, le 1er mars 19..

Messieurs,

Nous avons l'honneur de porter à votre connaissance que nous venons de fonder dans cette ville, au capital initial de 5 millions de francs, un établissement bancaire sous la raison sociale : Dupont, Lenoir et Cie.

Nous nous occuperons des affaires ordinaires de banque et de bourse, ainsi que de l'escompte et de l'encaissement des effets de commerce payables en France et à l'étranger.

Les capitaux importants dont nous disposons, ainsi que le matériel comptable et informatique le plus moderne, nous mettent à même de servir au mieux les intérêts de nos correspondants et vous pouvez être assurés que nous apporterons l'attention la plus scrupuleuse à l'exécution de vos ordres.

Vous trouverez ci-inclus nos tarifs et une circulaire qui vous donnera tous les détails pratiques sur nos opérations habituelles. Nous restons, bien sûr, à votre disposition pour vous fournir, oralement ou par écrit, tous les renseignements que vous pourriez souhaiter.

Nous vous prions de prendre bonne note de nos signatures ci-dessous et d'agréer, Messieurs, l'expression de nos sentiments les plus dévoués.

N/S Lenoir signera : Dupont, Lenoir et Cie.

62. Constitution d'une société commerciale

Imprimerie Marius Marchand
Maison fondée en 1796
Vve M. Marchand, successeur
25, cours Pierre-Puget, Marseille

Marseille, le 25 mars 19..

Messieurs,

J'ai l'honneur de vous informer que, suivant acte reçu par Me Vergniol, notaire à Marseille, j'ai constitué, sous la raison sociale Vve M. Marchand et Cie, une société en commandite simple en vue de continuer l'exploitation du fonds de commerce de l'Imprimerie Marius Marchand.

Mon fils, M. Victor Marchand, licencié ès lettres et en droit, qui dirige la maison depuis trois ans, en sera le seul gérant.

Permettez-moi d'espérer que vous voudrez bien reporter sur lui la confiance dont vous m'avez toujours honorée et veuillez agréer, Messieurs, mes salutations empressées.

Vve M. Marchand

63. Désignation d'un gérant

Imprimerie Marius Marchand
Maison fondée en 1796
Vve M. Marchand successeur
25, cours Pierre-Puget, Marseille

Messieurs,

Me référant à la circulaire ci-jointe, j'ai l'honneur de vous informer que j'ai été désigné comme gérant de la société en commandite simple : Vve M. Marchand et Cie.

Les contrats en cours seront exécutés comme par le passé. Je conserve mon personnel, dont vous connaissez la compétence, mais j'utiliserai du matériel nouveau qui me permettra de vous livrer plus rapidement un travail mieux fini.

J'ose espérer que vous voudrez bien me garder votre confiance et je vous prie d'agréer, Messieurs, l'expression de ma considération distinguée.

Victor Marchand

64. Cession de commerce

Paris, le...

Monsieur,

J'ai l'honneur de vous faire connaître que je cède mon atelier de photographie et de photogravure avec mon magasin d'appareils photographiques et cinématographiques à M. L. Bergeron, mon représentant et fondé de pouvoir, qui continuera, à la même adresse, le même genre d'affaires que moi.

Je vous remercie de la confiance que vous m'avez toujours accordée et je vous prie de vouloir bien la reporter sur mon successeur, dont vous connaissez déjà les qualités.

Veuillez agréer, Monsieur, mes salutations empressées.

P. Darbois

65. Avis du successeur

Monsieur,

Comme vous l'annonce la circulaire ci-jointe, M. P. Darbois m'a cédé la suite de son commerce, dans lequel il laisse une partie de ses capitaux.

J'espère que vous voudrez bien me continuer la confiance que vous aviez accordée à mon prédécesseur et je ferai, de mon côté, tout pour la mériter.

Veuillez agréer, Monsieur, l'expression de mes sentiments dévoués.

L. Bergeron

66. Changement de domicile

Messieurs,

Nous avons l'honneur de vous faire savoir que, par suite de l'extension considérable prise par nos affaires, nos bureaux et magasins ont été transférés, à dater de ce jour, 24, rue Lafayette, à Paris.

Ces locaux nous permettent de regrouper nos services et d'acquérir des installations plus modernes. Notre production en sera intensifiée et nos livraisons y seront plus rapides et plus soignées.

Nous serons très heureux de vous faire bénéficier de ces améliorations et nous vous prions de croire, Messieurs, à nos sentiments les plus dévoués.

N. B. Notre téléphone reste toujours 653.34.28.

67. Changement de domiciliation bancaire

Paris, le...

Messieurs,

L'extension de nos affaires et notre nouvelle installation à Paris nous amènent à recourir aux services d'une banque plus dynamique et plus importante que la petite maison provinciale où nous étions préalablement domiciliés, et à laquelle nous conservons notre estime et notre gratitude.

Nous avons choisi la Banque nationale de Paris (agence Opéra) où nous sommes inscrits sous le numéro de compte 47/822195. Vous y trouverez, sans aucun doute, toutes les facilités nécessaires à la poursuite de nos bonnes relations.

Veuillez croire, Messieurs, à mes sentiments bien dévoués.

Le Directeur

68. Avis d'établissement d'une succursale

Paris, le...

Messieurs,

Nous vous informons que nous venons d'établir une succursale rue de Rome, à proximité de la gare Saint-Lazare, en raison de l'insuffisance actuelle de nos locaux et de l'impossibilité matérielle de les agrandir.

Cette succursale (dont le numéro de téléphone est 033.17.16) sera sans doute très appréciée par nos clients de la rive droite et de la banlieue ouest. Ils y trouveront, aux mêmes prix avantageux, tous les articles qui ont fait jusqu'à présent notre succès.

En vous remerciant de la confiance que vous nous avez toujours témoignée, nous vous prions d'agréer, Messieurs, nos salutations distinguées.

Le Directeur

69. Avis d'ouverture d'un rayon nouveau

Messieurs,

L'extension prise par nos affaires et les vœux souvent exprimés par notre fidèle clientèle nous ont décidés à établir dans nos magasins de nouveaux rayons de vente spécialement consacrés à tout ce qui concerne la radio et la télévision.

Vous trouverez donc chez nous, dès le 1er décembre prochain, une gamme très étendue des appareils des meilleures marques et un service après-vente aussi rapide que précis.

Nous espérons donc que vous nous ferez la faveur de visiter bientôt ces nouveaux rayons où, selon les habitudes de notre maison, le meilleur accueil vous sera réservé. Pendant la période d'ouverture, des facilités spéciales de crédit vous seront accordées.

Agréez, Messieurs, nos sincères salutations.

70. Avis de reprise de la fabrication

Messieurs,

Nous avons le plaisir de vous informer que nous venons d'achever la construction de notre nouvelle usine et que nous reprendrons dès la semaine prochaine la fabrication des chaussures.

Nous avons installé nos ateliers selon la technique la plus moderne et nous nous sommes assuré le concours des meilleurs dessinateurs, des plus habiles coupeurs et, en général, des ouvriers les plus qualifiés. Nous pouvons ainsi vous certifier la qualité indiscutable des articles que nous mettrons sur le marché.

Vous recevrez entre le 13 et le 16 janvier la visite de notre représentant, qui vous soumettra nos tout derniers modèles.

En attendant la faveur de vos ordres, nous vous prions d'agréer, Messieurs, nos civilités empressées.

71. Avis de dissolution d'une société

Messieurs,

Nous avons le regret de vous annoncer la mort de M. Emile Schwartz, décédé à Berne le 21 janvier.

M. Schwartz ne laissant que des héritiers mineurs, incapables de prendre la suite de ses affaires, la société Schwartz et Cie a été déclarée dissoute aujourd'hui, par arrangement à l'amiable. Pour la liquidation des marchandises et pour le règlement des dettes, vous aurez avantage à prendre contact avec M. R. Vogt, notaire, 14, Wagnerstrasse, à Berne.

Nous vous remercions de la confiance que vous aviez bien voulu témoigner à notre ancienne société et nous vous prions d'agréer, Messieurs, l'assurance de nos sentiments les plus distingués.

Schwartz et Cie en liquidation.

Avis de passage

72. Avis de passage d'un voyageur

Lille, le...

Monsieur,

MM. Lenoir, Piérat et Cie, successeurs de Dulieu frères, vous présentent leurs compliments et vous informent de la prochaine visite en votre ville de M. Lesire, voyageur de commerce, accrédité auprès de leur maison.

Ils espèrent que vous voudrez bien lui réserver la faveur de vos ordres, à l'exécution desquels ils donneront, comme d'habitude, leurs soins les plus attentifs.

M. Lesire ne manquera pas de vous informer lui-même de la date précise de sa visite.

73. Avis de passage d'un représentant

Paris, le...

Monsieur,

Notre représentant, M. Leroux, au cours de sa tournée annuelle dans votre région, vous rendra visite dans le courant du mois prochain. Il prendra lui-même contact avec vous pour savoir exactement quand il pourra vous rencontrer.

Nous espérons que vous voudrez bien lui réserver, comme d'habitude, la faveur de vos ordres. Nous vous en exprimons à l'avance notre gratitude et vous prions d'agréer, Monsieur, nos salutations empressées.

74. Avis de passage d'un voyageur devenu employé intéressé dans la même maison

Bordeaux, le...

Monsieur,

Nous sommes heureux de vous faire savoir que M. Jean Cassagne, voyageur de commerce chez notre prédécesseur, reste attaché à notre maison comme employé intéressé. Comme par le passé, il continue à visiter nos clients et s'efforcera toujours de mériter le bon accueil que vous lui avez réservé jusqu'ici. Nous ferons nous-mêmes tout notre possible pour vous donner entièrement satisfaction dans l'exécution des ordres que vous lui aurez confiés.

Nous vous prions d'agréer, Monsieur, nos salutations distinguées.

N. B. M. Cassagne sera à Nantes vers le 15 avril. Il vous informera lui-même en temps utile de la date exacte de son passage.

Offres de services

Les offres de services ne peuvent être traitées par circulaire que lorsqu'elles ne sont pas particularisées. Dès que l'on tient compte de la situation personnelle du client, il faut ou bien procéder par lettre individuelle ou bien envoyer une circulaire publicitaire avec une argumentation spécialement étudiée pour la catégorie de clientèle visée. La circulaire sera donc toujours de caractère général et gardera un ton assez neutre. En voici quelques exemples.

75. Envoi de catalogue

Messieurs,

Nous avons l'honneur de vous adresser notre catalogue pour l'été 1980. Nous espérons qu'il retiendra votre attention en raison de la nouveauté de nos articles et de nos prix très étudiés.

Ces prix s'entendent net, sans escompte, franco de port sur tout le territoire métropolitain à partir de 100 F.

Tous les ordres sont payables d'avance ou contre remboursement, retour des fonds à votre charge.

Les marchandises ne donnant pas satisfaction peuvent être retournées et échangées, sauf les articles fabriqués sur commande spéciale. Les réclamations faites à réception sont seules admises.

Dans l'attente de vos ordres, nous vous présentons, Messieurs, nos salutations empressées.

76. Avis de hausse

Messieurs,

En raison de la hausse continue des matières premières et de l'augmentation des salaires et des impôts, nous nous trouvons dans l'obligation de relever de 10 % notre dernier tarif.

A dater de ce jour, tous nos prix antérieurs sont rigoureusement annulés. Toutefois, dans l'intérêt de notre clientèle, nous acceptons encore aux conditions précédentes les ordres relatifs aux articles marqués d'une croix sur notre catalogue, car il nous reste encore en stock quelques marchandises achetées à des cours très avantageux.

En espérant que cette hausse, que nous regrettons profondément, n'altérera en rien nos excellentes relations, nous vous présentons, Messieurs, nos très sincères salutations.

77. Avis de solde

Lyon, le...

Madame,

Comme chaque année, du 28 janvier au 28 février, nous allons, après notre inventaire, solder tout notre stock à des prix extrêmement étudiés.

Nous comptons que cette initiative vous apparaîtra intéressante et nous espérons que vous voudrez bien nous favoriser de votre visite.

78. Offre de vente au prix de gros

Monsieur,

Vous avez besoin de meubles — de bons meubles.

Notre fabrique, qui, depuis de longues années, approvisionne plusieurs grands magasins ainsi qu'un grand nombre de détaillants, vous les fournira cette année, par faveur exceptionnelle, au prix de gros.

Cet avantage est strictement réservé aux membres du corps enseignant. Vous trouverez ci-joint un bon d'achat. Utilisez-le à nos magasins. Quelle que soit l'importance de vos achats, il vous donnera droit pour chacun d'eux au prix de gros et à des conditions particulières de livraison, d'expédition et de règlement.

En espérant que vous apprécierez l'effort que nous consentons en faveur de votre profession, nous vous prions de croire à notre considération la plus distinguée.

79. Offre de vente à crédit

Roubaix, le...

Monsieur,

Vous avez reçu notre catalogue et vous y avez trouvé de nombreux articles qui vous font envie. Seulement voilà : pour le moment, vous avez quelques difficultés de trésorerie. Votre situation va bientôt s'améliorer, mais aujourd'hui... Et pourtant ce service de table est si séduisant. Quelle joie de l'offrir à votre femme dont c'est prochainement l'anniversaire !

Non ! Ne vous désolez pas ! Rien n'est perdu. Ce que vous désirez maintenant, commandez-le. Vous paierez plus tard. Comment dites-vous ? Vous aurez à payer des intérêts ? Pas énormes. Et puis, qu'est-ce que vous risquez avec l'érosion monétaire ?

Faites votre calcul. Voici des conditions bien attrayantes : vous versez 15 % à la commande ; sur 35 % pendant un an vous ne payez pas d'intérêt. Pour les 50 % qui restent, nous vous accordons un crédit de deux ans aux conditions ordinaires des banques.

Alors n'hésitez pas ! Téléphonez tout de suite à 817.00.08 et tous vos vœux seront satisfaits.

Soyez assuré, Monsieur, de notre entier dévouement.

Ce style un peu familier tend à se répandre : il confère à la circulaire un ton de bonhomie qui peut être séduisant. On peut même, dans certains cas et en choisissant bien ses destinataires, aller jusqu'à l'humour. Voici à titre d'exemple ce qu'un ancien normalien, devenu directeur général d'une banque, écrivait à ses collègues, que, dans le jargon de l'École, on appelle « archicubes ».

80. Cher Archicube,

L'École mène à tout, même aux professions les plus inavouables. Le destin ainsi qu'une paresse naturelle m'ont conduit à jouer dans la comédie humaine le rôle de banquier, spécialiste des problèmes du financement de la construction.

Si vous désirez acquérir un logement quelconque pour vous, vos enfants ou votre petite amie (au cas où, poussé par le démon de midi, vous seriez en proie à une folle générosité), je suis à votre disposition pour essayer de monter avec vous le crédit le plus agréable ou de vous donner un avis qui sera le plus éclairé possible.

Veuillez croire, cher Archicube, si vous le pouvez, que tout cela n'est pas une histoire publicitaire et que je suis très amicalement vôtre.

Lionel C.

La circulaire, en général, n'entre pas dans les détails. Elle est faite pour éveiller l'attention du destinataire, pour lui faire part d'un événement (solde, visite, etc.) ou pour l'inciter à regarder de près le catalogue. Il existe cependant des cas où elle peut être beaucoup plus précise. Il s'agit généralement d'une petite entreprise commerciale ou artisanale qui exerce son activité sur un marché où la concurrence est forte et qui n'a pas les moyens de multiplier les relances publicitaires. La circulaire qu'elle adressera se devra donc d'être très complète. En voici quelques exemples.

81. Circulaire d'un marchand d'automobiles

Monsieur,

Vous désirez acquérir une voiture ou bien changer la vôtre. Vous recherchez un modèle puissant et rapide ou bien confortable et économique. Nous sommes assurés de pouvoir vous donner satisfaction.

En voiture neuve : Beurtot, dont nous sommes concessionnaires officiels, vous présente une gamme absolument complète de voitures tourisme et véhicules utilitaires.

En voiture d'occasion : nous disposons continuellement d'un choix important de voitures de toutes marques, entièrement révisées par nos soins et garanties pendant un an. Un atelier muni d'un outillage moderne et un service de dépannage sont en outre à votre disposition.

Toutes nos voitures sont payables à tempérament.

Consultez-nous, vous y trouverez votre intérêt car nous sommes persuadés que vous trouverez chez nous la solution au problème que vous pose votre voiture.

82. Circulaire d'une maison de dactylographie

Saint-Etienne, le...

Monsieur,

Nous venons de renouveler entièrement notre matériel et nous sommes en mesure d'exécuter tous travaux de dactylographie et reprographie dans les meilleurs délais.

Vous connaissez certainement les excellents résultats obtenus par les machines à changement de caractères et à frappe contrôlable : le texte ainsi dactylographié est aussi clair et aussi élégant que celui de l'impression typographique, et le prix est nettement inférieur. Le nombre de copies n'est pas limité.

Nous possédons également des caractères spéciaux permettant de reproduire tous travaux comportant des formules mathématiques. Pour toutes vos autres exigences, veuillez nous consulter : nous nous tenons entièrement à votre disposition pour tous renseignements complémentaires et nous serons heureux de vous faire profiter de notre longue expérience dans le domaine de la reproduction graphique.

83. Circulaire de dactylographe

Monsieur,

Ni les éditeurs ni les directeurs de théâtre n'ont l'habitude de rembourser aux auteurs leurs frais de dactylographie. Pour alléger cette charge, confiez-nous vos œuvres à dactylographier.

Nos prix sont moins chers que ceux de nos concurrents. Jugez-en : nous ne vous facturerons la page de 25 lignes (60 signes par ligne) que... francs, et ... pour cinq exemplaires.

Un coup de téléphone et nous voici. Vous nous remettez votre manuscrit ou vous dictez. Le temps d'aller, de taper, de revenir et vous avez votre travail, précis, soigné et moins cher.

Essayez. Nous sommes persuadés que vous obtiendrez pleine satisfaction

84. Circulaire d'expert-comptable

Lyon, le...

Monsieur,

Les rapports des industriels et des commerçants avec l'Administration deviennent chaque jour plus complexes et leur prennent un temps qu'ils pourraient plus utilement consacrer à leurs affaires. Pourtant la loi vous fait une obligation de tenir une comptabilité régulière et c'est à partir de celle-ci que vous serez taxés par les contrôleurs. Si elle est claire et honnête, vous ne courrez pas le risque d'être taxés arbitrairement. Vous paierez des impôts, bien sûr, mais vous verserez exactement ce que vous devez payer.

Les experts-comptables se chargent de vérifier et de mettre à jour votre comptabilité, d'établir vos déclarations fiscales annuelles, de vous préparer à la discussion de votre forfait et, éventuellement, de défendre votre point de vue devant l'Administration lorsque les textes peuvent donner lieu à des interprétations différentes.

Pour vous, c'est une assurance et une tranquillité : les fonctionnaires des Finances font confiance aux experts-comptables, car ils les savent tenus à des règles disciplinaires qui garantissent leur compétence et leur honorabilité.

Vous pouvez utiliser les services d'un expert-comptable de votre choix soit en vous adressant à lui personnellement, soit en adhérant à l'un des centres de comptabilité agréés qui ont été récemment mis sur pied par l'ordre des experts-comptables ou par les chambres de commerce : vous bénéficierez, dans ce cas, d'abattements fiscaux pouvant aller jusqu'à 20 %.

Renseignez-vous : c'est votre intérêt évident.

Circulaires accompagnant une campagne publicitaire

85. Circulaire émanant d'un marchand de vin

Loupiac, le...

Monsieur,

L'abondance de la dernière récolte et sa médiocre qualité avaient fait fléchir sérieusement les cours à la production. J'avais fait bénéficier mes clients de ce mouvement des prix en apportant dans mes tarifs plusieurs baisses successives.

Malheureusement, à la suite de récentes mesures administratives qui immobilisent plusieurs millions d'hectolitres et réduisent d'autant les quantités disponibles, la tendance nouvelle est à la hausse.

On note partout des écarts importants entre les cours actuels et ceux qui étaient pratiqués il y a un mois. De sorte qu'il faut considérer comme fort intéressants et même tout à fait exceptionnels les prix de mon tarif actuel.

Ils suffiraient sans doute à retenir votre attention, mais je sais qu'il ne suffit pas de bien acheter, il faut encore bien revendre. C'est pourquoi je vous annonce que j'ai entrepris un gros effort publicitaire qui vous permettra certainement de mieux commercialiser mes vins. Par des affiches et par des placards dans les journaux, je vais susciter l'intérêt d'une nombreuse clientèle, ce qui ne manquera pas d'influer sur vos ventes.

Vous pourrez apprécier spécialement l'aide que je vous apporte en lisant les mardi, jeudi et samedi, les grands quotidiens de votre région.

En attendant d'être favorisé de vos ordres, je vous prie de croire, Monsieur, à mes sentiments les meilleurs.

86. Annonce de publicité par radio et télévision

Troyes, le...

Madame,

Vous connaissez déjà la qualité et le renom de nos fabrications en matière de bonneterie. Nous avons décidé de faire un effort publicitaire spécial en faveur de trois produits : les bas, les collants, les soutiens-gorge. C'est pourquoi R. T. L. va diffuser pendant six mois un programme destiné à populariser la marque REX. De même, des flashes publicitaires passeront régulièrement à la télévision à une heure de grande écoute.

C'est donc le moment, pour vous, de ne pas vous trouver démunis alors que la publicité va sans aucun doute multiplier la demande. Nous vous adressons donc notre catalogue spécial et nous vous informons que, pour faire bénéficier nos clients de notre effort publicitaire, nous porterons, dans les trois mois qui viennent, votre ristourne de 33 1/3 à 35 %. Retournez-nous donc au plus tôt le bon de commande ci-joint et veuillez agréer, Madame, l'expression de nos sentiments distingués.

87. Annonce de publicité tous médias

Paris, le...

Monsieur,

Notre campagne publicitaire de l'an dernier, qui a utilisé la radio, le cinéma, la télévision, la presse et les affiches, a largement sensibilisé l'opinion, et la vente de notre shampooing CRAC a dépassé de 10% nos prévisions les plus optimistes. Vous avez certainement apprécié, dans votre chiffre d'affaires, les retombées de cette campagne.

Nous allons recommencer l'opération au mois de juin en faveur d'un produit nouveau, mieux étudié encore, la laque B. K. S. La qualité de cet article et la masse de crédits que nous allons consacrer à sa promotion nous laissent espérer un très vaste succès public.

Vous aurez donc à cœur de ne pas vous laisser dépasser par l'événement et de vous pourvoir en temps utile des quantités suffisantes. Passez dès maintenant vos ordres, car l'afflux des commandes risque de provoquer certains retards dans les livraisons.

Vos dévoués
Etabl. Tramel

88. Invitation à visiter un établissement

Messieurs, Mesdames,

Commençons par un sourire : les vacances approchent. Beaucoup d'entre vous en profiteront sûrement pour visiter le Cotentin, pour s'ébattre sur ses plages, pour admirer ses châteaux. Mais vous pouvez aussi joindre l'utile à l'agréable. Sur votre table et sur celle de vos amis, vous avez sans doute vu apparaître le fromage KIKO. Votre œil s'est réjoui de sa jolie croûte rose, votre palais de sa pâte d'une douceur sans égale. Vous plairait-il de savoir comment ce fromage est fabriqué ? Alors, quand vous serez en Cotentin, faites un petit saut jusqu'à notre usine de Tirmont. Vous y serez accueillis comme des amis, vous verrez la propreté et l'efficacité de nos installations et vous pourrez goûter, gratuitement, bien sûr, à tous nos produits.

Et surtout ne vous croyez pas obligés d'attendre les vacances. Nous travaillons toute l'année ; d'ailleurs le vert Cotentin est si agréable au printemps et plus encore à l'automne. Alors, à bientôt ?

89. Invitation à visiter un stand d'exposition

Chavignol, le...

Monsieur,

Vous avez peut-être déjà eu l'amabilité d'accueillir notre représentant lorsqu'il est venu à votre domicile pour vous faire goûter nos vins. Mais nous sommes une petite maison et nous n'avons pas les moyens matériels de multiplier les démarchages. C'est pourquoi nous croyons plus rationnel de profiter de votre visite probable à la Foire de Paris pour vous inviter à venir visiter notre stand. La carte ci-jointe, qui vous précise son emplacement, vous donnera aussi la possibilité de goûter à nos produits.

Nous attirons tout spécialement votre attention non seulement sur les vins des années antérieures, qui vieillissent tranquillement dans nos chais, mais sur la récolte de cette année, qui est d'une qualité exceptionnelle. Elle vous sera pourtant présentée sans augmentation de prix.

Nous espérons donc que vous apprécierez et notre modération et le mérite de ce vin, à la fois charnu et léger, qui est déjà parfaitement fait, mais qui se conservera aussi très bien dans votre cave.

A votre bonne santé !

Avis et rapports divers

La circulaire est utilisée à tous moments dans le cadre administratif de notre existence. Il est impossible d'en envisager tous les aspects. Sa rédaction, en général, ne pose guère de problèmes, car on se borne à reproduire des formules déjà connues et utilisées de longue date. C'est pourquoi, malgré l'ampleur du sujet, nous ne choisirons qu'un petit nombre d'exemples.

90. Rapport sur l'exercice financier d'une société

Paris, le...

Messieurs,

Nous avons l'honneur de vous faire connaître les résultats financiers de l'exercice 19.. Ils sont en tout point très satisfaisants.

Les recettes sont passées de ... pour l'année précédente à ..., soit une augmentation de ...%. En réalité cette augmentation ne s'élève qu'à ..., car le comité a cru utile, par prévoyance, de constituer une réserve de ...

Les dépenses n'ont connu qu'une augmentation modérée, compte tenu de l'évolution générale des prix. Elles passent de ... à ..., soit une augmentation de ...%.

Les bénéfices s'élèvent donc à ... Leur répartition sera précisée par la prochaine assemblée générale.

Notre commissaire aux comptes a, suivant l'usage, procédé au contrôle annuel de nos finances. Il a constaté la parfaite exactitude et la sincérité des comptes qui vous sont présentés. Dans ces conditions, le présent exercice, exact et régulièrement clos, est de nature à vous donner toute satisfaction.

Nous vous prions de croire, Messieurs, à l'expression de nos dévoués sentiments.

signature

91. Rapport du trésorier d'une société

Messieurs,

J'ai l'honneur de présenter à l'assemblée générale le compte d'exploitation de l'exercice 1977-78.

Recettes ....

Dépenses ....

Actif de la société

Estimation du portefeuille ....

Comptes courants ....

Créances ....

Total de l'actif ....

Remarques. Les comptes de l'exercice 1977-78 sont marqués par deux points importants :

- Pour la première fois depuis plusieurs années, le fonctionnement courant de l'association est équilibré par les contributions annuelles de ses membres. Cela est dû à la fois au relèvement des cotisations annuelles et aux efforts accomplis pour comprimer les dépenses ordinaires.
- Notre société a bénéficié du legs Quibolle, dont l'importance change d'un seul coup les dimensions de notre portefeuille.

La situation de notre trésorerie est donc parfaitement saine et je remercie tous les membres qui ont compris la nécessité d'un effort financier accru.

Croyez, Messieurs, en mes sentiments dévoués.

92. Convocation à une assemblée générale

Messieurs,

La Société des Amis des lois se réunira en assemblée générale ordinaire annuelle à la mairie de Chalon-sur-Saône (salle Justin-Prévôt) le dimanche 13 mars 19.. à 14 heures. Vous êtes instamment prié d'assister à cette séance. L'appel nominal aura lieu à 14 h 15.

Ordre du jour.

- Renouvellement du tiers sortant des membres du comité par l'élection de deux membres, en remplacement de MM...
- Lecture du rapport annuel sur la situation de la Société.
- Lecture du rapport financier et approbation des comptes de l'exercice 19..
- Questions diverses.

Au cas où vous ne pourriez assister personnellement à cette séance, vous trouverez ci-joint un modèle de pouvoir que vous voudrez bien faire parvenir avant le vendredi 11 mars à M. Labruquière, secrétaire de la Société (11, rue du Colonel-Denfert).

Veuillez croire, Messieurs, en nos sentiments bien dévoués.

93. Circulaire d'un administrateur de biens aux copropriétaires

Montreuil, le...
(date de la poste)

Madame, Monsieur,

Nous vous prions de trouver au verso de la présente les éléments vous permettant d'établir votre déclaration d'impôts sur le revenu de 1978.

Seuls les copropriétaires louant leur appartement doivent remplir la feuille bleue, annexe 2044.

Les tantièmes figurent sur tous les appels de fonds que vous recevez régulièrement.

Nous vous prions d'agréer, MM., nos distinguées salutations.

Le syndic

L'offre de service

La circulaire était déjà, dans certains cas, une offre de service. Seulement, la plupart du temps, elle n'était ni répétée ni individualisée (sauf par des procédés un peu artificiels). L'offre de service peut, elle aussi, s'adresser à un grand nombre de clients. Elle ne se distingue alors formellement de la circulaire que parce qu'elle est souvent répétée selon une technique précise, celle du « mailing », c'est-à-dire de l'envoi par la poste d'une série de lettres destinées à tenir en haleine le client éventuel. Toutefois, même lorsque l'offre de service semble se rapprocher extérieurement de la circulaire, son esprit est différent.

Par la circulaire, on cherche à informer la clientèle, à la sensibiliser à l'activité d'une maison ou aux qualités d'un produit nouveau.

Par l'offre de service, on cherche à convaincre l'acheteur et à susciter de sa part une réponse, qui sera la commande.

L'offre de service comporte toujours une première partie informative : le rédacteur se présente au destinataire. Il dit qui il est, ce qu'il fait, ce qu'il vend. S'il s'agit d'une offre individualisée, il peut essayer d'introduire des références personnelles : « Je vous écris de la part de M..., qui m'a fait connaître vos besoins ». Dans ce cas, la conversation d'affaires peut s'engager directement et sans difficulté.

Pas de difficulté non plus si vous écrivez à un ancien client : il vous connaît et il suffit de rappeler les affaires, satisfaisantes pour lui, que vous avez déjà traitées ensemble.

Faute de relations personnelles, vous commencerez par des observations générales peu discutables : « Tout le monde sait qu'un enfant de dix ans aime mieux jouer que travailler », dira un fabricant de jouets en annonçant un divertissement qu'il estime également instructif.

Après cette introduction, vous indiquez avec précision ce qui fait l'objet de votre lettre : ce que vous vous déclarez prêt à fournir ou quel genre de travail vous pouvez effectuer. Là, la rédaction est simple. Vous utilisez tout naturellement comme transition ce que vous avez dit dans la première partie : « Étant donné que nous avons appris, par nos relations communes, que vous n'aviez pas trouvé jusqu'ici, dans une gamme de prix raisonnables, un appareil offrant telles ou telles caractéristiques, nous vous présentons notre Morsa, qui semble répondre à tous vos désirs... » « Étant donné que les enfants de dix ans aiment mieux jouer que travailler, nous vous présentons notre loto géographique... » Vous amenez ainsi la description générale des caractères du produit que vous proposez.

Reste la troisième partie, la plus délicate : l'argumentation. Vous devez imaginer les moyens de convaincre un acheteur, naturellement réticent ou surpris par votre initiative. Vous devez en même temps songer à combattre par avance ses objections. Si vous proposez un produit utilitaire, bien défini, comparable à d'autres existant déjà sur le marché, deux cas peuvent se présenter. Ou bien l'article ne se distingue en rien des autres, à qualité égale, une étoffe, par exemple ; vous ne pouvez alors jouer que des avantages commerciaux que vous pouvez accorder : le prix, les conditions de livraison. Ou bien l'article présente des nouveautés techniques : il vous appartient alors de les mettre en valeur afin de montrer la supériorité de votre production sur celle de vos concurrents, que vous n'avez toutefois pas le droit de dénigrer.

Dans une seconde hypothèse, vous offrez un produit plus intellectualisé, disons une série d'assiettes illustrées par un artiste célèbre. L'acheteur éventuel n'en a nul besoin pressant. Votre argumentation devra donc faire appel à son imagination, à sa sensibilité, sans négliger, bien sûr, pour autant, son intérêt, la collection en question pouvant, d'après vous, constituer un placement avantageux.

On ne peut envisager, dans cette introduction, tous les cas d'espèce où vous aurez à exercer votre sagacité et votre sens psychologique. Une règle générale cependant semble s'imposer : oubliez que le produit est le vôtre, que vous y avez consacré tous vos soins et qu'il porte vos espoirs ; mettez-vous à la place du client, imaginez ses objections et réfutez-les par avance sans jamais les exprimer, car il est inutile de lui donner des idées.

Nous avons surtout envisagé jusqu'ici le cas d'un client qui est personnellement connu de vous ou que vous avez de bonnes raisons de considérer d'avance comme un acheteur éventuel. Mais souvent les offres de service ne sont pas individualisées réellement. Elles s'adressent à un marché qui a déjà été déterminé en raison de nombreux critères sociaux, économiques et financiers, mais où les individus ne sont pas autrement connus que par leur nom, leur adresse et, parfois, leur profession ou leurs habitudes d'achat. Elles sont envoyées par correspondance, selon une méthode connue sous les noms américains de « follow up system » ou de « mailing », qui ne signifient en réalité que démarchage répétitif par la voie postale.

- *Comment fonctionne le système ?*

Il s'agit en premier lieu de déterminer la cible et, pour cela, d'établir une liste d'adresses de clients éventuels. On peut, dans cet esprit, consulter les différents annuaires et les Bottins, mais les renseignements ainsi recueillis sont assez hasardeux.

On peut aussi acheter — voire « emprunter » — des listes d'adresses dans des agences spécialisées. Dans tous les cas, les listes ainsi constituées seront soumises, par expérience, à de nombreuses retouches.

Pour effectuer ces retouches, on dressera un répertoire sur fiches des adresses auxquelles a été fait un premier service ; ce répertoire sera tenu à jour et annoté à intervalles réguliers. On s'efforcera aussi de le compléter au jour le jour.

A partir de ces adresses, on écrit (à des intervalles calculés de manière à intéresser de plus en plus le client sans l'importuner) des lettres qui insistent sur les divers avantages des articles à placer. On peut même ajouter à ce démarchage des avantages financiers : parmi les numéros de commande, certains seront tirés au sort et rapporteront au bénéficiaire une prime plus ou moins importante. C'est d'ailleurs une méthode périlleuse, car le client, leurré d'un espoir qui ne s'est pas réalisé, peut être tenté de ne plus prendre en considération les offres d'achat, même sérieuses, qui lui seront faites par la suite.

Si un client se révèle toujours aussi récalcitrant après quatre, cinq relances, il vaut mieux l'abandonner, mais il faut allors prendre la précaution de faire disparaître son nom du fichier pour ne pas continuer à engager des frais inutiles. Si, au contraire, le démarchage a produit un résultat, on tiendra en haleine celui qui est devenu un client en lui adressant une correspondance régulière, appuyée sur des catalogues ou sur des dépliants.

Il va de soi que, dans un tel système, la personne chargée du fichier joue un rôle considérable. Mais l'élément initial du succès réside dans la qualité de la rédaction des lettres types, dont dépendra la décision du client. Pour mieux assurer leur succès, on a souvent cherché à personnaliser ces lettres, qui, en réalité, ne sont que des circulaires, en y repiquant quelques expressions simples, telles que « Cher Monsieur Dupont », ou en donnant à la signature l'aspect d'un véritable autographe. On espère ainsi donner au client l'impression flatteuse que la lettre n'a été écrite que pour lui (on est même allé récemment jusqu'à appliquer la même méthode sur les déclarations d'impôt). Il semble bien que la mèche soit maintenant éventée et que la crédulité de l'acheteur, ou du contribuable, ne soit pas sans limite.

• *Qui fait des offres de service ?*

En réalité, toute personne qui fait acte de commerce fait du même coup, fût-ce implicitement, des offres de service. Mais ces offres ne sont pas toujours faites par écrit ; elles peuvent se manifester aussi bien par la criée ou par l'affiche. Nous prendrons des exemples d'offres écrites dans six catégories principales, ce qui n'exclut pas nécessairement les autres.

Offre de service d'un producteur

94. Proposition d'un marché de bois

Monsieur le Directeur,

Propriétaire-exploitant à Sevrey et possesseur de ... hectares de plantations de noyers, j'ai l'honneur de vous proposer du bois de noyer sain pour la fabrication des fusils de l'armée.

Je pourrai vous fournir annuellement ... stères dudit bois et je m'engagerai à vous fournir cette quantité d'une façon régulière quand vous aurez bien voulu me faire connaître vos conditions.

Veuillez agréer, Monsieur le Directeur, mes respectueuses salutations.

Réponse

Monsieur,

Je suis très intéressé, en principe, par votre proposition de me fournir régulièrement en bois de noyer pour la fabrication des fusils de l'armée. Mais vous savez que mon établissement est soumis aux règlements de la Défense nationale et qu'à ce titre il m'est interdit de passer des marchés de gré à gré. Je vous ferai donc tenir le cahier des charges du prochain appel d'offres et je souhaite bien vivement que vous vous trouviez en mesure de répondre à ses conditions.

Croyez, Monsieur, en mes salutations distinguées.

95. Autre proposition

Monsieur,

Producteur-expéditeur de fraises à Satonné, je viens vous offrir mes produits. Je puis vous envoyer régulièrement des fraises de culture forcée et de primeur placées dans des caissettes, des fraises de grosses variétés comme Docteur Morène ou Général Chanzy, emballées dans de petits paniers, à l'exclusion de toute matière plastique.

Les plus grands soins sont apportés à l'emballage et, comme nos fraises sont cueillies mûres et par temps sec, je puis vous donner l'assurance qu'elles seront aisément transportées et qu'elles ne risquent pas de se gâter.

Enfin, je dois vous dire que les emballages en colis postaux affranchis jusqu'à 5 kilogrammes sont considérés comme perdus.

Dans l'attente de vos ordres, je vous prie d'agréer, Monsieur, l'expression de mes sentiments distingués.

Réponse

Orléans, le...

Monsieur,

Je vous remercie de votre offre qui, en certains cas, est susceptible de m'intéresser. Pour les fraises en pleine terre et pour la période de grosse production, mes marchés sont déjà passés depuis longtemps avec des grossistes.

Mais, si vous pouvez m'assurer des quantités importantes de fraises de culture forcée pour les prochains mois de mars et d'avril, nous pourrions parvenir à une entente. En ce qui concerne les emballages, j'accepte vos conditions.

Veuillez donc me faire connaître quelles quantités vous pourriez me livrer et à quel rythme. Nous fixerons les prix une semaine avant livraison, compte tenu des cours de Rungis; je vous réglerai à votre convenance.

En espérant que nous pourrons travailler ensemble à notre commune satisfaction, je vous prie d'agréer, Monsieur, mes salutations distinguées.

Offre de service d'un fabricant

96. A l'exportation

Lyon, le...

Messieurs,

Redevables de votre adresse à nos amis communs MM. Sallini et Cie de Valparaiso, nous prenons la liberté de vous présenter nos offres de service.

Dans les ateliers de nos établissements, nous fabriquons tapis, rideaux, tissus d'ameublement en tout genre et nous sommes persuadés que nos qualités spéciales destinées à l'exportation ne peuvent guère être surpassées.

Nous sommes, depuis vingt ans, en relations régulières avec les premières maisons de l'Amérique du Sud et possédons de nombreux témoignages de leur entière satisfaction.

Nous n'avons pas de représentant dans votre pays et les capitaux importants dont nous disposons nous permettent d'accorder à nos clients toutes facilités désirables.

Il nous serait très agréable d'entrer en relation avec votre maison et, dans cet espoir, nous vous prions, Messieurs, de croire à nos sentiments distingués.

Réponse

Messieurs,

Effectivement, nos amis Sallini nous avaient dit grand bien de votre maison, dont nous connaissions d'ailleurs certains produits. C'est avec le plus grand plaisir que nous envisagerons d'établir avec vous des relations confiantes.

Toutefois, vous savez que notre pays est soumis au régime des licences d'importation. Il faudrait donc que vos articles rentrent dans le cadre des contingents autorisés. La publication officielle de ces contingents pour l'année prochaine ne devrait plus tarder. Dès sa parution, si les circonstances s'y prêtent, nous serons heureux de vous demander l'envoi de votre catalogue.

Veuillez croire, Messieurs, à l'assurance de nos sentiments les meilleurs.

97. Offre d'un lot de lainage

Mulhouse, le...

Messieurs,

Nous vous informons que nous avons actuellement un lot de lainage fantaisie d'environ 500 kg, grandeur de 20 à 40 cm. Le prix pour le lot au complet est de ... F le kg ou de ... F si la commande ne dépasse pas 50 kg. Conditions habituelles, marchandise prise à Mulhouse, sauf vente et sans engagement.

Si vous vous intéressez à ce lot, nous vous conseillons de nous télégraphier au reçu de la présente, car nous avons offert cette marchandise en même temps à plusieurs clients.

Dans l'attente de vous lire, nous vous présentons, Messieurs, nos salutations distinguées.

Réponse

Langres, le...

Messieurs,

Nous vous remercions de votre offre d'un lot de lainage. Nous ne doutons pas de sa qualité, mais les conditions impérieuses et les délais de réponse que vous fixez ne nous permettent pas de prendre une décision assez mûrement réfléchie.

Nous espérons qu'une autre occasion nous sera donnée de travailler plus commodément avec vous et nous vous prions de bien vouloir agréer, Messieurs, nos meilleures salutations.

98. Offre de lingerie

Messieurs,

Pensant vous intéresser nous vous informons que nous réalisons, pour cause d'inventaire, un important stock de chaussettes d'hommes, mi-bas et Socquettes.

Tous nos articles sont de qualité garantie. Nous disposons, tant en Nylon mousse qu'en laine renforcée Nylon ou en fil, de toutes les tailles courantes.

Ces articles peuvent vous être cédés au prix réellement exceptionnel de ... F prix net, franco de port à partir de dix douzaines.

Livraison à votre choix. Règlement : 30 jours et le mois. Échantillons sur demande.

Croyez, Messieurs, à nos sincères salutations.

Réponse

Messieurs,

Nous sommes intéressés par votre proposition du ... et nous vous remercions d'avoir pensé à nous. Nous envisageons de vous passer prochainement une commande très importante dès que nous aurons reçu vos échantillons.

Veuillez cependant nous préciser si le franco de port à partir de dix douzaines s'applique à la totalité de la livraison ou s'il porte séparément sur chaque catégorie d'articles.

Croyez, Monsieur, à nos salutations empressées.

99. Offre d'installation sanitaire

Messieurs,

Nous nous permettons de vous faire nos offres de service pour toutes les installations sanitaires dont vous pouvez avoir besoin.

Pour nous attirer votre confiance, nous pouvons citer parmi nos clients le ministère des Travaux publics, la SNCF, la Société des Grands Hôtels suisses et un nombre sans cesse croissant d'hôtels, d'hôpitaux et d'institutions qui ont bien voulu nous confier l'exécution de travaux importants et qui, pour la plupart, nous ont autorisés à divulguer le témoignage de leur parfaite satisfaction.

Dans l'espoir que vous voudrez bien nous favoriser de vos ordres, nous vous assurons, Messieurs, de nos dévoués sentiments.

Réponse

Issoire, le...

Messieurs,

Nous avons pris bonne note de vos offres de service et des références impressionnantes que vous présentez.

Mais nous sommes une modeste maison de province et il nous arrive bien rarement d'avoir à entreprendre des travaux d'une pareille importance.

Cependant, nous sommes persuadés que nous trouverons dans votre catalogue les éléments les plus modernes et que votre grande surface financière vous permettra de nous consentir d'appréciables facilités de règlement.

Nous attendons donc votre catalogue avec le plus vif intérêt et nous vous prions d'agréer, Messieurs, nos sincères salutations.

Le commerçant-détaillant

Il est assez rare que le commerçant-détaillant ou l'artisan fasse ses offres de service par lettre. Il utilise le plus souvent (en dehors de la publicité visuelle) des prospectus qu'il fait distribuer dans les boîtes aux lettres du voisinage.

Ces prospectus, de lecture très rapide, annoncent généralement une vente à des prix avantageux ou bien des activités de réparation et de dépannage. Parfois, un commerçant en livres rares accompagne l'envoi de son catalogue d'une lettre destinée à un client qu'il sait passionné par tel ou tel sujet. Mais, la plupart du temps, les lettres ne sont écrites que pour donner des détails qui ne pourraient figurer dans une offre de service de plus grande diffusion, dont voici un exemple :

100. Offre de bijoux d'occasion

Paris, le...

Madame,

Je prends la liberté de me rappeler à votre bon souvenir. Je serais heureux de pouvoir vous présenter le très beau choix de bijoux que j'ai pu récemment constituer. Toutes les pièces ont été nettoyées, remises en état, souvent remontées. Ce sont donc des articles de tout premier ordre que je suis en mesure de vous offrir, et cela à des prix sensiblement inférieurs à ceux qui vous seraient faits par des maisons achetant en fabrique.

Ma maison existe depuis longtemps, et la faveur que veut bien m'accorder une nombreuse et ancienne clientèle est justifiée par notre façon loyale de traiter les affaires.

Je suis donc prêt à me rendre chez vous dès que vous voudrez bien me convoquer, même par téléphone, à moins que vous ne préfériez me favoriser de votre visite.

Veuillez agréer, Madame, l'expression de mes sentiments respectueux.

Réponse

Cette lettre n'appelle pas d'autre réponse qu'une visite à la collection, ou un coup de téléphone, ou l'oubli.

L'intermédiaire

Il est assez rare qu'une maison éprouve le besoin de travailler par l'intermédiaire d'une autre sur le territoire métropolitain, l'éventail des possibilités étant largement couvert par le commerce associé, le succursalisme et la franchise. Le cas se présente plus souvent lorsqu'il s'agit de faire des affaires avec l'étranger, surtout dans les pays en voie de développement, où les formes commerciales modernes ne sont pas encore très développées. On peut donc rechercher un intermédiaire local avec lequel, sans procéder à une association formelle, on pourra contracter une sorte d'alliance. Voici un exemple d'une lettre de ce type.

101. Recherche d'un intermédiaire à l'étranger

Monsieur,

Vous connaissez certainement notre entreprise de pêche en mer, la Fitri. Nos marins ont fréquemment des contacts amicaux avec ceux de votre flottille. Notre activité serait grandement facilitée si nous pouvions disposer en Guinée d'un établissement à demeure. Or, vos règlements nationaux s'opposent à l'introduction d'une société étrangère, et la prise de participation dans une société existante n'aurait guère d'effet puisque nous ne commercialisons pas nos pêches sur le sol guinéen.

Par ailleurs, nous avons obtenu les meilleurs renseignements sur votre honorabilité et votre compétence. C'est pourquoi nous vous faisons la proposition suivante :

- Accepteriez-vous de vous occuper de l'équipement et de l'entretien de notre flottille au même titre que de la vôtre (les dépenses courantes ainsi que les frais d'investissement et les salaires du personnel restant, bien entendu, à notre charge) ?
- Accepteriez-vous d'acquitter pour nous les droits de port et les taxes locales, le remboursement

s'effectuant, suivant votre convenance, annuellement ou trimestriellement, à La Rochelle ou à Konakry?

• Pour vous dédommager de vos services, toutes les prises qui ne seraient pas congelées vous seraient remises et vous pourriez alors les commercialiser pour votre compte sur le marché local.

Si ces propositions vous semblent mériter une étude attentive, nous serions heureux de connaître assez rapidement votre sentiment.

Nous vous prions de croire, Monsieur, à l'expression de nos sentiments distingués.

Le représentant

Il peut s'agir soit d'une personne ou d'une entreprise installée à l'étranger qui souhaite représenter une maison française, soit d'une offre de service sur le territoire métropolitain.

102. Offre de représentation à l'étranger

Messieurs,

Par nos amis communs MM. Lopez et Cie, nous avons appris que vous n'êtes pas représentés en Amérique du Sud et nous prenons la liberté, par la présente, de vous adresser nos offres de service.

Depuis douze ans, nous opérons ici pour les maisons suivantes : X à Lille, Y à Beauvais, Z à Mazamet, qui vous donneront certainement sur notre compte tous renseignements désirables.

Nous avons d'excellentes relations dans le monde des importations en gros et nous sommes persuadés que nos placements ont toujours donné à nos fabricants la plus entière satisfaction.

Nous croyons devoir attirer votre attention sur le chiffre considérable qui se traite en Amérique du Sud dans votre genre d'affaires, et, si vos conditions répondent à l'attente de la clientèle de tout premier ordre que nous visitons, nous sommes en mesure de vous promettre à bref délai des résultats qui vous convaincront.

Si notre proposition vous paraît acceptable, nous serions heureux de recevoir au plus tôt votre catalogue ainsi que des précisions sur la manière dont vous entendez traiter avec nous et avec nos clients.

Soyez assurés, Messieurs, de notre entier dévouement.

103. Offre de représentation en France

Monsieur,

Depuis plusieurs années déjà, nous avons la représentation sur notre place de maisons de vins de Bordeaux et de Champagne, ainsi que des meilleures marques de liqueurs françaises.

Nous serions heureux d'y ajouter le placement et la vente des crus les plus célèbres de Bourgogne.

Nous tenons à votre disposition la liste de nos clients, déjà très nombreux et dont beaucoup nous ont demandé de leur fournir des vins de votre région.

Nous aurions, je crois, beaucoup de chances de réussite.

Veuillez agréer, Monsieur, l'expression de nos sentiments très dévoués.

Réponse positive

Monsieur,

En réponse à votre lettre du 18 ..., je vous informe que j'accepte vos offres de représentation et de dépôt de mes vins pour votre ville. Les conditions de notre accord sont précisées dans le contrat en double exemplaire que je joins à cette lettre. Si elles reçoivent votre approbation, veuillez me retourner l'un des exemplaires revêtu de votre signature.

Par le même courrier, je vous adresse des échantillons, catalogues et prix courants, en attendant l'expédition que je vous ferai dès réception de votre lettre.

En vous adressant mes meilleurs vœux de succès, je vous prie d'agréer, Monsieur, mes bien sincères salutations.

Réponse négative

Monsieur,

J'ai vivement apprécié votre proposition de représenter sur la place d'Aix-les-Bains nos vins de Bourgogne et, connaissant votre réputation, j'aurais aimé lui donner suite. Malheureusement, j'ai déjà accordé le soin de nous représenter à Monsieur Moulin, de Chambéry, avec exclusivité pour toute la Savoie. Comme je n'ai nulle raison de me plaindre de son activité, vous comprendrez qu'il ne m'est pas possible de répondre favorablement à votre proposition.

Veuillez agréer, Monsieur, avec mes regrets, l'assurance de mes sentiments distingués.

• *Technique de l'offre.*

Nous avons surtout envisagé dans les pages précédentes l'esprit dans lequel l'offre était formulée. Il nous faut maintenant passer en revue les diverses techniques par lesquelles le vendeur essaie d'attirer l'attention sur son produit.

Il existe des moyens relativement simples et d'un usage assez général : on envoie des échantillons, des listes de prix, des spécimens, des catalogues, etc., sur lesquels le client pourra fixer son choix en toute liberté et à tête reposée. On peut accompagner ces expéditions d'une simple lettre d'envoi ou d'une explication technique plus ou moins argumentée.

On peut aussi tenter d'exercer une action psychologique en incitant le client à profiter d'une situation particulièrement avantageuse pour lui : c'est le cas des soldes, des liquidations, des promotions, etc.

On peut exercer une pression, souvent longue et renouvelée, en accompagnant l'envoi de divers spécimens par toute une argumentation, technique et psychologique.

On peut enfin préférer à l'argumentation écrite la persuasion orale, qui sera développée par un courtier ou un représentant. La lettre ne sera alors qu'une annonce de visite.

104. Envoi de catalogue

Périgueux, le...

Madame,

Voici revenir la saison des fêtes de famille, toujours accompagnées de repas soignés. Le foie gras y trouve naturellement sa place. C'est pourquoi nous vous faisons parvenir le catalogue détaillé de toutes nos préparations : foie d'oie et foie de canard, truffé ou non, foie en terrine, en boîte, foie mi-cuit, etc. Nous sommes persuadés que vous réserverez le meilleur accueil à cet ambassadeur de la gourmandise.

Nous vous prions de noter qu'en dépit des hausses considérables que vous constatez chaque jour nous avons réussi à maintenir nos prix de l'an dernier, sauf en ce qui concerne la truffe, la dernière récolte ayant été catastrophique.

Nous avons simplement supprimé quelques facilités de paiement que nous étions en mesure de vous accorder précédemment.

Vous trouverez dans notre catalogue un bon de commande où il vous suffira d'inscrire l'appellation du produit choisi et son numéro de code. Vous voudrez bien aussi cocher le mode de paiement (chèque bancaire, chèque postal, mandat-lettre joints à la commande, ou contre remboursement à la livraison).

En vous remerciant de votre confiance et de votre fidélité, nous vous assurons de nos sentiments les plus dévoués.

105. Envoi d'échantillons

Messieurs,

Nous vous accusons réception de votre lettre du 24... nous demandant nos échantillons et tarif.

Comme notre collection comporte plus de 5000 types et que vous ne nous donnez aucune indication relative aux sortes dont vous avez besoin, il nous est difficile de déterminer quelles sont les qualités qui peuvent vous intéresser. Pour gagner du temps et guider votre choix, nous vous envoyons donc, sous pli spécial, des échantillons assortis d'articles qui, habituellement, se vendent bien sur votre place. Nous sommes naturellement tout prêts à vous en envoyer d'autres si vous en faites la demande.

Vous trouverez ci-inclus nos tarifs aux meilleurs prix.

Nous vous présentons, Messieurs, nos salutations empressées.

106. Envoi de spécimen

(L'*échantillon* est une petite partie prélevée sur un ensemble homogène, une étoffe, par exemple ; le *spécimen* est l'exemplaire type d'une publication.)

Monsieur,

Comme suite à votre lettre du 15 ..., nous vous avons expédié nos différents catalogues.

Nous vous remettons ci-inclus une liste d'offres de spécimens. Vous voudrez bien nous indiquer les ouvrages que vous désirez examiner et nous nous ferons un plaisir de vous donner satisfaction dans toute la mesure du possible.

Dès aujourd'hui, nous vous envoyons quelques ouvrages de notre collection pour bibliothèques scolaires. Ces ouvrages ont reçu déjà l'approbation de nombreux membres de l'enseignement ainsi que de parents d'élèves. Nous sommes persuadés qu'ils seront pour vous d'une vente facile.

Nous attendons vos ordres et vous prions d'agréer, Monsieur, nos salutations distinguées.

107. Envoi de spécimen à un particulier

Paris, le...

Monsieur,

Nous avons le plaisir de vous faire parvenir un exemplaire de notre nouvelle publication : « le Tour du monde d'un gamin de Paris », de Louis Boussenard. Cet ouvrage a fait rêver des générations d'enfants et nous ne croyons pas que son charme soit aujourd'hui épuisé.

C'est pourquoi nous avons procédé à sa réédition sous une forme très moderne : nombreuses illustrations, cartes géographiques et références instructives sur les pays cités font de ce livre attrayant une méthode plaisante d'enseignement sans effort.

Si ce livre vous convient, gardez-le en cadeau à la simple condition que vous nous fassiez connaître votre désir de recevoir, sans engagement de votre part, pour une consultation de dix jours, les prochains volumes de la collection.

S'il ne vous intéresse pas, ne nous le renvoyez pas. Faites-en profiter d'autres personnes qui pourront lui trouver du charme.

Vous trouverez ci-joint un dépliant contenant la liste et les tarifs de nos éditions. Croyez que nous serons particulièrement heureux de vous compter bientôt au nombre de nos clients réguliers. Vous verrez alors de quels avantages nous pouvons les faire bénéficier.

Nous vous assurons, Monsieur, de nos sentiments distingués.

108. Envoi de matériel à l'essai

Monsieur,

Vous avez chez vous un poste de télévision dont vous êtes plutôt satisfait. Toutefois, vous savez que la technique accomplit chaque jour des pas de géant. Vous avez pu voir des appareils où l'image vous semble plus lumineuse et la couleur plus harmonieuse que sur le vôtre. Plusieurs marques annoncent des améliorations matérielles qui rendent l'utilisation du poste plus agréable. S'agit-il de simples gadgets ou de réalisations techniques indiscutables qui ne tarderont pas à se généraliser ?

Il ne tient qu'à vous de le savoir. Remplissez le bulletin de demande ci-joint et nous installerons chez vous, pour un essai de deux semaines, l'appareil le plus moderne et le plus perfectionné. Cela, bien entendu, sans que vous ayez à payer quoi que ce soit : aucun versement préalable, aucun frais de location, simplement l'engagement de rendre le poste dans l'état où vous l'avez reçu.

Vous n'avez rien à perdre et peut-être beaucoup à gagner, car nos appareils ne redoutent aucune comparaison.

Tentez donc l'expérience ; vous en serez certainement satisfait et soyez assuré, Monsieur, de nos sincères sentiments.

109. Envoi de matériel avec argumentation technique

Monsieur,

Vous êtes bricoleur et vous connaissez bien vos outils. Si donc nous vous présentons un nouvel appareil, ce n'est pas dans l'espoir de vous leurrer en lui prêtant des qualités exceptionnelles qu'il n'aurait pas : vous auriez très vite fait de découvrir le subterfuge, vous vous moqueriez de nous et vous auriez raison.

C'est donc en prenant le risque de votre critique que nous vous disons : regardez bien notre nouvelle perceuse F15 et essayez-la. Si vous ne croyez pas, après expérience, qu'elle est supérieure à toutes celles que vous avez pu connaître dans votre longue expérience de bricoleur, n'hésitez pas, renvoyez-la nous, vous n'aurez rien à nous régler.

Vous trouverez que nous sommes bien sûrs de nous. C'est exact.

Nous sommes tout à fait sûrs des qualités de la F 15. Nous ne sommes pas des charlatans.

Notre maison existe depuis plus de cinquante ans et elle a déjà mis sur le marché nombre de produits que vous avez peut-être déjà eus entre les mains, tels que la grosse visseuse Hekla, la perforatrice à refroidissement Tempo ou l'arracheuse-amortisseuse Vadim. Mais jamais encore nous n'avions connu, nous semble-t-il, une réussite comparable à celle de la F15.

Entièrement construite à partir d'alliages micronisés, avec soudure type Shetland, elle présente une solidité sans pareille (elle est d'ailleurs garantie un an). Les vis de déchappage ont été spécialement traitées par le procédé Bio et sont électroniquement synchronisées avec la palanque d'échiffre. La tenaille d'attaque, du type Morsa, est en acier spécial chaptalisé et peut supporter les températures les plus extrêmes. Malgré son poids (7,869 kg), l'appareil est parfaitement en main en raison de son équilibre.

Nous pourrions continuer longtemps à vous vanter les mérites de la F15. Il est plus simple pour vous de l'essayer. Vous connaissez certainement déjà le fonctionnement des appareils de même type.

Sur simple demande de votre part, nous vous en adressons un exemplaire avec le mode d'emploi et d'entretien pour un essai d'un mois. Est-ce une proposition honnête ?

Nous attendons sans inquiétude votre réponse, et nous vous prions de croire, Monsieur, à l'expression de nos sentiments distingués.

110. Envoi d'une publicité avec argumentation psychologique

Monsieur, Madame,

Certaines personnes se laissent prendre au clinquant, mais d'autres ont su garder le goût du beau. Pour elles, le vrai luxe consiste dans le raffinement discret des matières les plus nobles, telles que le cuir.

Si vous êtes sensible à l'odeur d'un cuir bien tanné, à la souplesse d'une pleine peau, examinez sur le dépliant ci-joint les bagages que nous vous proposons.

Peut-être les reconnaissez-vous. Peut-être les avez-vous déjà entrevus au hasard de quelque voyage, entre les mains de ces hommes ou de ces femmes qui refusent de sacrifier l'élégance au fonctionnel. Ne désirez-vous pas, vous aussi, faire partie du cercle de ces personnalités dont la seule vue de leurs bagages fait sentir le sérieux, l'importance, le bien-être ? A peine arriverez-vous dans un hôtel que vous serez déjà « classés » aux yeux du personnel et des clients. Iriez-vous, madame, décoiffée à une réception ? Iriez-vous, monsieur, mal vêtu à un séminaire d'affaires ? Pourquoi donc accepteriez-vous qu'un équipement de voyage banal fasse surgir des doutes sur votre condition ?

Notre dépliant illustré vous donnera toutes les explications techniques et nous serions bien étonnés si, sur la vingtaine de modèles de luxe que nous vous proposons, il ne s'en trouvait pas au moins deux ou trois pour vous séduire.

Quand vous ferez votre commande, veuillez nous préciser si vous désirez que vos initiales soient portées sur vos bagages (évidemment sans frais supplémentaires).

Ajoutons que nos articles ne se trouvent pas dans le commerce et qu'ils sont uniquement réservés aux clients privilégiés auxquels nous adressons cette offre, en y joignant nos sincères salutations.

Relance publicitaire par « mailing » (1er exemple)

111. Première lettre

Chère Madame,

Nous avons le plaisir de prendre un premier contact avec vous, qui n'êtes pas encore notre cliente, mais qui le deviendrez bientôt, nous l'espérons.

Nous profitons de l'arrivée prochaine de l'été et des vacances pour vous présenter tout un choix de maillots de bain et de robes de plage, ainsi que de nombreux accessoires, parmi lesquels certains doivent retenir votre attention.

Nous vous suggérons un ensemble très coquet, dans des teintes tout à fait au goût du jour, comprenant une robe de plage, un maillot deux pièces, une paire de sandales et deux serviettes de bain. En faisant l'emplette de cet ensemble, vous gagnerez 20 % sur le prix de chaque article.

Notez aussi, je vous prie, la belle qualité et l'élégance de nos ensembles pour fillettes : on n'est jamais trop coquette sur une plage quand on a dix ans.

Vous trouverez ci-joint deux bulletins : l'un pour votre commande éventuelle (tous les détails précis y figurent), l'autre pour vous permettre de recevoir, si vous le désirez, notre catalogue d'été complet.

Avec l'espoir que vous apprécierez nos qualités et nos prix, nous vous présentons, chère Madame, nos salutations les plus empressées.

112. Deuxième lettre

Chère Madame,

Vous ne vous êtes pas laissée tenter par notre collection d'été ; nous serons peut-être plus heureux avec celle d'hiver. D'autant plus que nous vous préparons une surprise.

L'essentiel de nos nouveautés d'hiver figure sur le dépliant ci-joint. Vous remarquerez sans doute l'élégance et le classicisme de notre coupe. Nous réservons les fantaisies pour l'été ; l'hiver demande de la dignité et de la mesure. Quant à la qualité de nos étoffes, elle est garantie par vingt années de succès ininterrompu. D'ailleurs, nous avons pour règle d'échanger, sur la demande du client, tout article qui ne correspondrait pas à la description du catalogue.

Nous attirons spécialement votre attention sur nos manteaux raglan : confortables, d'une coupe très étudiée, de couleur discrète mais seyante, ils seront certainement portés cet hiver par les élégantes.

Et la surprise, direz-vous ? Nous y voilà. Chaque bulletin de commande comporte un numéro. Le 1er septembre, un tirage au sort désignera parmi ces numéros les trois qui gagneront un voyage d'une semaine aux îles Baléares, pour deux personnes, tous frais compris. Qu'en pensez-vous ? Ne serait-ce pas pour vous un grand plaisir que d'aller étrenner votre garde-robe d'hiver sous le soleil méditerranéen ?

Alors, vite, envoyez votre commande avec le numéro qui vous apportera, peut-être, le soleil et la joie et veuillez croire, chère Madame, à nos sentiments bien dévoués.

113. Troisième lettre

Madame et chère cliente,

Non ! Vous n'avez pas gagné le voyage aux îles Baléares (le sort ne désignait que trois élues sur des centaines de clientes), mais vous avez reçu les vêtements que vous aviez commandés et nous espérons qu'ils vous ont donné pleine satisfaction.

Toutefois, nous ne sommes pas satisfaits nous-mêmes, car nous avons éveillé chez nos clientes amies des voyages, des espoirs qui n'ont pu tous être comblés. Nous allons donc essayer autre chose.

Nous vous envoyons aujourd'hui notre catalogue « Équipement de la maison ». C'est l'un des points forts de notre firme et nous sommes persuadés que vous trouverez dans cette longue liste, qui va du linge de cuisine aux valises et bagages (mais oui !) de quoi remplacer avantageusement tout ce qui chez vous est un peu usé ou vieilli. Nous ne vous conseillons pas un article plutôt qu'un autre : tous sont parfaitement étudiés et ont déjà subi avec succès l'épreuve de l'expérience. Quant à nos prix, ils sont, comme toujours, plus que raisonnables. Et pourtant vous pouvez payer encore moins cher ce que vous désirez.

Comment ? Quand vous remplirez votre bulletin de commande, regardez bien en haut et à gauche de la feuille, vous y verrez un petit rectangle vert. Prenez alors un chiffon humide et frottez légèrement. Si la chance vous favorise, vous verrez apparaître des chiffres : ils représentent la somme qui sera déduite du montant de votre facture, et cela peut aller jusqu'à 1 000 F.

Quelle aubaine si cette fois-ci le sort a daigné vous sourire ! Alors, ne la laissez pas passer et envoyez au plus tôt votre commande.

Avec tous nos vœux de succès, recevez, Madame et chère cliente, l'expression de nos sentiments bien dévoués.

Relance publicitaire par « mailing » (2e exemple)

114. Première lettre

Chère Madame Duval,

Votre nom a été tiré au sort parmi tous les habitants de la Seine-Maritime et s'est vu attribuer le numéro KL315. Cela vous permettra de participer au tirage de la Grande Tombola française et de figurer parmi les gagnants possibles des prix suivants :

- une automobile ;

- un poste de télévision couleurs ;
- une semaine de séjour au bord de la mer ;
- une semaine de séjour en montagne ;

et des centaines d'autres prix de valeur appréciable.

Pourquoi cette faveur inattendue ? Simplement pour vous donner l'occasion de faire connaissance avec nos publications. Nous éditons régulièrement des séries classiques et modernes présentées de façon luxueuse, mais à des prix modérés. Ainsi pourrez-vous, à peu de frais, constituer pour vous et pour vos enfants une bibliothèque incomparable.

Puisque le sort vous a été favorable, nous tenons à votre disposition trois romans célèbres (*Ramona*, etc.), qui vous seront adressés dans les conditions suivantes : un, à votre choix, en cadeau gratuit, les deux autres au prix très réduit de ... F. Il vous suffit, pour les recevoir, de cocher la case *oui* dans le bulletin ci-inclus.

Si cette offre ne vous intéressait pas, ce qui serait surprenant, veuillez renvoyez le bulletin après avoir coché la case *non*. Cela n'enlèvera rien à vos possibilités de gagner à la Grande Tombola française.

Veuillez agréer, chère Madame Duval, l'expression de nos sentiments distingués.

115. Deuxième lettre

Chère Madame Duval,

Devant le succès rencontré par notre Grande Tombola française, nous avons décidé de vous faire bénéficier d'avantages supplémentaires.

Vous trouverez ci-inclus un dépliant illustré qui vous présente notre nouvelle collection « les Grandes Figures de l'histoire mondiale ». Sous une forme attrayante, vous pourrez faire connaissance avec les prodigieuses personnalités, trop souvent ignorées, qui ont déterminé le destin non seulement de la France, mais du monde.

Pour vous persuader de l'intérêt de ces portraits, le plus souvent inédits, nous vous envoyons le numéro un de la collection : Gengis khan, le conquérant du monde, l'homme qui sortit des steppes de sa Mongolie natale pour imposer sa volonté à la quasi-totalité de l'Asie. Étudiez cet ouvrage pendant une semaine et comparez-le à tout ce que vous pouvez connaître dans le domaine historique. Si vous n'êtes pas convaincue de ses qualités, renvoyez-le nous. Si, au contraire, il a su vous plaire, expédiez-nous le bulletin de commande ci-joint avec la somme de ... F.

Dans les deux cas, que vous ayez accepté l'ouvrage ou que vous l'ayez refusé, sur le simple vu de votre réponse, il vous sera attribué un nouveau numéro, qui vous donnera une chance supplémentaire de gagner à la Grande Tombola française :

- une automobile ;
- un poste de télévision couleurs ;
- une semaine de séjour au bord de la mer ;
- une semaine de séjour en montagne ;

et des centaines d'autres prix de valeur appréciable.

Avec tous nos meilleurs vœux de bonne chance, nous vous prions de croire, chère Madame Duval, à nos sentiments bien dévoués.

116. Troisième lettre

Chère Madame Duval,

Voici votre second numéro de la Grande Tombola française. Vous possédiez déjà le KL315 ; vous êtes maintenant également titulaire du LS77, soit donc deux chances de gagner prochainement :

- une automobile ;
- un poste de télévision couleurs ;
- une semaine de séjour en bord de la mer ;
- une semaine de séjour en montagne ;

et des centaines d'autres prix de valeur appréciable.

Le tirage aura lieu au cours du mois de septembre. Si vous avez gagné l'un des nombreux lots, quelle que soit son importance, nous nous ferons une joie de vous en aviser immédiatement.

En attendant, toujours désireux de vous faire bénéficier des plus heureux éléments de notre production, nous avons l'honneur de vous présenter ce que nous considérons comme une réussite exceptionnelle : l'enregistrement des « Grandes Voix humaines ». Non pas celles des chanteurs, que vous trouvez partout, mais celles des hommes d'État, des savants, des artistes, de tous ceux qui ont influencé, en bien ou en mal, le devenir de l'humanité. Vous pourrez ainsi entendre chez vous, sur des disques recueillis dans des albums élégants et pratiques, avec des notices précises et documentées, des discours de Hitler, Mussolini, Pétain, de Gaulle et bien d'autres, des conversations avec Einstein, Jean Rostand et plusieurs prix Nobel, des interviews de Graham Greene, de Céline, de Braque, de Picasso, etc., et enfin une allocution du pape tôt disparu, Jean-Paul Ier. Vous voyez déjà le succès que vous pourrez obtenir auprès de vos amis en leur faisant écouter chez vous «les Grandes Voix humaines ».

Seulement, hâtez-vous de passer votre commande. En raison de la fragilité des documents qui sont à la base de nos enregistrements, nous n'avons pu faire presser qu'un nombre limité de disques. Ceux qui feront les premières commandes seront les premiers et peut-être les seuls servis.

Le prix global de la collection est de ... F. Mais pour vous, Madame, qui avez été favorisée par le destin, nous consentirons une réduction exceptionnelle de 20 %.

On peut poursuivre des relances publicitaires du même style aussi longtemps qu'on ne craint pas de lasser la patience des destinataires. L'expérience semble prouver que l'opération peut, en certains cas, durer plusieurs années.

Certaines maisons préfèrent à ce système épistolaire l'envoi, auprès de la clientèle à démarcher, de représentants ou de courtiers. Le représentant, employé par une ou plusieurs firmes, ne fait aucune opération pour son compte personnel et est rémunéré par un salaire et par des commissions. Le courtier se borne, ayant mis les parties en rapport, à constater leur accord ; il est rémunéré par un courtage, fixe ou proportionnel, selon les conventions des parties. Dans le démarchage commercial pour la vente à domicile, le courtier n'est rémunéré, en pratique, que par la maison qui l'emploie.

La maison fournit à son représentant des échantillons ou des spécimens de son activité, ainsi que tous les éléments qui lui permettront de développer son action publicitaire ; elle peut même faire suivre des stages de formation aux représentants débutants et aux courtiers, mais, vis-à-vis de la clientèle, elle n'exerce pas d'action directe, comme dans les cas précédents, car elle fait confiance aux personnes qu'elle envoie. Vis-à-vis des clients, elle se borne le plus souvent à annoncer leur visite.

117. Annonce de la visite d'un représentant

Messieurs,

Nous prenons la liberté de vous faire savoir que notre représentant, M..., aura, vers la fin de la semaine, le plaisir de vous rendre visite.

Il vous soumettra les échantillons de nos nouveautés les plus avantageuses et nous nous permettons d'attirer tout spécialement votre attention sur nos articles pure laine peignée pour tailleurs de dames : les dessins nouveaux, pour la plupart, sont dans la ligne de la mode de cet hiver, mais restent pourtant classiques.

Nous comptons que vous voudrez bien examiner attentivement nos échantillons et nous sommes persuadés qu'ils vous convaincront de la qualité et de l'originalité de nos tissus.

Nous tenons à vous remercier de la confiance dont vous nous avez favorisés jusqu'à ce jour et, dans l'espoir que vous jugerez à propos de confier à notre représentant une commande importante, nous vous prions d'agréer, Messieurs, nos salutations empressées.

• *Les réponses.*

L'offre appelle-t-elle nécessairement une réponse ? En principe elle est faite pour déclencher une réponse pratique : la commande. Nous verrons dans le chapitre suivant sous quelles formes peut se présenter cette commande. Mais il est bien évident que l'offre, fréquemment, ne reçoit pas de réponse. Dans certains cas, il est vrai que son auteur ne s'y attend pas. L'expéditeur d'une circulaire vise à sensibiliser ceux qu'il a pris pour cible de son action ; il ne cherche pas à provoquer une réponse immédiate. Tous ceux qui expédient de la publicité par voie de mailing souhaitent évidemment recevoir une commande ; ils ne supposent pas pour autant que le client va prendre la peine de leur répondre. Le plus souvent, ils sont d'ailleurs assez désagréablement surpris lorsque leur arrive une réponse rédigée, car elle manifeste principalement la colère ou l'agacement du rédacteur.

118. Réponse négative à une demande d'abonnement

Monsieur le Directeur,

Vous m'avez envoyé à titre publicitaire, et sans que je vous les aie demandés, quelques exemplaires de votre mensuel « Retour ». Depuis, vous ne cessez de m'adresser des relances publicitaires qui s'accompagnent même de factures d'abonnement. Or, je n'ai jamais souscrit d'abonnement à votre journal, que j'apprécie peu, et j'apprécie moins encore le ton comminatoire de vos relances. Je vous rappelle qu'après m'avoir envoyé quelques numéros à titre publicitaire vous m'avez fait savoir que, si je ne souscrivais pas d'abonnement, le service me serait supprimé, ce qui fut fait.

Tout cela ne vous confère aucun droit à me réclamer maintenant le paiement d'un abonnement lequel, je vous le redis, je n'ai jamais souscrit.

Je vous prie donc de ne plus m'importuner avec cette affaire.

Croyez, Monsieur le Directeur, à ma parfaite considération.

Heureusement, le ton n'est pas toujours aussi vif. Nous avons donné plus haut quelques modèles de lettres où le commerçant repousse courtoisement l'offre qui lui a été faite. Dans le sens inverse, il arrive que le client, au lieu de garder tout bonnement le silence, réponde à celui qui le sollicite, soit parce qu'il a pour lui de l'estime, soit parce qu'il est de bonne éducation et essaie d'éviter à l'autre des frais de relance.

Demandes et réponses

Dans la théorie économique, offre et demande se présentent comme deux éléments complémentaires : lorsqu'ils se trouvent à peu près de force égale, on atteint à l'équilibre du marché ; lorsque l'un des deux l'emporte, on aboutit à une période de tension qui peut dégénérer en crise.

Ces notions ne sont pas exactement valables dans la pratique commerciale. Là, les choses sont beaucoup plus nuancées parce que les mots ne recouvrent pas tout à fait les mêmes réalités. L'offre n'est jamais une offre globale ; elle porte sur des produits extrêmement précis, ceux que le commerçant entend vendre, et leur vente peut être parfaitement aisée et rémunératrice alors que le reste du marché est en crise. Cette crise, alors, peut l'intéresser en tant que citoyen, elle ne l'intéresse pas au titre de sa profession. Quant à ce qu'on entend par demande, il faut bien le préciser : ce n'est pas une simple réplique à l'offre, et plusieurs cas peuvent se présenter :

- La demande n'émane pas nécessairement de celui qui a reçu l'offre ; elle peut au contraire émaner de celui qui la fait. Une entreprise peut très bien offrir ses articles et en même temps demander des renseignements sur la solvabilité du client éventuel ;
- La demande peut être une réponse normale à l'offre et se traduire par une commande ; elle peut aussi être préalable à la commande : demande de précisions sur les articles proposés ou même sur des articles dont on a besoin en général, demande portant sur les conditions de livraison, sur des modifications éventuelles de prix, etc. ;
- La demande peut être une initiative et non une réponse ; elle peut présenter un caractère personnel. Une entreprise

s'informe sur l'honorabilité d'un caissier, sur les qualités d'un représentant. Un particulier adresse une demande d'emploi.

Il va de soi que le style et le contenu des lettres de chaque catégorie présenteront de sensibles différences.

Demande qui accompagne ou précède une offre

Cette demande a un caractère non pas technique, mais plutôt social. L'auteur de l'offre veut savoir à qui il a affaire. Il adressera donc sa demande non pas à l'intéressé, mais à ceux qui peuvent lui donner des renseignements sur lui. S'il veut, par exemple, s'informer auprès d'un tiers du crédit d'une maison, il est d'usage de ne pas mentionner le nom et l'adresse de la maison dans le corps de la lettre. On évite soigneusement tout ce qui permettrait de l'identifier ; on dira « la maison indiquée dans la fiche ci-incluse », et l'on porte effectivement le nom et l'adresse sur une fiche séparée qui peut aisément être détruite.

Pratiquement, la demande de renseignements doit comporter :

- le nom et l'adresse du demandeur, avec l'indication des références s'il y a lieu ;
- l'indication précise des renseignements à obtenir, en les numérotant s'il y en a plusieurs ;
- la raison pour laquelle on demande ces renseignements ;
- des remerciements anticipés pour le service qu'on demande, avec l'assurance que la réponse sera traitée comme rigoureusement confidentielle et l'engagement de rendre les mêmes services si l'occasion s'en présente.

...Les réponses à de telles demandes doivent être mesurées et prudentes, car elles risquent d'avoir une influence sur la décision du demandeur et, donc, sur la carrière de l'intéressé.

Demande qui précède une commande éventuelle

Dans ce cas, la demande doit être extrêmement précise et envisager tous les détails : prix, quantité, qualité, éventuellement échantillons pour juger sur pièce, conditions de livraison, délais, etc. La réponse à une telle demande doit être, elle aussi, parfaitement précise si elle est positive. Elle doit être courtoise si elle est négative, et elle ne doit pas fermer la porte à des relations ultérieures. Enfin, elle doit être habile si elle essaie de détourner la demande sur une autre marchandise.

Demande de caractère personnel

S'il s'agit de demander un renseignement sur quelqu'un, la lettre doit être claire, mais pas tatillonne ni soupçonneuse, de peur d'indisposer le correspondant éventuel, qui, dans la plupart des cas, n'est pas obligé de répondre. S'il le fait, il doit en être immédiatement remercié, quelle que soit la teneur de son information.

La *demande d'emploi* peut être assimilée à une offre de service. Aussi sa composition doit-elle être particulièrement soignée. Certaines lettres, bien présentées, décident presque automatiquement de la convocation; certaines autres, plus nombreuses hélas !, sont maladroites ou imprécises et risquent de déplaire à un employeur un peu nerveux. C'est pourquoi la simplicité et la modestie sont à recommander. Dans tous les cas, quel que soit le ton de la lettre, voici ce qui doit obligatoirement s'y trouver :

- Comment on a appris qu'une place se trouvait vacante (par relation, par lecture des petites annonces, etc.).
- Quelles aptitudes particulières on possède pour cette situation : études, apprentissage, expérience antérieure, âge, situation de famille. Si le poste demandé offre quelques responsabilités, il est bon d'insister sur la motivation : laissez entendre que vous présentez votre candidature non pas faute d'autre chose, mais parce que ce genre de travail convient à vos goûts et à votre personnalité.
- Quelles références ou quels certificats vous pouvez fournir (éventuellement envoyer la photocopie).

Naturellement, il y a un juste milieu à trouver dans la façon de vous présenter. Si vous ne dites pas assez de bien de vous-même, vous risquez de vous voir préférer un candidat moins modeste. Si vous en dites trop, vous risquez de donner une fâcheuse impression de vantardise. Le mieux sera de donner d'abord des références indiscutables dans le domaine des faits et des chiffres (durée des services, appointements antérieurs, preuves matérielles des services rendus). En parlant ensuite brièvement de vous-même, vous insisterez seulement sur ce qu'un employeur attend de préférence : le goût du travail bien fait, la motivation pour l'emploi souhaité, l'assiduité, etc.

Pour en terminer sur cette question des demandes et réponses avant de passer aux modèles de lettres, il convient de rappeler la règle d'or du commerce : ne jamais laisser une question sans réponse. D'abord par courtoisie, bien sûr. Ensuite par prudence : celui qui n'aura pas reçu de réponse dans un certain délai s'adressera ailleurs en portant un jugement très défavorable sur ce qu'il considérera comme du désordre dans vos affaires. Enfin par intérêt bien compris : votre lettre, quelle qu'elle soit, laissera une trace dans les archives du destinataire ; elle pourra à un moment ou à un autre lui rappeler votre existence, raviver un souvenir et, peut-être, vous donner un nouveau client.

Demandes accompagnant ou précédant une offre

119. Demande de renseignements sur l'honorabilité d'une maison

Messieurs,

La maison que nous désignons sur la fiche incluse vient de nous remettre un ordre de 250 000 F environ.

N'étant pas en relations avec elle, nous nous permettons d'avoir recours à votre obligeance habituelle et vous serions reconnaissants de nous communiquer aussitôt que possible les renseignements que vous pourriez posséder sur son crédit et son honorabilité.

Soyez persuadés que nous considérerons votre réponse comme strictement confidentielle et sans responsabilité de votre part.

Espérant bientôt pouvoir vous être utiles à notre tour, nous vous prions d'agréer, Messieurs, avec nos remerciements anticipés, nos bien sincères salutations.

Réponse favorable

Messieurs,

Nous avons bien reçu votre lettre du ... et nous avons le plaisir de vous faire parvenir en retour les renseignements que vous nous avez demandés.

Fondée en 1887, la maison en question dispose d'amples capitaux ; de plus, son chef, M..., possède une fortune mobilière et immobilière importante. Cette maison traite de grosses affaires, dont le chiffre s'élève à près de 500 millions par an ; elle tient un stock considérable, jouit d'une excellente réputation dans les milieux commerciaux et mérite confiance pour tous les crédits qu'elle demandera.

Il va de soi que ce jugement, qui reflète l'opinion de la place à peu près unanime, ne saurait engager notre responsabilité personnelle.

Nous vous présentons, Messieurs, nos salutations empressées.

Réponse évasive

Messieurs,

Maison fondée en 1897, par X... père, qui se retira en 1925 ; la suite fut reprise par les deux fils avec un capital nominal de 3 750 000 F. Ils disposent de moyens assez importants, mais, la clientèle se composant presque exclusivement de colporteurs, ils ont besoin de crédit et ont dû contracter en banque de lourds engagements ; en hypothéquant même leurs biens.

Jusqu'ici, pourtant, ils ont effectué régulièrement leurs paiements, mais, compte tenu du mauvais état actuel du marché, entrer en relation avec eux est une affaire d'appréciation.

Confidentiel et sans responsabilité.

Réponse très vague

Messieurs,

Nous n'avons eu affaire à la maison mentionnée sur la fiche ci-jointe qu'une fois en 19.. Nous lui avions vendu des conserves américaines caf. Le Havre, et elle a refusé d'en prendre livraison.

N'ayant pas continué de relations avec elle, il nous est impossible de donner aucune précision sur son crédit.

Agréez, Messieurs, nos sincères salutations.

Réponse très défavorable

Messieurs,

La maison qui fait l'objet de la fiche ci-jointe a été, dans les années 19.., l'une des entreprises maîtresses de notre ville, mais, depuis, elle a beaucoup décliné. A la mort du père et fondateur, des querelles se sont déclarées entre les héritiers. Il est de notoriété publique que l'un des directeurs actuels mène une vie dispendieuse et sentimentalement agitée. Son frère passe, à tort ou à raison, pour un esprit obtus et un paresseux. L'affaire est menée, en réalité, par le mari de la fille, un homme qu'on suspecte beaucoup, peut-être seulement parce qu'il n'est pas du pays ; certains éléments cependant pourraient amener à douter de son honorabilité ou de sa compétence : on parle de traites protestées, de marchandises refusées pour malfaçon. Rien de tout cela ne s'est encore traduit sur le plan judiciaire, mais on évoque, sans se gêner, la possibilité d'une faillite prochaine. Nous pouvons donc seulement vous conseiller, dans vos rapports avec cette maison, si vous devez absolument en avoir, la plus extrême prudence.

Confidentiel et sans responsabilité.

120. Demande de renseignements sur la situation financière de plusieurs maisons

Le Mans, le...

Messieurs,

Bien que nos relations, assez récentes, aient été quelque peu espacées, je me permets de m'adresser à vous comme à la seule maison de votre place à laquelle je puisse actuellement demander un service aussi urgent que délicat.

Vous trouverez sur la fiche ci-jointe les noms et adresses de plusieurs marchands d'automobiles avec lesquels je fais de grosses affaires, le crédit que je leur accorde variant de deux à trois mois et se montant parfois, pour chacun d'eux, jusqu'à un million de francs.

Or, j'apprends que la faillite de la banque régionale de N... aurait mis tous ses correspondants en mauvaise posture. Je ne désire pas compliquer leur situation en ce moment difficile, mais je ne voudrais pas non plus que mon excès de confiance et les facilités que je pourrais leur accorder me fassent courir de trop gros risques.

Je vous serais obligé de me dire franchement ce que vous pensez de la solvabilité de chacun de ces négociants, bien que je n'aie eu qu'à me louer jusqu'ici de leurs règlements.

Vous assurant de mon entière discrétion, je vous prie de croire, Messieurs, à mes sentiments distingués ainsi qu'à mon désir de vous rendre éventuellement le même service.

121. Demande de renseignements à un conseiller commercial

Grasse, le...

Monsieur le Conseiller commercial
de l'ambassade de France
à Caracas,
Venezuela

Monsieur le Conseiller,

Je serais désireux d'organiser au Venezuela la vente de mes produits de parfumerie et savons. Aussi ai-je l'honneur de solliciter de votre bienveillance quelques renseignements commerciaux et financiers sur le pays où vous représentez la France.

Je vous serais obligé de me faire savoir si j'ai des chances de trouver une clientèle pour mes articles (dont je me permets de vous adresser ci-joint une liste complète avec présentation détaillée). Vous verrez qu'ils peuvent être considérés comme de véritables articles de luxe, sans cependant dépasser de beaucoup les prix des articles inférieurs.

J'ai déjà, du reste, obtenu des résultats intéressants par l'intermédiaire de mes représentants en d'autres pays d'Amérique du Sud.

Pourriez-vous m'indiquer quelques maisons, de bonne réputation et de crédit solide, auxquelles je pourrais offrir la représentation exclusive de mes articles et me faire également connaître les tarifs douaniers et les formalités exigées pour l'importation de ce genre de produits au Venezuela ?

Avec mes remerciements anticipés, je vous prie d'agréer, Monsieur le Conseiller, l'expression de ma considération la plus distinguée.

Demandes préalables à la commande

122. Demande de prix et d'échantillon

Messieurs,

Veuillez nous soumettre par retour des échantillons de fils à coudre, cotons perlés et cotons à repriser, en nous précisant vos prix et les coloris dont vous disposez. Nous ne serions intéressés que par les articles que vous pourriez livrer immédiatement.

Nous vous adressons, Messieurs, nos salutations.

Réponse

Messieurs,

Vous remerciant de votre demande d'hier, nous avons le plaisir de vous faire parvenir par poste en envoi recommandé les échantillons que vous avez bien voulu nous désigner.

Inclus, vous trouverez notre tarif. Conditions habituelles : par traite, 4% à 15 jours de date de facture, 30 jours à 3% ou 90 jours net ; franco à partir de 100 douzaines.

Dans l'espoir de vos ordres, nous vous prions d'agréer, Messieurs, nos salutations distinguées.

123. Demande de précisions avant une commande

Monsieur,

Propriétaire à Clinchamps, je serais désireux d'utiliser les tourteaux oléagineux pour la culture du tabac.

Toutefois, avant de vous faire une commande ferme, je vous serais obligé de me faire connaître la composition de vos tourteaux et leur teneur approximative en azote, acide phosphorique et potasse.

Croyez, Monsieur, en mes sentiments distingués.

Réponse

Monsieur,

En réponse à votre lettre du ..., nous vous précisons que la composition de nos tourteaux oléagineux est conforme aux normes édictées par le ministère de l'Agriculture, soit pour l'azote ... %, pour l'acide phosphorique ... % et pour la potasse ... %. La tolérance maximale est de ... %. Nous nous efforçons de respecter rigoureusement ces prescriptions.

Veuillez trouver ci-inclus nos tarifs et nos conditions de livraison.

Espérant que ces précisions vous satisferont, nous vous adressons, Monsieur, nos très sincères salutations.

124. Demande de prix pour une commande de toiles

Messieurs,

Sous pli séparé nous vous adressons les types suivants :

- toile à voiles 24″ 16 oz, chaîne 26 fils, trame 24 au pouce carré ; forces : chaîne 705 livres, trame 640 sur bandes de 10″ × 2″ ;
- longotte 32″ 6 1/2 oz, chaîne 40 fils, trame 36.

Nous vous demandons de nous indiquer par retour vos prix les plus réduits caf Halifax, franco de droits, escompte 3 % à 90 jours de vue, en nous gardant option de 20 jours.

Si vos propositions nous convenaient, nous envisagerions de vous passer un ordre de 500 pièces de chaque article ; livraison commençant le 1er juin prochain, complète fin octobre à raison de 100 pièces par mois.

Veuillez nous retourner nos échantillons et, dans l'attente d'une réponse immédiate, nous vous prions, Messieurs, d'agréer l'expression de nos sentiments distingués.

Réponse

Roubaix, le...

Messieurs,

Nous avons bien reçu votre lettre et vos échantillons du ... courant.

Nous avons étudié très sérieusement votre affaire et nous cotons :

- Toile à voiles 24″ 16 oz, conforme aux conditions stipulées, 5s6d le yard, rendu Halifax, paiement contre remise des documents, escompte 4 % ; sans engagement, car la filature refuse toute option. Nous ne pouvons vous donner notre prix franco de droits, n'ayant pas connaissance du tarif douanier canadien ;
- En ce qui concerne la longotte, nous regrettons que cet article ne fasse pas partie de nos fabrications.

Nous vous retournons vos échantillons et, dans l'espoir de vos ordres, nous vous prions d'agréer, Messieurs, nos meilleures salutations.

125. Demande de modification d'un article sans modification de prix

Lyon, le...

Messieurs,

J'ai remarqué dans votre catalogue des ensembles de bureau, référence ST 8007, au prix de 875 F.

Ces articles, qui m'intéressent, sont présentés en bois type palissandre, mais, pour des raisons d'harmonie avec l'ensemble de nos bureaux, je préférerais qu'ils puissent être teintés acajou.

Vous est-il possible de me les fournir en cette couleur, sans augmentation de prix ?

Veuillez agréer, Messieurs, l'assurance de nos sentiments distingués.

Réponse

Pontarlier, le...

Monsieur,

Votre lettre du ... a retenu toute notre attention. Vous comprenez certainement que les modifications que vous demandez entraîneront des travaux qui majoreront notre prix de revient. Toutefois, cette augmentation n'étant pas très considérable, nous sommes disposés à vous maintenir les prix du catalogue, à la seule condition que votre commande soit assez importante pour permettre une répartition correcte de nos dépenses supplémentaires.

Elle devrait donc porter au minimum sur douze ensembles de bureau, référence ST 8007, que nous pourrions alors vous livrer, conformément à votre désir, teintés en acajou.

D'autre part, nous ne pourrions vous assurer une livraison avant le 1er...

Comptant sur votre compréhension, nous vous prions d'agréer, Monsieur, l'expression de nos sentiments distingués.

Les réponses à une même demande ne sont pas stéréotypées et peuvent, selon les cas, se référer à des perspectives très variées : on peut accorder ou refuser une demande de rabais, on peut refuser de fournir par petites quantités (le refus total de vendre étant interdit par la loi), on peut faire signifier un refus par un représentant, on peut proposer à la place de l'article qui manque un produit similaire.

Un artisan répond généralement à une demande par l'envoi d'un devis.

La réponse peut être aussi la simple confirmation écrite d'un entretien verbal ou téléphonique.

Voici quelques exemples de ces façons de répondre (nous ne reproduirons pas le texte de la demande qui ne s'éloigne pas du type des demandes précédentes).

126. Refus d'une demande de rabais

Messieurs,

Nous comprenons parfaitement les raisons qui vous amènent à demander un rabais sur les prix de vente de nos appareils Contact et Impact.

Toutefois, quel que soit notre désir de vous être agréables, nous ne pouvons, à notre grand regret, vous donner satisfaction. D'une part, en raison de la très vive concurrence régnant sur ce marché, nous avons déjà été obligés de tirer au maximum nos prix de catalogue. D'autre part, vous n'ignorez pas que nous sommes tributaires, pour notre fabrication, de matières premières dont les hausses récentes sont très sensibles. Pour ces deux raisons, nous nous voyons dans l'obligation de maintenir les prix que nous avons rendus publics.

Nous espérons néanmoins que, sensibles à la qualité indiscutable de nos produits, vous voudrez bien nous maintenir votre confiance et, dans l'attente de vos ordres, nous vous adressons, Messieurs, nos très sincères salutations.

127. Accord sur une demande de rabais

Messieurs,

Vous nous avez demandé de vous consentir un rabais sur le prix de vente de nos appareils Impact et Contact.

Telle n'est pas, nous vous l'assurons, l'habitude de notre maison, car nous ne mettons nos articles sur le marché qu'après avoir très sérieusement étudié nos prix en fonction de celui des matières premières qui servent à la fabrication ainsi que des nécessités de la concurrence.

Toutefois, en tenant compte du fait que vous nous avez passé une commande relativement importante et surtout de ce que nous faisons pour la première fois une affaire avec vous, nous acceptons, pour favoriser nos relations futures, de vous faire bénéficier d'un rabais de 3 % pour les commandes que vous avez déjà passées et pour celles que vous pourriez nous adresser d'ici la fin de l'année.

Espérant ainsi vous être agréables, nous vous prions de croire, Messieurs, à l'expression de nos sentiments distingués.

128. Refus de fournir par petites quantités

Monsieur,

Comme suite à votre lettre du 22 ..., nous vous informons qu'il ne nous est pas possible de ne vous livrer que 25 douzaines d'œufs, réparties en trois qualités. En raison des servitudes des transports, nous ne pouvons expédier qu'à raison d'un minimum de 500 unités de chaque qualité.

Veuillez donc nous dire ce que nous devons faire. Pour vous être agréables, nous ferons la première expédition contre remboursement, contrairement à notre habitude.

Agréez, Monsieur, nos sincères salutations.

129. Pour charger un représentant de communiquer un refus à un client

Monsieur,

Messieurs Merlin et Fils, de Saint-Etienne, me demandent de leur faire parvenir le cliché du treuil à vis sans fin pour qu'ils puissent faire figurer cet appareil dans leur prochain catalogue. Ils me prient, en outre, étant donné nos bonnes relations, de vouloir bien participer aux frais que leur occasionne l'édition d'un catalogue, lequel servira de publicité et pourra les aider dans la vente de nos articles.

Le cliché désiré a été envoyé aussitôt; mais, comme je n'ai pas l'habitude, pour ma part, de demander à mes fournisseurs de m'aider lorsque je fais ma publicité personnelle, je vous prie d'aller voir MM. Merlin et de leur faire comprendre, avec toutes les formes souhaitables, que je ne puis m'engager dans la voie qu'ils me proposent ni participer aux frais d'établissement de leur catalogue.

Veuillez, je vous prie, répondre verbalement dans ce sens à nos clients et agréez, Monsieur, mes sincères salutations.

130. Pour proposer à la place d'un article manquant un article similaire

Messieurs,

Vous aviez bien voulu nous commander, en date du 10 ..., divers tissus d'ameublement. Pour la cretonne, il n'y a aucune difficulté et nous vous avons immédiatement envoyé un lot conforme à vos désirs. Pour le velours de coton, il ne nous reste que trois pièces, alors que vous en espériez cinq. Nous vous les envoyons cependant, car leur qualité est telle que, nous en sommes sûrs, vous en resterez très satisfaits.

Reste la soie. Nous en sommes actuellement démunis dans les couleurs qui vous intéressent, et les délais de fabrication semblent assez importants (nous approchons en effet de la période des vacances). Vous auriez sans doute avantage à prendre en remplacement un lot varié de satins damassés, articles très plaisants que nous suivons régulièrement depuis quelques années. Nous nous permettons de vous envoyer des échantillons pour les coloris que vous aviez retenus (havane et vert bouteille), ainsi que des roses et des bleus pastel qui sont du meilleur effet. Si cette proposition vous agrée, nous sommes en mesure de vous livrer immédiatement les quantités que vous souhaitez. Le prix est légèrement inférieur à celui des soies et ne devrait donc pas faire de difficulté. Nous pouvons même vous consentir certaines facilités.

Nous espérons que vous profiterez de cette bonne occasion et, dans l'attente de vous lire, nous vous présentons, Messieurs, nos sincères salutations.

131. Envoi d'un devis par un artisan

Madame,

En réponse à votre demande par téléphone du 22 ..., nous vous faisons parvenir un devis correspondant à vos indications.

Revêtement moquette de l'appartement
du 37, boulevard Carnot à Strasbourg

Moquette Chartres

Pose collée à la Stripglue, spéciale pour parquets, et fourniture d'une moquette Chartres, coloris Iroise, en fibres 100 % polyamide, coupée façon velours sur sous-couche latex mousse classement T4, une barre de seuil laiton à chaque pièce.

Chambre de Madame .... 1 620 F
Chambre mezzanine.................................. 1 617 F
Chambre sur cour .... 1 247 F

Moquette Nérac

Pose collée à la colle Stripglue, spéciale pour parquets, et fourniture moquette Nérac, coloris vert n° 9138, en fibres synthétiques sur sous-couche mousse, une barre de seuil laiton pour la chambre d'enfants
1 404 F

Variante : Aiguilleté Sahara

Pose collée et fourniture moquette aiguilletée type Sahara, coloris cèdre, une barre de seuil laiton 786 F

T. V. A. 17,6 % en sus.

Nous attendons votre choix et nous tenons prêts à exécuter les travaux dans les meilleurs délais.

Agréez, Madame, nos salutations empressées.

Nous avons signalé au début de cette lettre une demande par téléphone. C'est une pratique de plus en plus courante. La réponse peut également être donnée par téléphone, mais alors elle ne constitue pas un véritable engagement. Il est donc d'usage — et c'est une bonne garantie pour les deux parties — de confirmer l'entretien par une lettre.

132. Pour confirmer une commande

Monsieur,

Vous avez bien voulu me faire savoir, au cours de notre récente conversation, que vous étiez en mesure de réparer mon appareil CVO, c'est-à-dire de remplacer le dos, les grilles, la contre-porte, enfin tout ce qui serait nécessaire pour remettre l'appareil en état de fonctionner. Mais vous ne m'avez pas précisé — ou alors je ne vous ai pas bien compris — à quelle date vous pourriez commencer le travail. J'attends donc de vous un devis détaillé. Vous pouvez venir inspecter l'appareil à réparer tous les matins jusqu'à midi, à mon domicile, 27, place aux Herbes, 2e étage.

Avec tous mes remerciements, agréez, Monsieur, mes salutations distinguées.

Réponse

Monsieur,

Après visite de votre appareil CVO, il apparaît que les réparations seront importantes. Il faudra en particulier remplacer les deux grilles peigne, ainsi que la grille de décendrage et d'autres accessoires. Vous trouverez ci-joint un devis détaillé et chiffré. J'ajoute qu'il faudrait compter un supplément de ... F pour le chromage.

Nous pourrons commencer les travaux immédiatement après l'acceptation de notre devis, mais nous ne pouvons pas en garantir la durée exacte, car votre appareil est d'un modèle ancien et nous aurons sans doute quelques difficultés à trouver les pièces de remplacement.

J'ajoute que nous ne nous chargeons pas des transports aller-retour des appareils en réparation. D'autre part, nous ne pouvons conserver en magasin les appareils de nos clients une fois la réparation terminée. Passé un délai de huit jours après l'avis d'achèvement du travail, nous serons contraints de vous facturer des frais de magasinage.

Dans l'attente de vos ordres, nous vous prions d'agréer, Monsieur, nos sentiments distingués.

131. Pour confirmer un rendez-vous

Monsieur,

Comme suite à notre conservation téléphonique d'hier, je vous confirme que je me rendrai à votre domicile 27, place aux Herbes, samedi prochain entre 9 h et 11 h pour y examiner l'état de votre appareil CVO et voir dans quelle mesure il peut être réparé. J'ai noté que, au cas où vous seriez absent, je pourrais me présenter chez la concierge à laquelle vous aurez remis vos clés.

Je vous adresserai après cette visite un devis détaillé.

Veuillez croire, Monsieur, à l'assurance de mes sentiments distingués.

134. Pour rappeler les grandes lignes d'un entretien

Cher Monsieur,

Au cours de notre longue conversation téléphonique de ce matin, nous avons évoqué tant de problèmes que je crois nécessaire de rappeler les points sur lesquels nous sommes tombés d'accord.

• Je vous fournirai tout ce qui sera nécessaire pour équiper et décorer votre petit chalet de l'île de Signac.

• J'entends par là que j'aurai à m'occuper des revêtements des murs et du sol, de l'ameublement, de l'éclairage, etc., mais pas du gros œuvre ni de la plomberie.

• L'ensemble des travaux ne devra pas dépasser un prix de ... F et sera terminé pour le 1er ...

• Je vous soumettrai un devis très détaillé qui définira très exactement les caractéristiques des objets mobiliers et les modalités d'exécution des travaux.

J'espère avoir ainsi très clairement exposé les grandes lignes de notre conversation. Si j'ai commis quelque erreur ou si je vous ai mal compris, veuillez me le faire savoir au plus tôt.

Je vais m'atteler immédiatement à la préparation du devis. Mais, sans entrer dans les détails, je crois pouvoir vous dire que la somme que vous avez prévue sera nettement insuffisante pour assurer une réalisation conforme à vos désirs. A première vue, et sans engagement, j'estime qu'elle devrait être majorée de 40% au moins.

Dans tous les cas, vous recevrez dans les prochains jours un devis aussi détaillé et aussi précis que possible.

Dès que vous me l'aurez renvoyé accepté, les travaux pourront commencer et seront menés rondement. J'utiliserai tout le personnel nécessaire pour que la date limite que vous m'avez fixée soit respectée.

Je me tiens à votre disposition pour vous fournir éventuellement toutes informations supplémentaires et, après que vous aurez reçu mon devis, pour discuter avec vous des modifications de matière ou de prix qui pourraient lui être apportées.

Pour les conditions de paiement, nous nous entendrons toujours.

Veuillez agréer, cher Monsieur, l'assurance de mes très cordiaux sentiments.

Demandes de caractère personnel

Ces lettres sont moralement assez délicates à rédiger. En effet, la plupart du temps votre correspondant ne s'intéresse pas spécialement à la personne sur laquelle porte votre enquête. Il veut simplement vous faire plaisir et, pour cela, il essaiera de déceler dans votre lettre si vous êtes vous-même favorable ou non à la personne en cause. Sa réponse ne sera donc pas absolument objective si votre lettre elle-même ne l'est pas non plus. Donc, si, par exemple, vous avez des inquiétudes sur l'activité d'un de vos employés, ne les laissez pas apparaître, car il y a de grandes chances pour que votre correspondant les confirme. Si vous êtes vous-même interrogé, essayez, malgré tout, de ne pas trop chercher à faire plaisir. Au fond, même si votre correspondant est un peu déçu par votre réponse, il se rendra mieux compte, par la suite, de votre sérieux.

Dans tous les cas, évitez de porter des jugements téméraires, fondés sur les apparences ou sur vos propres réactions de sympathie ou d'antipathie. Quelqu'un peut vous déplaire et être cependant un excellent employé. Pour tout ce que vous direz, apportez des preuves et, si vous n'en avez pas, dites-le aussi.

135. Demande de renseignements sur un caissier

Tours, le...

Messieurs,

L'employé dont vous trouverez le nom sur la fiche ci-jointe s'est présenté ce matin à mes bureaux pour obtenir un poste de caissier, qui va se trouver vacant dans une de mes succursales.

Il m'a dit avoir occupé cet emploi chez vous pendant quatre ans avant d'entrer dans une maison qui vient de faire faillite et où il est resté, dit-il, trois ans. Le fait d'avoir tenu la caisse dans votre honorable maison le recommande déjà à notre attention. Mais le poste dont il s'agit est très important et les mouvements de fonds y sont souvent considérables. C'est pourquoi je me permets de vous demander votre appréciation détaillée sur votre ancien employé et, si cela est possible, les raisons exactes de son départ de chez vous.

Je serai toujours très heureux de vous rendre le même service quand l'occasion s'en présentera et je vous prie d'agréer, Messieurs, avec mes remerciements anticipés, l'expression de mes sentiments distingués.

Réponse

Rennes, le...

Monsieur,

La personne sur laquelle vous avez bien voulu me consulter a effectivement tenu l'emploi de caissier dans notre maison. Pendant ses quatre années de service, son activité n'a donné lieu à aucune remarque défavorable. C'était un employé ponctuel, consciencieux et compétent. Toutefois, ses manières brusques ne lui ont pas valu beaucoup de popularité auprès de ses collègues, surtout féminins. Il nous a quittés libre de tout engagement à notre égard et de sa propre volonté. Il m'a donné pour motif que sa femme venait d'avoir un second enfant, qu'elle avait encore besoin d'être assistée et que, pour cette raison, il avait cherché un emploi plus proche de son domicile. Je crois aussi savoir que cet emploi était légèrement mieux payé ; malheureusement pour lui, son employeur a fait faillite pour des causes qui me sont inconnues.

J'espère que ces éléments vous aideront à prendre votre décision.

Croyez, Monsieur, que j'ai été très heureux de pouvoir, en cette occasion, vous être de quelque utilité et agréez, je vous prie, l'expression de ma considération très distinguée.

136. Demande de renseignements sur un représentant

Messieurs,

Nous avons l'intention de confier notre représentation sur votre place à M. Jean Fournier, 47, rue Danton. Il nous a indiqué votre maison comme référence. Avant d'établir le contrat, nous vous serions reconnaissants de nous donner quelques renseignements sur la réputation, le crédit et même le caractère de cet agent, car nous avons affaire à une clientèle difficile et parfois pointilleuse.

Vous assurant de notre entière discrétion et nous mettant à votre disposition pour vous rendre éventuellement le même service, nous vous prions d'agréer, Messieurs, nos sentiments distingués.

Réponse

Messieurs,

Nous avons constamment entretenu les meilleures relations avec M. Jean Fournier, aussi longtemps qu'il a été à notre service. Nous n'avons eu qu'à nous louer de sa diligence, de sa compétence et de son caractère conciliant. Nous l'avons vu partir avec regret mais nous comprenions fort bien que son état de santé, dû à une blessure de guerre, ne lui permettait pas de continuer à visiter une clientèle éparpillée en de très nombreux points de vente. Nous sommes persuadés que, la vôtre étant plus concentrée, il saura parfaitement s'y adapter, même si elle est difficile.

Naturellement, le crédit de M. Fournier sur notre place est intact et il ne peut que gagner encore à représenter une maison aussi honorablement connue que la vôtre. Nous sommes véritablement très heureux de le voir entrer à votre service.

Agréez, Messieurs, nos salutations distinguées.

Autre réponse

Tourcoing, le...

Monsieur,

Je suis au regret, Messieurs, de ne pouvoir vous fournir des renseignements qui corroborent la bonne impression que vous a produite M. Duhamel.

Ce n'est pas du tout qu'il s'agisse d'un homme malhonnête et incompétent, comme vous avez pu le constater vous-même, mais c'est un maladroit et un malchanceux. Il a laissé échapper, pour notre compte, quelques très bonnes affaires d'une manière techniquement inexplicable : un retard, un accident de voiture lui ont souvent fait perdre des marchés importants, sans que sa responsabilité puisse être véritablement mise en cause.

Par ailleurs, il semble bien qu'il rencontre dans son ménage de grosses difficultés, qui sont vraisemblablement à l'origine de ses irrégularités ou de ses inexactitudes.

Il se peut qu'il ait actuellement retrouvé le calme, mais nous ne saurions trop vous conseiller, avant de prendre une décision, de vous informer sur l'état de sa vie privée.

A ces réserves près, qui sont importantes, M. Duhamel s'est toujours montré parfaitement loyal et dévoué dans ses affaires. Ses manières sont agréables et je crois qu'il reçoit partout, au premier abord, un excellent accueil. Malheureusement, il lui est souvent arrivé de se montrer décevant par la suite.

Je vous transmets ces informations en toute confidence, conscient du tort qu'elles risquent de causer à notre ancien représentant, mais soucieux aussi de préserver vos intérêts puisque vous avez bien voulu me faire l'honneur de me consulter.

Veuillez agréer, Monsieur, l'assurance de mes sentiments distingués.

137. Demande de renseignements sur un agent

Lausanne, le...

Monsieur,

Votre agent de Londres, M. A. Taylor, qui sollicite notre représentation pour les pays scandinaves et l'Angleterre, nous a donné votre maison comme référence.

Lors de la visite qu'il nous a faite hier, ce Monsieur a produit la plus favorable impression et nous sommes sur le point d'agréer ses services; toutefois, auparavant, nous vous serions reconnaissants de nous communiquer sur son caractère et ses capacités tous renseignements en votre possession. Pourriez-vous nous dire s'il possède une bonne clientèle dans les pays indiqués et s'il est en mesure de mener de front nos deux représentations?

En vous assurant que l'usage le plus discret sera fait de votre réponse, nous vous prions d'agréer, Monsieur, nos biens sincères salutations.

Réponse

Paris, le...

Monsieur,

En réponse à votre lettre du 10..., c'est avec un grand plaisir que nous vous conseillons d'accueillir favorablement la demande de M. A. Taylor.

Voilà dix ans qu'il nous représente et nous ne pouvons trop nous louer de son savoir et de ses capacités. Il possède une expérience complète du commerce de commission en gros, visite une clientèle solide, qu'il a beaucoup développée par lui-même et dont la confiance et l'amitié lui sont acquises. Il parle couramment plusieurs langues et vient de rentrer d'une tournée en Suède et en Norvège, pays qu'il a visités avec un succès sans précédent.

Nos articles ne se faisant pas concurrence, nous n'avons aucune objection à formuler au choix de M. Taylor comme votre représentant ; cela nous procurera au contraire la plus vive satisfaction.

Nous vous prions d'agréer, Monsieur, l'assurance de nos sentiments distingués.

138. Demande de renseignements adressée à une agence

Paris, le...

Messieurs,

Nous vous serions obligés de bien vouloir nous fournir des renseignements sur M. Aldo Martini, 19, via Panisperna, à Rome. Références bancaires : Banca commerciale italiana, Monte dei Paschi di Siena et Sudameris.

Comme de coutume, nous ferons des détails que vous voudrez bien nous communiquer un usage discret, sans garantie ni responsabilité de votre part.

Avec nos remerciements anticipés, agréez, Messieurs, nos très cordiales salutations.

Ces relations personnelles peuvent aussi prendre une autre forme écrite que celle du dialogue demande-réponse. Il s'agit des cas où la demande prend en quelque sorte un caractère général et revêt la forme de la recommandation ou de l'accréditation. La réponse sera alors implicitement contenue dans l'attitude qu'adoptera celui à qui la lettre sera présentée.

Ces lettres d'accréditation ou de recommandation ne peuvent être confiées qu'à des personnes parfaitement sûres, car le détenteur peut être tenté d'en faire un usage qui dépasse son objet. Pour parer à ce danger, on rédigera la lettre en des termes qui en précisent et en limitent sans ambiguïté les possibilités d'emploi. Cependant, comme elle est placée et remise à l'intéressé sous enveloppe ouverte, de manière qu'il puisse en prendre connaissance, les termes en seront assez flatteurs pour qu'il soit satisfait et pour que le destinataire soit bien disposé à son égard. En outre, on mentionnera en termes également flatteurs la bienveillance et la courtoisie de celui auquel on fait appel.

La lettre de recommandation aura donc trois parties :

- On donne d'abord les noms, titres et qualités du porteur, en insistant sur l'intérêt qu'on attache à sa personne et à sa mission ; on marque aussi son désir de voir cet intérêt partagé par le correspondant.
- On précise ensuite le genre de service demandé et les intentions de l'intéressé.
- On remercie ceux dont on sollicite la faveur en souhaitant que les circonstances permettent d'acquitter sa dette de reconnaissance.

139. Lettre d'introduction pour un représentant de commerce

Cher Monsieur,

Mon excellent ami, M. Bernard Dausset, se propose de visiter les principales villes d'Italie afin d'y créer de nouveaux débouchés pour ses articles de fournitures et accessoires d'automobiles.

Je ne saurais trop le recommander à votre courtoise obligeance. Il a particulièrement besoin de renseignements sur les maisons de votre région de Turin, susceptibles de faire des affaires avec lui. Je sais que vous connaissez parfaitement tout le milieu de l'automobile et je suis bien sûr, en vous l'adressant, de lui fournir le guide le plus compétent. J'ajoute que M. Dausset est un homme de parfaite éducation et que vous pouvez parler librement devant lui sans avoir à redouter d'indiscrétions.

Pourriez-vous également lui remettre des lettres d'introduction auprès de commerçants d'autres villes italiennes, notamment de Milan, Florence et Rome, où je n'ai personnellement aucune relation utile ?

Je vous exprime d'avance, cher Monsieur, toute ma reconnaissance et vous prie d'agréer, avec mes souvenirs les plus sympathiques, l'assurance de mes sentiments les meilleurs.

140. Lettre pour recommander un ami

Cher Monsieur,

Permettez-moi de vous présenter le porteur de cette lettre, M. Guillaume Saunier, de Rouen, représentant de la maison Pierre et Cie de cette même ville.

J'entretiens depuis longtemps avec cette maison des relations commerciales assez étroites et, de surcroît, M. Saunier est mon ami personnel. Je considérerai donc comme une faveur qui me touchera de très près tout ce que vous ferez pour lui. Je suis d'ailleurs persuadé que vous trouverez plaisir et avantage à sa conversation.

En vous remerciant à l'avance de votre amabilité, je vous prie d'agréer, cher Monsieur, l'assurance de mes meilleurs sentiments.

141. Lettre d'introduction et de crédit pour un voyageur français à l'étranger

Paris, le...

Messieurs,

Nous avons l'honneur de vous présenter le porteur de cette lettre, M. René Gauthier, qui entreprend en Grande-Bretagne un voyage à la fois d'affaires et d'études.

Il va visiter les principales villes de votre pays en vue d'augmenter la clientèle de la maison qu'il représente et dans laquelle il a des intérêts. Il veut, par ailleurs, se documenter sur des procédés de tissage utilisant des appareils voisins de celui pour lequel il vient de prendre un brevet.

Nous n'avons pas besoin de vous dire que nous considérerons comme une faveur personnelle toute attention que vous aurez l'occasion de lui témoigner et nous serons toujours à votre disposition pour vous rendre les mêmes services.

Si notre ami se trouve avoir besoin de fonds, vous pourrez lui fournir toute somme qu'il pourra vous demander jusqu'à concurrence de 2000 livres. Vous vous couvrirez du montant de vos avances ainsi que de vos frais et commissions par des traites à vue sur nous auxquelles nous ferons bon accueil.

En vous remerciant d'avance, nous vous prions d'agréer, Messieurs, l'assurance de nos sentiments distingués.

142. Lettre d'introduction et de crédit pour un voyageur étranger en France

Séville, le...

Monsieur,

Monsieur Julio Jimenez, qui entreprend en France un voyage d'affaires, vous remettra lui-même cette lettre.

Nous le recommandons à votre meilleur accueil et lui ouvrons sur votre caisse un crédit de 20000 F, valable pour deux mois.

Contre reçu, dont vous nous enverrez le double immédiatement et après avoir endossé cette lettre au verso, vous voudrez bien lui verser toute somme dont il aura besoin jusqu'à concurrence de la somme indiquée à son crédit.

En règlement, vous disposerez à vue sur notre caisse en ajoutant vos frais et commissions.

Nous comptons sur votre bienveillance habituelle pour faciliter en tous points la tâche de M. Jimenez et nous vous prions d'agréer, Monsieur, nos bien sincères salutations.

143. Lettre de crédit circulaire

Messieurs,

Nous avons l'honneur d'accréditer près de vous pour une somme de 20000 F (nous disons vingt mille) le porteur de cette lettre, M...

Vous voudrez bien noter au verso de cette lettre vos règlements successifs, en tenant compte de tous paiements antérieurs, et nous faire parvenir un duplicata des reçus au fur et à mesure des versements.

Comme d'ordinaire, vous vous couvrirez par des traites à vue sur nous-mêmes ; tous les frais seront à notre charge.

Veuillez trouver ci-dessous un spécimen de la signature de l'intéressé et agréer, Messieurs, nos cordiales salutations.

Demandes d'emploi

Il est d'usage d'envoyer une lettre personnelle assez courte, de préférence manuscrite, car certains employeurs ont la manie de la graphologie. Vous joindrez les détails techniques constituant votre curriculum vitae sur une autre page, qui peut être dactylographiée. Vous pouvez aussi joindre des photocopies de vos certificats et, éventuellement, votre photographie (à vos risques et périls).

144. Demande d'emploi de secrétaire

Puteaux, le...

Monsieur,

En réponse à votre annonce parue dans France-Soir du ..., j'ai l'honneur de poser ma candidature à l'emploi proposé de secrétaire.

Je m'appelle Lise Maurois. J'ai 22 ans et suis célibataire. Je possède un C. A. P. de sténodactylographie, mais j'ai déjà été employée à des travaux de secrétariat dans deux maisons de commerce. Je parle un peu l'anglais. Vous trouverez dans le curriculum vitae ci-joint tous les détails qui peuvent vous intéresser.

Mes employeurs précédents m'ont toujours trouvée ponctuelle et ordonnée. Je crois pouvoir vous assurer que vous ne serez pas déçu par mes services.

Je me tiens prête à répondre à toute convocation de votre part.

Veuillez agréer, Monsieur, avec mes remerciements anticipés, mes respectueuses salutations.

signature

CURRICULUM VITAE

Lise Joelle MAUROIS

née le 5 janvier 1958 à Roye (Somme)

demeurant 27, rue des Chartreux,
à Puteaux 92800

célibataire

Diplôme : C. A. P. de dactylographie et sténodactylographie

Emplois occupés : Établissements Martin, à Puteaux ;
Socima (Société immobilière d'aménagement), Puteaux
(Attestations jointes en références)

Désire occuper un nouvel emploi où elle ferait plus de secrétariat que de simple dactylographie.

Réponse positive

Paris, le...

Mademoiselle,

Nous avons bien reçu la lettre par laquelle vous sollicitiez un emploi de secrétaire dans notre maison.

Votre curriculum vitae paraît conforme à notre attente et, comme le poste proposé est encore libre en ce moment, vous auriez donc avantage à téléphoner à ma secrétaire (poste 17) pour fixer la date d'un entretien que je souhaite prochain.

Vous n'avez pas émis dans votre lettre de prétentions particulières ; sauf réponse contraire de votre part, je me crois donc fondé à considérer que vous acceptez les conditions financières qui figuraient dans l'annonce.

Veuillez agréer, Mademoiselle, mes salutations distinguées.

Réponse négative

Paris, le...

Mademoiselle,

Nous avons examiné avec attention la lettre par laquelle vous sollicitiez un emploi de secrétaire dans notre maison.

Malheureusement, d'autres candidates présentaient un profil plus conforme que le vôtre à ce que nous recherchions. Si toutefois un autre poste venait à se libérer, nous conservons votre nom dans notre fichier.

Nous vous retournons vos certificats et votre photographie.

Veuillez agréer, Mademoiselle, avec nos regrets, nos salutations distinguées.

145. Demande d'emploi d'analyste-programmeur

Armentières, le...

Messieurs,

J'ai relevé dans le bulletin de l'APEC une offre d'emploi pour un analyste-programmeur dans une société de Béthune.

Etant moi-même originaire de cette région, et actuellement sans travail du fait de la fermeture de la société Polivin, où j'étais employé depuis trois ans, je me permets de poser ma candidature à ce poste.

Je m'appelle Etienne Pastural. Né à La Bassée (Nord), je suis marié et j'ai deux enfants. Je suis titulaire du baccalauréat G et ai poursuivi des études d'informatique à l'université de Lille (un an en programmation et un an en analyse). Je connais et pratique aisément le langage cobol et également l'assembleur. J'ai aussi reçu une bonne formation en gestion et comptabilité.

Vous trouverez dans le curriculum vitae ci-joint le détail de mes activités depuis ma sortie de l'université. Je suis libéré d'obligations militaires.

Je crois pouvoir remplir normalement les fonctions décrites dans votre annonce et je souhaiterais une rétribution au moins égale à 4000 F par mois (plus le treizième mois).

Je vous serai extrêmement obligé de bien vouloir transmettre mon dossier à l'annonceur et, en vous remerciant de l'effort que vous faites pour le reclassement des cadres, je vous prie d'agréer, Messieurs, l'expression de ma considération distinguée.

Etienne PASTURAL
14, rue du Chemin-au-trou
62 Armentières.

P.J. Curriculum vitae et certificats d'employeur.

La commande

Après les divers entretiens qui ont pu avoir lieu entre les parties vient le moment décisif, celui qui déclenche l'acte de commerce : la commande.

Dès que la commande est acceptée ou confirmée, la vente est conclue.

Le fournisseur doit livrer la marchandise et le client en payer le prix.

La commande est un accord oral ou écrit concernant l'achat d'une marchandise ou l'exécution d'un service, spécifiant notamment la quantité, les caractéristiques des biens ou services, les conditions de prix, les délais d'exécution et de règlement, etc. Elle doit, pour ne pas être contestée, donner lieu à un engagement ou à une confirmation par écrit.

Si l'on se place du point de vue du commerçant, personnage central de l'acte de commerce, la commande peut être faite en amont vers le fournisseur ; inversement, elle viendra à lui de l'aval lorsqu'elle émanera de son client. La commande faite vers le haut prend le nom d'*appel d'offres* lorsqu'elle est adressée à divers fournisseurs éventuels.

Il existe de nombreux modes de passation de commande :

- Le fournisseur peut adresser au client, qui le remplira, un formulaire imprimé dénommé *bulletin de commande.* Cela permet de faire figurer dès le départ tous les éléments dont le commerçant aura besoin pour assurer sa livraison et son règlement ;
- L'acheteur peut utiliser un *bon de commande,* c'est-à-dire un imprimé fait à son nom, qui comportera tous les éléments qu'il croit nécessaires à sa commande. Mais le vendeur peut trouver ces éléments insuffisants et demander des précisions complémentaires ;

- L'acheteur peut passer une commande verbale, ou par téléphone, ou par télex. Le vendeur peut alors demander une confirmation écrite, par lettre ;
- L'acheteur peut adresser directement sa commande par lettre, manuscrite ou dactylographiée. Là encore, le vendeur peut estimer les précisions insuffisantes ;
- La commande peut être prise au domicile de l'acheteur par un représentant ou par un courtier qui reçoivent les ordres d'achat et les transmettent à la maison qu'ils représentent. La collecte des ordres et leur transmission sont soumises à une réglementation minutieuse, qui a pour objet de défendre le client contre des pressions psychologiques, contre des erreurs ou des omissions, volontaires ou non ;
- Dans le cas des ventes par correspondance, le client n'a qu'à remplir et signer le bulletin de commande qui lui est proposé et qui comporte tous les détails concernant les délais de livraison et les modes de règlement. Il n'est jamais obligé de le faire. Fréquemment, le bulletin de commande est accompagné d'un exemplaire du matériel proposé, envoyé à titre d'essai. Le client peut le refuser ou l'accepter soit à titre définitif, soit pour consultation dans un délai fixé. Il peut retourner l'objet, avant l'expiration du délai, aux frais de l'envoyeur. La loi a réglé avec précision les obligations des parties et les poursuites possibles en cas d'infraction.

Le règlement de la commande peut avoir lieu soit au comptant, soit à crédit.

Dans la *vente au comptant,* l'acheteur paie une marchandise et en prend ou en reçoit livraison. On admet que le paiement puisse ne pas être fait immédiatement mais très peu de temps après la livraison de la marchandise (comptant d'usage). Toutefois, la forme de délai la plus courante est celle dite contre remboursement : le vendeur ou un transporteur livrent la marchandise mais ne la remettent que contre paiement du prix, augmenté des frais, s'il y a lieu.

Dans la *vente à crédit,* le paiement est ajourné à une ou plusieurs dates déterminées, fixées à l'avance. Lorsque la somme à payer est divisée en un certain nombre de fractions dont le règlement est exigible à intervalles réguliers (mensualités par exemple), on parle de vente à tempérament.

Dans la *location-vente,* l'acheteur n'est considéré comme propriétaire de la marchandise livrée que lorsqu'il a effectué le dernier versement prévu au contrat. Jusque-là, il n'en est que le locataire, l'objet vendu demeurant propriété du vendeur.

Le *leasing* est une forme de location, appliquée généralement à des immeubles ou du matériel, pour l'utilisation desquels le preneur effectue des paiements fractionnés pendant une période déterminée contractuellement (bail). A la fin de cette période, le bailleur reste propriétaire de la chose louée ; néanmoins, il est de pratique courante qu'il cède au locataire, à l'expiration du bail, le bien pour une somme fixée à l'origine du contrat et relativement modique, eu égard à sa valeur d'origine.

La franchise (ou *franchising*) est une licence d'ordre commercial concédée par une entreprise à une autre pour l'exploitation d'une marque originale, de méthodes ou de techniques particulières, en apportant toute l'assistance technique et commerciale nécessaire. L'entreprise concédante perçoit des redevances versées par le bénéficiaire de la licence.

Enfin, les ventes peuvent être faites en port dû ou en port payé. Dans le *port dû,* la livraison est faite au domicile du vendeur. Si la marchandise est envoyée à l'acheteur, l'expédition est faite aux frais et aux risques du client. En *port payé,* la livraison est faite au domicile de l'acheteur. Le port est payé par le vendeur qui, sauf stipulations contraires, est responsable de la marchandise jusqu'à destination.

Après cet examen des conditions générales de la vente, passons à quelques conseils pratiques.

La lettre par laquelle on passe une commande doit être claire, concise et complète. Autant que possible, on traitera dans une lettre à part toute question qui n'a pas de rapport avec la commande proprement dite.

Si l'on passe plusieurs commandes le même jour, on prend soin de les numéroter, puisque la date ne suffirait pas à un classement précis. Il est souvent utile de donner un numéro de classement même aux commandes envoyées à une seule maison.

Il faut accuser réception de toute commande reçue et assurer le client que ses ordres seront l'objet de soins attentifs.

Si la commande ne peut être exécutée immédiatement ou dans les délais demandés, il faut le dire avec franchise afin d'éviter au client une surprise fâcheuse au moment attendu pour la livraison.

Les réclamations

Les lettres de réclamation sont en général difficiles à rédiger et elles ne sont jamais agréables à recevoir. Il est bon de s'efforcer de ne pas y marquer trop d'acrimonie, mais ce n'est pas toujours facile. Du moins peut-on éviter l'impolitesse. Sauf s'il s'agit d'une récidive, on peut parler des choses à mots couverts : l'intéressé, qui, en général, sait fort bien à quoi s'en tenir, comprendra sans difficulté.

Il peut y avoir réclamation dans les deux sens.

Le client se plaint en général d'avoir reçu la marchandise trop tard, ou d'une erreur d'expédition sur la quantité et la qualité des articles, ou sur le mauvais état des produits à l'arrivée. Ces réclamations peuvent être parfaitement justifiées.

Le fournisseur doit alors assurer qu'il procède immédiatement à une enquête sérieuse et que, en tout état de cause, les intérêts légitimes du client seront sauvegardés

— ce qui doit se faire effectivement dans la suite, si la maison tient à garder son bon renom. Mais l'enquête peut aussi faire apparaître que le client est de mauvaise foi et qu'il cherche simplement à ne pas payer ce qu'il doit.

Nous entrons alors dans la seconde catégorie des réclamations : celles du fournisseur au client.

Elles portent en principe toujours sur des retards ou des difficultés de règlement. Le client peut être de bonne foi : il peut avoir constaté une erreur dans la facture, un changement de prix dont il n'avait pas été avisé en temps utile. Dans ce cas, le fournisseur doit présenter ses excuses et envoyer sans plus attendre une facture rectifiée. Il est possible qu'il y ait eu aussi un malentendu sur le mode de règlement : vous attendiez un règlement par chèque, et le client, lui, attendait votre traite. Tout cela n'est pas grave et s'arrange assez vite avec un peu de bonne volonté et de courtoisie.

Mais il y a également des payeurs récalcitrants : traites impayées, demande de reports d'échéances, etc. A moins que vous ne soyez en excellents termes avec le débiteur, il est préférable de ne pas entrer dans une négociation qui peut être interminable.

Exigez d'abord fermement et courtoisement l'exécution des engagements. Si cette lettre reste sans écho, une lettre de rappel s'impose, plus pressante, mais pas menaçante. C'est à la troisième fois seulement qu'il faut mettre en demeure de payer sous peine de poursuites. Encore faut-il que le jeu en vaille la chandelle : il vaut mieux passer par pertes et profits une dette insignifiante que d'entamer une action en justice longue, coûteuse et souvent inopérante si le client, de mauvaise foi ou vraiment insolvable, a pris ses précautions.

Passation de la commande

146. Exemple de bulletin de commande

S.A. MARANDINI et Fils
41, rue des Entrepreneurs
75738 Paris Cedex 15

Monsieur,

Veuillez me faire parvenir par retour ... carreaux de grès émaillé incrusté 9 × 9 cm, type Salouen, couleur Irraouadi C, référence 83-904 du catalogue, au prix de ... la douzaine (port payé).

Je réglerai
- à réception (frais de remboursement en sus)
- par chèque bancaire joint
- par chèque postal (joindre les 3 volets) CCP 231-927

(biffer l'option non retenue)

Veuillez également m'adresser, à titre gratuit, la dernière édition de votre catalogue.

147. Exemple de bon de commande

Duchemin-Félix
Quincailliers
31, rue Carnot
Simandre-les-Ormes 71

12/3/79
Etablissements GURNIER
rue des Trois Maures
71 Le Creusot

Monsieur,

Veuillez me faire parvenir
.... tournevis réf. 1258, au prix unitaire de ...
... scies à métaux, réf. 34-567

... vilebrequins réf. 65-43
soit une somme globale de ... F, que nous vous réglerons selon nos conditions habituelles, par traite à soixante jours fin de mois.

Nous espérons recevoir ces articles, à domicile et en port dû, avant le 15 avril prochain.

148. Confirmation d'une demande téléphonique

Brumath, le ...

Eichenberger et Strohl
17, rue Porte-Neuve
68100 Mulhouse

Cher Monsieur,

Comme suite à notre entretien du 27 juin courant, je vous confirme les termes de ma commande.

Veuillez me faire parvenir contre remboursement à l'adresse de mon magasin : 18, rue des Deux-Pigeons, 77 Brumath,
... ensembles prêts à porter, réf. 1298 du catalogue, se répartissant ainsi :
... havane, dont ... taille 34, ... 36, ... 38 ;
... noirs, dont ... taille 34, ... 36, ... 38, ... 40.

Je compte sur votre habituelle diligence pour que la livraison soit effectuée avant le 1er août.

D'avance je vous en remercie et vous prie d'accepter, cher Monsieur, mes meilleures salutations.

Prise d'ordres par un représentant

En général, le représentant, une fois ses conversations terminées, se borne à établir un bulletin de commande en triple exemplaire et à le faire signer par le client. Il groupe ensuite les divers ordres dans l'envoi qu'il fait à sa maison.

Il se peut, dans certains cas, que l'ordre ne soit pas passé immédiatement, mais que le client visité tienne cependant à faire connaître au fournisseur ses intentions.

149. Ordre en perspective

Tours, le...

Etablissements Chevalieras
3, rue de la Boucherie
87000 Limoges

Messieurs,

Nous référant à la visite de votre représentant M. B..., le 20 du mois dernier, nous avons le plaisir de vous faire savoir qu'un ordre va très probablement s'ensuivre.

Nos amis sont disposés à nous confier un marché de 2 500 paires de chaussures nº 12, 16, 18, livrables sur l'année, 500 paires immédiatement, solde à leurs besoins.

Toutefois, pour nous assurer cette commande, la minime concession d'un escompte supplémentaire de 2 % est indispensable.

Beaucoup de vos concurrents sont sur l'affaire, mais c'est à vous que nous proposerions cet important contrat, car nous savons que vous tenez un stock régulier de ces articles et que vous êtes en mesure de commencer immédiatement vos livraisons.

Nous espérons que vous ferez tout votre possible pour nous faciliter l'obtention de ce marché, qui ne manquera pas de donner lieu, par la suite, à de gros ordres réitérés, et nous vous présentons, Messieurs, nos salutations distinguées.

Il se peut aussi, bien que le cas soit assez rare, que le représentant ait fait connaître téléphoniquement à sa maison un besoin urgent du client. Par suite de retards dans le courrier, sa confirmation n'est arrivée qu'après l'expédition. Or il y avait eu un malentendu lors de la conversation téléphonique. L'incident donnera lieu à une lettre du genre suivant :

150. Désaccord entre une commande par téléphone et la confirmation

Chateaudun, le...

Monsieur Claude Dupont
4, rue de la Batellerie
44000 Nantes

Monsieur,

Je vous accuse réception de votre lettre du ... m'informant que vous ne désirez pour votre client d'Angers qu'un seul appareil à aléser.

Je viens de revoir le livre d'enregistrement des conversations téléphoniques : il y est bien noté une commande de deux appareils.

Votre bon de confirmation n'indique qu'un seul appareil, mais il m'est parvenu avec beaucoup de retard et je ne pouvais plus modifier mon envoi, déjà enlevé par le transporteur.

Cependant, si votre client n'a pas l'usage des deux appareils, je vous prierai de m'en retourner un et je vous en créditerai.

J'attire toutefois votre attention sur la circonspection qui doit entourer toute conversation téléphonique : assurez-vous à plusieurs reprises que le téléphoniste vous a parfaitement compris et faites-vous relire le texte dont il a pris note.

Veuillez agréer, Monsieur, l'assurance de mes sincères sentiments.

Il se peut enfin que, après avoir passé son ordre, le client se ravise, pour de bonnes ou de mauvaises raisons. Il est souvent de bonne politique commerciale de le croire sincère et de lui accorder ce qu'il demande, sauf s'il s'agit d'une suppression pure et simple de la commande. Les raisons exposées dans la lettre du client dicteront donc l'attitude du fournisseur.

151. Ordre contremandé

Monsieur,

Lors du passage de votre voyageur M. B..., nous lui avons remis un ordre de 200 kg de cacao, au prix de ... le kg.

Or, la forte baisse que subissent en ce moment les prix de gros réagit de plus en plus sur les prix de détail et, pour diminuer la perte que les nouveaux prix vont nous infliger, nous vous prions de bien vouloir ramener notre commande à 100 kg. Cependant nous serions disposés à prendre les 200 kg si vous pouviez nous faire un rabais de 5 %.

Veuillez nous répondre par retour du courrier et attendre un mot avant de nous faire l'expédition.

Dans l'attente de vous lire, nous vous prions de recevoir, Monsieur, nos meilleures salutations.

En général, pour éviter des erreurs d'interprétation ou des modifications de commande, la maison confirme immédiatement l'ordre de son représentant.

152. Confirmation d'ordre

Messieurs,

Nous vous remercions sincèrement de l'aimable accueil que vous avez bien voulu réserver à notre représentant M..., et de l'ordre qui s'est ensuivi :

600 boîtes de 500 g corned beef 1re qualité à ... F
200 boîtes de 1000 g corned beef 1re qualité à ... F
120 jours net, franco d'emballage, en caisses de 50 boîtes chacune ; livraison 10 juin prochain.

Suivant nos conditions habituelles, les caisses sont débitées au prix coûtant et reprises au prix de facture en cas de retour en bon état et port payé.

Nous vous présentons, Messieurs, nos bien sincères salutations.

Lorsqu'il s'agit d'échanges internationaux, la commande peut être passée par l'intermédiaire d'un commissionnaire.

153. Achat par commissionnaire

Montpellier, le...

Monsieur,

Vous confirmant nos télégrammes d'hier et de ce jour (dont inclus copie), nous vous chargeons par la présente d'acheter immédiatement pour notre compte :

Vin d'Alicante de raisin frais, bon goût, couleur moyenne 12^0 à 13^0, bien conforme à votre type A 7 :

600 fûts si vous nous obtenez le prix de ... ptas l'hl,
ou :
300 fûts si vous nous obtenez le prix de ... ptas l'hl,
ou :
150 fûts si vous nous obtenez le prix de ... ptas l'hl,

limites extrêmes à ne dépasser en aucun cas en raison de la concurrence des vins d'Italie.

Conditions précédemment convenues : en traites par tiers à 30, 60, 90 jours de date d'embarquement, commission et autres frais compris.

Livraison : rendu quai Marseille dans les 45 jours de la confirmation de l'ordre ; fret ... ptas par tonne ; assurance contre tous risques sur le montant net de la facture — sans oublier la majoration de 10 % pour bénéfice présumé — par vos soins et pour notre compte au taux de 4 1/4, comprenant frais de police, courtage, etc.

Vous veillerez personnellement à la régularité de la déclaration et du certificat d'origine, pour éviter tout conflit en douane.

A réception, veuillez nous télégraphier tous détails utiles.

Nous vous présentons, Monsieur, nos salutations empressées.

Les transports internationaux exigent, comme on le voit, la plus grande précision dans la commande. Il est bon de ne pas négliger non plus les détails dans les modalités de livraison, surtout lorsqu'il s'agit de denrées périssables.

154. Passation de commande avec modalités de livraison

Marseille, le...

Messieurs,

Nous avons l'honneur de vous remettre, ci-inclus, notre bon de commande MG 520 pour 2000 kg de gomme sandaraque aux conditions indiquées sur ledit bon.

Nous attendons maintenant que vous nous précisiez les références du navire qui doit amener cette marchandise à Marseille. D'après ce que nous comprenons, le navire de la Compagnie des chargeurs réunis de cette semaine est déjà parti et le départ suivant n'aura lieu que le 13 avril prochain. N'y-a-t-il aucune autre occasion d'embarquement entre-temps ? Veuillez nous fixer à cet égard.

Aussitôt que l'embarquement aura été effectué, nous vous serons obligés de nous adresser un très court télégramme de confirmation, n'indiquant au besoin que le nom du navire : nous saurons ainsi que la marchandise a bien été prise à bord du navire mentionné.

Nous tenons à attirer votre attention sur le fait que le chargement ne doit pas être effectué sur pont, afin d'éviter des frais d'assurance supplémentaires.

Veuillez agréer, Messieurs, l'expression de nos sentiments distingués.

De nombreuses lettres de commande ont trait au problème des abonnements à diverses publications (souscription, renouvellement, changement d'adresse, résiliation). Ce sont des lettres généralement courtes, dont voici quelques exemples.

155. Souscription

Monsieur,

Veuillez noter mon abonnement à votre publication *Athéna*. J'aimerais que cet abonnement puisse débuter au 1er janvier de cette année.

Vous voudrez bien trouver ci-joint un chèque de ... F dont je vous prie de m'accuser réception.

Recevez, Messieurs, mes sincères salutations.

nom et adresse

156. Renouvellement

Messieurs,

Notre abonnement à votre publication *Jardins du monde* venant à expiration fin courant, nous vous prions de bien vouloir le renouveler et vous remettons à cet effet notre chèque nº 6123457 sur la B. N. P. pour la nouvelle période du 1er juillet 19.. au 30 juin 19...

Nous vous prions, pour la bonne règle, de nous en accuser réception en nous donnant votre accord, et de croire, Messieurs, à nos cordiales salutations.

nom et adresse

157. Changement d'adresse

Messieurs,

Je vous prie de noter que j'habite désormais 17, place Saint-Pierre, et non plus 31, cours Thévenot, à Cahors 48000. C'est donc à cette nouvelle adresse que devra me parvenir *le Canard enchaîné*. Vous trouverez ci-joint une bande d'abonnement pour vous permettre de régulariser la situation.

En vous remerciant à l'avance, je vous prie d'agréer, Messieurs, mes salutations distinguées.

158. Résiliation

Messieurs,

Le ton qu'a pris désormais votre journal me paraît tout à fait différent de celui qui était le sien lorsque je suis devenu votre abonné, il y a déjà plusieurs années. Comme vous en êtes sans doute parfaitement conscients, je n'ai pas besoin de me livrer à une démonstration.

Pour vous marquer ma désapprobation, je vous prie de ne plus m'adresser votre journal à partir d'aujourd'hui, mon abonnement normal ne cessant qu'à la fin du mois prochain.

Sentiments distingués.

Demandes de modifications

Nous n'avons considéré jusqu'ici que des cas relativement simples, où la commande répond directement à l'offre. Mais il faut bien voir que, la plupart du temps, la commande est précédée d'une négociation et peut également être suivie de discussions avant même l'exécution, laquelle, à son tour, peut faire naître un nouveau contentieux. Nous n'envisagerons dans ce chapitre que les demandes qui précèdent ou accompagnent la commande. Elles peuvent porter sur la qualité, les prix, les conditions de livraison et de paiement, les délais, etc.

159. Demande de modifications sur la qualité

Monsieur,

Nous avons bien reçu vos échantillons de carreaux en faïence décorée. Nous sommes, dans l'ensemble, satisfaits du prix et de l'aspect de vos articles et nous nous préparons à vous passer un ordre important. Pourtant nous désirons attirer votre attention sur deux points.

• Votre assortiment, très riche pour la plupart des couleurs, présente une lacune au niveau des verts. N'y figurent qu'un vert soutenu, dit « Pastoral », et un vert olive, dit « Provençal », qui ne nous semble guère heureux. Or, vous n'ignorez pas que le vert est une couleur fréquemment recherchée par la clientèle. Ne possédez-vous pas, en-dehors des échantillons que vous nous avez envoyés, une gamme un peu plus riche, dans les mêmes qualités ou dans des qualités voisines ?
• Vos hexagonaux à bord émaillé seront sans doute d'une vente assez facile pour les cuisines. Pourtant, sur beaucoup d'entre eux, l'émail bâille d'une façon qui nous semble exagérée, et cette recherche esthétique peut dérouter le client. Est-il possible d'obtenir des pièces à la coupe plus franche ?

Nous serions désireux d'obtenir des précisions sur ces deux points avant de passer notre commande.

Agréez, Monsieur, nos meilleures salutations.

160. Demande de modifications sur les prix

Messieurs,

Nous sommes, vous le savez, vos clients fidèles depuis plusieurs années et nous vous avons toujours suivi lors de vos hausses annuelles, que nous estimions raisonnables. Nous ne pouvons cependant vous cacher notre surprise devant les prix du catalogue de cette année. Nous comprenons vos difficultés, la rareté de la matière première, l'augmentation des frais de main-d'œuvre et de manutention. Mais comprenez aussi les nôtres. La situation économique de notre clientèle ne s'est pas améliorée depuis deux ans, tant s'en faut. Elle a pu suivre sans trop rechigner votre augmentation de 6 % de l'an dernier, et elle pourrait sans doute agir de même cette fois-ci. Mais une augmentation de 12 % sur la majorité de vos articles ne pourra certainement pas être absorbée. En dépit de tout le bien que nous pensons de votre fabrication, nous ne pourrons pas vous passer des commandes de l'importance de celles que nous nous proposions.

Nous ne vous demandons pas des délais ni des facilités supplémentaires de paiement, car notre trésorerie est parfaitement saine. Mais, si vous maintenez les prix de votre catalogue, nous sommes certains d'aller vers une contraction du marché, qui n'est souhaitable ni pour vous ni pour nous. Nous vous demandons donc de nous faire savoir rapidement si vos prix actuels sont définitifs ou sujets à révision. Le volume de notre commande dépendra de votre décision.

Croyez, Messieurs, à nos cordiales salutations.

161. Demande d'une modification des conditions de paiement

Messieurs,

Vous nous avez proposé pour remplacer notre machine à bois de type SH 2, qui est effectivement périmée, votre nouvelle SH 27. Nous avons apprécié ses qualités et nous espérons bien obtenir avec elle un bon rendement, dès que vous nous aurez envoyé, comme de coutume, un technicien pour en régler les cadences. Notre bon de commande vous parviendra après accord sur les conditions de paiement.

Nous avions utilisé la dernière fois le système suivant : 1/3 à la livraison, les deux autres tiers payables par traites, respectivement à soixante et à cent vingt jours. Nous nous trouvons aujourd'hui en mesure de payer la totalité à la livraison, si vous acceptez de nous faire bénéficier en échange d'un escompte de 3 %. Ce chiffre nous paraît raisonnable et nous croyons qu'il vous sera possible de l'accepter. La procédure peut vous paraître assez inhabituelle, mais les conditions particulières de notre société nous la conseillent et nous ne pensons pas qu'elle vous porte le moindre préjudice.

Dès réception de votre réponse, que nous espérons favorable, nous vous fournirons tous les détails nécessaires pour opérer la livraison de la machine dans les meilleures conditions.

Veuillez agréer, Messieurs, l'assurance de nos sentiments distingués.

162. Demande d'une modification des conditions de livraison

Messieurs,

Ayant déjà plusieurs fois fait appel à vos services, nous savons que vous demandez toujours un délai de deux mois pour livrer vos téléviseurs Optima, mais que vous respectez scrupuleusement vos engagements. Vous serait-il possible, pour une fois, de déroger à vos habitudes et de me faire parvenir de vingt à vingt-quatre téléviseurs dans un délai maximum d'un mois ? La proximité de la Coupe du monde de football a déclenché dans notre petite ville une véritable frénésie d'achat, qui, dans deux mois, sera probablement éteinte, mais, pour le moment, elle a dépassé mes prévisions et je me trouve sur le point de manquer des ventes importantes.

Je suppose que le délai de deux mois que vous demandez habituellement est davantage dicté par le souci de prendre une marge de sécurité que par le rythme des fabrications. C'est pourquoi je pense qu'en cette occasion exceptionnelle il peut être réduit sans inconvénient grave. J'ajoute que, si pour cette livraison, vous deviez faire appel à des transporteurs plus rapides que ceux que vous utilisez normalement, je prendrais ma part du supplément de prix qui en découlerait.

Répondez-moi, s'il vous plaît, téléphoniquement et je vous passerai immédiatement la commande, que je vous confirmerai ensuite par écrit.

Veuillez croire, Messieurs, à mes sentiments les meilleurs.

Modifications accompagnant la commande

163. Messieurs,

Nous avons relevé dans votre catalogue plusieurs articles qui nous paraissent de bonne présentation et de prix intéressants. C'est pourquoi nous vous prions de trouver notre bon de commande ci-joint :

N°41-116 ... exemplaires à ... F
N°41-117 ... exemplaires à ... F, etc.,
livrables en port dû à notre domicile, 25, chemin des Alouettes, 71 Montceau-les-Mines.

Toutefois, votre catalogue indique que les règlements doivent se faire par traite à 30 jours. Cette condition nous gêne considérablement, car ce mois-ci est pour nous le moment d'échéances importantes. Il nous serait extrêmement agréable que vous acceptiez de porter ce délai à 60 jours. C'est un geste que nous apprécierons beaucoup et qui vous assurerait pour l'avenir la fidélité de notre clientèle.

Vous remerciant à l'avance de votre compréhension, nous vous prions d'agréer, Messieurs, nos sincères salutations.

164. Monsieur,

Vous avez bien voulu me faire savoir que ma commande portant sur un appareil ARS 283 ne pouvait être honorée du fait que vous aviez cessé de fabriquer ce produit. En échange vous me proposiez un appareil MT 456, d'un prix légèrement supérieur, mais pour lequel vous pouviez assurer la fourniture de pièces de rechange.

Je dois m'incliner devant la nécessité et vous demande de me faire parvenir cet appareil MT 456 dans les conditions de livraison, de délai et de paiement qui étaient précisées dans ma commande. J'apprécierais que vous m'accusiez réception de cette lettre et vous prie d'agréer, Monsieur, mes sincères salutations.

165. Le Mans, le...

Monsieur,

Je suis très intéressé par les performances de votre moteur Hydra, présenté dans votre catalogue sous le n° 459 L, et je souhaiterais vous en passer commande.

Malheureusement, il ne m'est pas possible de régler le montant de cette dépense à la livraison, contre remboursement, ainsi qu'il est prévu dans vos conditions. Je désirerais le payer en six traites mensuelles, à tempérament, à dater du 1er juin.

Si cette formule vous agrée, je vous serais obligé de me faire parvenir les domiciliations, que je vous renverrai immédiatement après signature.

Veuillez croire, Monsieur, à l'assurance de mes sentiments distingués.

166. Soissons, le...

Monsieur,

Je serais prêt à vous passer immédiatement une commande portant sur 200 caisses de pêches et 50 caisses de melons de Cavaillon, reprises dans votre dépliant sous les numéros 17 et 37, si les frais de transport n'étaient pas si élevés.

Peut-être peut-on trouver une solution avec votre camionneur. Je dispose actuellement d'un stock important de marchandises non périssables et peu encombrantes qui me sont demandées par un grossiste d'Orange. Si je fournissais ce stock à votre camionneur, à un prix à débattre, la somme pourrait-elle venir en déduction du prix que vous avez vous-même à payer et que vous me facturez ?

Dès que j'aurai obtenu votre accord de principe, je vous confirmerai ma commande et je donnerai à votre transporteur toutes les précisions utiles.

Veuillez croire, cher Monsieur, à mes très cordiales salutations.

Réactions du fournisseur

167. Commande acceptée

Monsieur,

Vous confirmant notre télégramme de ce jour (dont vous trouverez ci-inclus la copie), nous nous empressons de vous remercier de votre ordre de 50 ensembles « Adriatica » (casquette, caban et bermuda) au prix catalogue de ... F.

Dans l'espoir d'étendre nos relations avec votre maison, nous acceptons de vous consentir la remise de 5 % que vous sollicitiez.

La livraison sera effectuée dans les meilleurs délais au lieu de votre convenance.

Vous assurant de nos meilleurs soins, nous vous présentons, Monsieur, nos meilleures salutations.

168. Autre commande acceptée

Monsieur,

Nous sommes en possession de votre lettre du 17 ... et vous remercions de la commande que vous avez bien voulu nous passer. Les marchandises seront expédiées, selon vos instructions, par messagerie express et vous les recevrez sans doute avant la fin de la semaine.

Nous sommes d'accord pour les conditions de paiement. Nous traitons d'habitude les premières affaires au comptant, mais, en raison de l'excellente réputation de votre maison, nous nous couvrirons du montant de notre facture par une traite à trois mois qui vous sera présentée sous peu à l'acceptation.

Nous sommes très heureux d'entrer en relations d'affaires avec vous et espérons que vous aurez toute satisfaction de ce premier envoi.

Veuillez croire, Monsieur, à l'assurance de nos sentiments les meilleurs.

169. Commande partiellement acceptée

Manchester, le...

Messieurs,

Nous avons bien reçu votre commande du ... et nous nous empressons de vous faire savoir que les dix pièces d'oxford croisé sont prêtes et seront envoyées dès ce soir par messagerie express.

Malheureusement, en ce qui concerne le shirting nous avons le regret de vous dire qu'il nous sera matériellement impossible de vous le livrer dans des délais acceptables. Nous avons eu un accident de machine qui nous a mis fort en retard ; nous venons à peine de reprendre la fabrication et nous sommes dans l'obligation de servir par priorité des commandes reçues depuis déjà longtemps. Il ne serait donc pas raisonnable de notre part de vous promettre une livraison avant la fin de la saison.

Veuillez donc nous excuser de ce retard anormal et involontaire et agréer l'expression, Messieurs, de nos bien dévoués sentiments.

170. Proposition refusée

Monsieur,

Vous avez bien voulu nous commander vingt-quatre exemplaires de notre appareil Jelsa ainsi que dix jeux de pièces de rechange.

Nous sommes au regret de ne pouvoir donner suite à votre commande, car nous avons cessé depuis deux ans la fabrication du Jelsa et il ne nous reste aucune pièce en stock.

Nous nous permettons toutefois de vous faire parvenir notre catalogue de cette année, où vous trouverez sans doute d'autres modèles d'appareil susceptibles de vous intéresser.

Croyez, Monsieur, à nos salutations distinguées.

171. Autre refus de commande

Messieurs,

En réponse à votre proposition du 24 ..., nous regrettons vivement de ne pouvoir enregistrer votre ordre au prix indiqué et qui nous met en perte.

Nous vous avons immédiatement fait connaître notre dernière limite. Les lins se trouvent en hausse et, comme nous avons de gros marchés à exécuter, nous ne pouvons que vous conseiller de confirmer télégraphiquement votre commande si notre offre vous intéresse, car il nous est impossible de rester engagés en ce qui concerne le prix et la livraison.

Veuillez agréer, Messieurs, nos salutations.

172. Ordre impossible à exécuter au prix offert

Monsieur,

En possession de votre lettre du ..., nous avons le regret de vous informer qu'il nous est impossible de livrer nos velours au prix que vous fixez. Nous ne fabriquons que des tissus de première qualité, et notre prix le plus bas est ... F le mètre.

Nous vous expédions par le même courrier des échantillons de nos divers articles et créations, et nous espérons qu'après les avoir comparés avec d'autres tissus vous nous passerez une commande.

Dans l'attente de vos ordres, nous vous prions de croire, Monsieur, à nos salutations distinguées.

173. Réponse par un prix en hausse

Messieurs,

Nous avons bien reçu votre lettre du ... et nous sommes au regret de ne pouvoir noter l'ordre qu'elle contenait.

Notre proposition du mois dernier était sans engagement et, les cours ayant considérablement monté depuis cette date, nous nous voyons obligés de vous demander maintenant 18 d 1/2 le yard.

Toutefois, pour vous prouver que nous désirons vous satisfaire, nous pouvons encore disposer d'un petit lot acheté aux prix précédents et nous partagerons avec vous la différence en notant votre marché à 18 d le yard, sur confirmation avant le 20 de ce mois.

Dans l'attente de vous lire et avec l'espoir de vous être agréables, nous vous prions d'agréer, Messieurs, nos sincères salutations.

174. Fournisseur demandant des délais

Maison Boucharel
32, faubourg Saint-Antoine
75003 Paris

Monsieur,

Nous avons bien reçu votre lettre du ... par laquelle vous nous passiez commande de dix salons romantiques Nodier de huit pièces chacun, livrables avant le ...

Les divers articles qui font l'objet de votre ordre peuvent être mis immédiatement en fabrication, mais il nous est impossible de vous les fournir pour la date que vous précisez.

Nous sommes en effet tenus par des délais impérieux si nous voulons respecter la qualité et le fini auxquels vous vous attendez.

Si vous pouvez nous accorder deux mois supplémentaires, nous vous promettons de vous livrer exactement des articles qui vous donneront toute satisfaction.

Dans le cas contraire, nous serons dans l'obligation, à notre grand regret, de décliner votre offre.

Veuillez croire, Monsieur, à l'expression de nos sentiments distingués.

175. Hausse généralisée des prix

Saint-Etienne, le...

Messieurs,

Nous avons bien reçu votre commande du ... et nous sommes en mesure de vous livrer dans les délais prévus. Néanmoins, nous devons au préalable vous faire savoir que les prix de notre catalogue, sur lesquels vous avez basé votre commande, ne sont plus valables.

La profession a décidé en effet d'affecter d'un coefficient de hausse de 6,5 % tous les prix publiés avant le 31 décembre. Cette hausse est évidemment regrettable, mais fort compréhensible ; elle est loin de répercuter toutes les augmentations que nous avons déjà subies tant sur les salaires que sur le prix des matières premières.

Avant donc de mettre en fabrication les articles que vous nous avez commandés, nous serions heureux de savoir si vous acceptez les nouveaux prix et si vous confirmez vos ordres. Un simple télégramme suffira et nous commencerons le travail sans retard.

Veuillez agréer, Messieurs, l'assurance de nos sentiments les meilleurs.

176. Livraisons échelonnées

Messieurs,

Nous avons bien reçu votre commande de meubles de cuisine R.C.C. et nous vous expédions aujourd'hui même par l'intermédiaire des transports Vega six sur douze des séries que vous demandiez. Nous avons toutefois le regret de vous faire savoir que, en raison de difficultés dues au transporteur, le reste ne pourra vous parvenir que dans un mois environ.

J'espère que ce retard ne vous causera pas trop de difficultés. Si, cependant, vous désiriez recevoir immédiatement toute la marchandise, nous pourrions faire appel à un autre transporteur, mais sans avoir les mêmes garanties de soin et de sécurité qu'avec Vega. C'est pourquoi nous vous suggérons, à moins de force majeure, d'accepter un certain retard à la livraison.

Naturellement, nous en tiendrons compte dans l'émission des traites qui seront proposées à votre acceptation.

Veuillez recevoir, Messieurs, avec nos excuses, les assurances de nos sentiments trés dévoués.

177. Fabricant refusant d'annuler un ordre

Roanne, le...

Messieurs,

Votre lettre du 24 courant par laquelle vous maintenez l'annulation de votre ordre du 22 août nous a fortement surpris.

Ce marché nous avait pourtant été remis et confirmé de la façon la plus régulière. S'il s'agissait de marchandises ordinaires et de vente courante, nous serions heureux de nous conformer à vos désirs, mais nous avons dû mettre en route une fabrication de qualités tout à fait spéciales, dont il est évident que nous ne pourrons trouver le placement sans une perte très importante pour nous.

Vous ne pouvez donc invoquer aucun motif plausible d'annulation et nous vous remettons ci-inclus une facture de 56430 F en règlement de laquelle nous avons fait traite sur vous à trois mois de date.

Nous espérons que cet incident n'altérera en aucune façon les relations amicales qui, depuis de nombreuses années, existent entre nos deux maisons et nous vous présentons, Messieurs, l'assurance de nos sentiments distingués.

Exécution de la commande

Le plus souvent — et c'est heureux ! — l'exécution de la commande se passe normalement, sans soulever de problèmes ni de discussions. Dans ce cas, la correspondance est réduite au minimum : un simple avis d'expédition, un accusé de réception, parfois une lettre courtoise pour annoncer l'envoi. La plupart des documents relatifs à l'expédition sont des bulletins ou des formulaires ; il est cependant recommandé de lire tous les détails avec précaution et de ne signer qu'à bon escient.

En effet, la déclaration d'expédition sert de base au contrat de transport. Elle est conservée par le transporteur et, en cas de litige ou de réclamation, elle est produite contre l'expéditeur. D'autre part, le récépissé qui lui est remis, et qu'on appelle *lettre de voiture,* constitue pour l'expéditeur la preuve qu'il a bien rempli son contrat. Nous entrerons dans les détails plus loin, dans le chapitre relatif aux relations avec les transporteurs.

La livraison est toujours accompagnée d'un bon de livraison, que signe le client lorsqu'il prend possession des marchandises. Il lui appartient de faire les réserves nécessaires s'il lui apparaît que le colis qu'on lui présente n'est pas en bon état. Mais nous entrons là dans le domaine des réclamations, aussi nombreuses que variées, qui peuvent se produire après la livraison. Donnons d'abord quelques exemples de la correspondance qui accompagne une commande normalement acheminée et reçue.

178. Avis d'expédition sans facture

Orléans, le...

Monsieur,

Nous vous adressons ce jour par messagerie à votre domicile les pièces écrues que vous nous avez données à teindre. Nous vous débiterons de la teinture dès que nous aurons nous-mêmes reçu la facture.

Notre technicien, M. X, passera très prochainement vous voir pour s'assurer que le travail vous a donné pleine satisfaction.

Veuillez agréer, Monsieur, l'assurance de nos dévoués sentiments.

179. Avis d'expédition avec facture

Lyon, le...

aux Etablissements Gillet
à Sainte-Savine

Messieurs,

Nous avons remis ce jour, en messagerie express, à votre adresse dix caisses de soieries (poids brut 1 800 kg ; poids net 1 700 kg) pour une valeur de ... F correspondant à votre commande du ...

Vous trouverez ci-inclus la facture, dont vous vous acquitterez selon nos conventions habituelles.

Veuillez agréer, Messieurs, l'expression de nos sentiments les meilleurs.

180. Avis d'expédition avec facture et avis de traite

Troyes, le...

Monsieur,

Nous avons le plaisir de vous informer par la présente que nous venons de vous expédier, par messagerie, port dû, à vos risques et périls, six balles de bonneterie (poids brut 435 kg, poids net 385 kg) suivant ordre reçu le ... par notre représentant.

En règlement de notre facture incluse, s'élevant à ... F, nous avons disposé sur vous à 3 mois de date, c'est-à-dire au 28 février prochain, et vous prions de réserver bon accueil à notre traite.

Nous espérons que la marchandise vous parviendra régulièrement et nous vous présentons, Monsieur, nos très sincères salutations.

181. Autre avis avec majoration de prix

Monsieur,

Contrairement à ce que vous annonçait ma lettre du 10..., je ne puis vous expédier exactement ce qui correspond à votre commande. Le commissionnaire vous livrera bien, comme prévu, deux pièces de crêpe satin blanc, référence 1743, mais, pour la pièce de crêpe satin noir, nous avons dû procéder à un échange : vous trouverez donc une étoffe de qualité supérieure (référence 1846) que nous nous voyons obligés de majorer de ... F par mètre.

Nous regrettons d'être actuellement démunis de la qualité courante et nous espérons que cette légère différence ne vous lésera pas trop. Nous avons d'ailleurs procédé, ainsi que vous le verrez sur la facture ci-jointe, à un abattement de 2% sur le prix total.

Persuadé que vous apprécierez la situation inconfortable dans laquelle je me suis trouvé, j'espère que vous ne me tiendrez pas rigueur de la solution choisie et que la livraison vous donnera pleine satisfaction.

Je vous présente, Monsieur, mes salutations distinguées.

182. Confirmation d'avis télégraphié

Monsieur,

Ainsi que nous vous l'avions annoncé par télégramme, la marchandise qui vous est destinée a été expédiée et le wagon fait route sur Paris. Confirmation vient de nous en être donnée téléphoniquement par le transporteur et vous devez vous attendre à prendre livraison de votre commande samedi prochain ou lundi au plus tard.

Nous espérons que cette réponse vous donne satisfaction et nous vous prions d'agréer, Monsieur, nos salutations les meilleures.

Comme nous l'avons indiqué précédemment, l'exécution de la commande ne va pas toujours sans difficulté. D'où des réclamations de la part du client. Celles-ci peuvent se ranger principalement dans les catégories suivantes : retard dans la livraison, qualité insuffisante, marchandise non conforme, erreurs dans la composition de l'assortiment ou dans l'expédition.

183. Rappel d'une commande non livrée

Monsieur,

Je vous ai commandé à la fin du mois dernier tout un assortiment d'ensembles de plage que vous vous étiez engagé à me livrer dans les quinze jours. Nous sommes maintenant à la troisième semaine et je n'ai encore rien reçu.

Vous n'ignorez pas que j'ai un besoin urgent de ces marchandises, la date de mise en vente utile étant extrêmement proche. Je vous prie donc de me faire savoir par retour du courrier si je peux espérer les recevoir avant la fin de cette semaine. Si, pour des raisons sans doute indépendantes de votre volonté, vous ne pouviez procéder à cette livraison dans les délais convenus, je me verrais obligé, à mon grand regret, d'annuler la commande.

Croyez, Monsieur, à mes cordiales salutations.

Réponse

Monsieur,

Nous avons bien reçu votre rappel de commande et nous nous empressons de vous faire savoir que les marchandises sont prêtes et vous seront expédiées dès ce soir. Nous espérons qu'elles vous parviendront en temps utile et que vous n'aurez pas à souffrir de ce retard, dû à une grève dans un atelier de finition.

Soyez assuré, Monsieur, de nos dévoués sentiments.

184. Plainte concernant un retard de livraison

Messieurs,

Nous vous avons déjà écrit deux fois pour vous rappeler les termes de notre marché du 20 ... et nous devons constater, sans plaisir, que nos justes réclamations n'ont encore été suivies d'aucun effet.

Les conséquences, pour nous, sont désastreuses ; nos stocks sont épuisés et nous avons déjà perdu de nombreuses commandes. Veuillez donc activer la fabrication et, dans les huit jours, nous faire parvenir au moins le tiers de ce que vous vous êtes engagés à livrer, le reste devant nous arriver avant la fin du mois.

Si, par votre faute, nous devions manquer des ordres importants, nous serions, à notre vif regret, contraints de vous en tenir pour responsables, avec toutes les conséquences de droit.

Nous vous adressons, Messieurs, nos sincères salutations.

Réponse

Monsieur,

En réponse à votre lettre d'hier, nous regrettons vivement de n'avoir pu vous expédier en temps utile les marchandises faisant l'objet de votre commande du 20 avril.

La faute en incombe à nos filateurs, qui n'ont pu tenir leurs promesses en raison de grèves qui, heureusement, semblent se terminer. Nous comptons vous expédier avant la fin du mois la plus grande partie et peut-être la totalité de votre commande. Nous mettrons tout en œuvre pour qu'elle vous parvienne dans les meilleurs délais possibles.

Nous vous prions de bien vouloir excuser l'ennui que nous vous avons causé involontairement et d'agréer, Monsieur, l'assurance de nos sentiments distingués.

185. Plainte concernant la qualité

Messieurs,

Nous sommes dans l'obligation de vous faire savoir que les pièces de coton (référence L 815) que vous nous avez livrées à la suite de notre commande du ... ne correspondent ni à leur qualité habituelle (nous les suivons depuis quatre ans) ni à la description du catalogue. La trame est beaucoup plus lâche, la couleur plus terne, les bordures irrégulières. Nos clients nous ont fait à ce sujet des remarques que nous avons accueillies sans plaisir.

Nous ne pouvons accepter des pièces dans cet état ; aussi sommes-nous amenés à vous faire les propositions suivantes :

— ou bien vous reprenez la marchandise, qui n'est pas encore payée ;

— ou bien vous nous consentez une réduction de 2 F au mètre, car nous ne pouvons vendre ces articles au prix prévu.

En attendant que vous nous fassiez connaître vos intentions, nous vous prions d'agréer, Messieurs, nos sincères salutations.

Réponse

Messieurs,

Nous vous accusons réception de votre lettre recommandée du ... et reconnaissons partiellement l'exactitude de votre réclamation.

Nous avons employé pour la fabrication les matières habituelles, mais vous savez que la récolte de coton a été, cette année, d'une qualité inférieure et nous devons avouer que la marchandise n'est pas rigoureusement conforme à nos anciennes livraisons.

Toutefois, l'écart n'est pas si grand et votre réclamation nous apparaît comme très exagérée. Rien ne justifie, à notre avis, la reprise des marchandises et il nous est impossible de vous accorder la grosse réduction de 2 F par mètre que vous sollicitez. Tout au plus, pour marquer notre bonne volonté, pouvons-nous vous offrir une bonification de 2 % sur l'ensemble du marché.

Si cette proposition ne vous agréait pas, il ne resterait plus qu'à soumettre le différend à un arbitrage.

Veuillez agréer, Monsieur, l'assurance de nos sentiments distingués.

186. Plainte pour livraison non conforme

Messieurs,

Nous avons bien reçu les dix services de table en faïence que nous vous avions commandés. Mais quelle ne fut pas notre surprise en découvrant, dans six d'entre eux, au lieu des assiettes plates polychromes de Moustiers, des assiettes plates de Samadet ! Nous avons pensé d'abord qu'il y avait eu interversion et que nous retrouverions les Moustiers dans le service Samadet. Il n'en était rien : à leur place, il y avait des assiettes d'une autre couleur, dans le style XVIIIe siècle de Montpellier.

Vous comprendrez qu'il nous est difficile d'accepter des services mal assortis et, avant tout règlement, nous attendons vos explications et vos propositions.

Comptant sur une prompte réponse, nous vous adressons, Messieurs, nos meilleures salutations.

Réponse

Messieurs,

Nous vous présentons toutes nos excuses pour les erreurs qui ont marqué l'expédition des dix services de table en faïence que vous avez commandés.

En cette période qui précède les fêtes, notre service d'expédition est débordé et, par ailleurs, nous avons dû remplacer pour cause de maladie deux ouvriers expérimentés et prendre à leur place des débutants.

Nous faisons toute diligence pour que vous receviez au plus tôt les pièces manquantes. Nous vous faisons remarquer toutefois que vous devez sans doute pouvoir reconstituer dans sa totalité l'ensemble Samadet et qu'il ne vous manque que six assiettes plates polychromes de Moustiers, qui vont vous parvenir incessamment.

Quant aux assiettes de Montpellier que vous n'aviez pas commandées, veuillez nous faire savoir si vous entendez les conserver aux prix du catalogue diminués de 10 % ou si vous préférez nous les renvoyer à nos frais.

Nous espérons que ce regrettable incident n'aura pas de suites fâcheuses sur nos relations et nous vous prions d'accepter, Messieurs, avec nos excuses réitérées, l'expression de nos sentiments bien dévoués.

187. Un représentant à l'étranger se plaint des livraisons

Caracas, le...

Messieurs,

Je me suis trouvé très surpris de recevoir de négociants de notre ville des plaintes relatives à des substitutions dans les articles de bonneterie achetés chez vous, les livraisons ne correspondant pas aux types proposés.

Pour l'exportation dans ce pays, je vous prie de vous rappeler la règle capitale suivante : la marchandise doit être en tout point conforme à l'ordre, aucun changement n'est toléré ; vous devez être en mesure d'expédier exactement le genre et la qualité que l'on demande et rien d'autre.

Je comprends bien que, dans le cas où vos stocks sont momentanément épuisés, vous essayiez de ne pas laisser échapper l'affaire en envoyant des articles de qualité approximativement égale. Cette pratique, qui est peut-être acceptable sur le marché intérieur, est absolument condamnable à l'exportation. En effet, vous avez affaire à des clients à l'esprit assez minutieux, qui sont très sensibles au sérieux et à la rigueur de certains de vos concurrents. Pour leur redonner confiance, une argumentation longue et patiente est nécessaire, et son effet se dissiperait bien vite si une nouvelle expérience se révélait également décevante. Veuillez donc accorder à ce sujet votre meilleure attention, afin d'éviter que nos affaires ne s'en ressentent sérieusement.

Je vous prie de croire, Messieurs, à l'assurance de mes sentiments distingués.

Réponse

Roubaix, le...

Monsieur,

Nous avons pris bonne note de vos observations sur l'irrégularité prétendue de nos livraisons. Nous ne mettons pas en doute votre information : il se peut que, dans certains cas, nous ayons été amenés à remplacer certains articles manquants par d'autres d'une valeur équivalente. Mais nous vous faisons noter, d'une part, que cette substitution a toujours été indiquée sur la facture et qu'il n'y avait donc pas tromperie, d'autre part, que le fait s'est produit très rarement, pour des quantités minimes, et que la réclamation, justifiée à l'origine, a été démesurément grossie par nos concurrents. La vérification de nos expéditions nous permet de dire que de tels incidents n'ont pu se produire que lorsque vos ordres urgents ne nous étaient parvenus que trop tardivement, en raison sans doute de délais postaux inaccoutumés, pour que nous soyons en mesure de recompléter nos stocks. Nous avons donc cherché avant tout à vous donner satisfaction, vaille que vaille.

Ce sont là des arguments que vous n'aurez sans doute pas trop de peine à faire admettre à vos clients. Dans tous les cas, vous avez eu grandement raison de nous signaler ces difficultés qui, nous l'espérons, ne se reproduiront plus, et nous vous en exprimons notre vive reconnaissance.

Veuillez croire, Monsieur, à nos très sincères salutations.

188. Pour réparer une erreur d'expédition

Rouen, le...

Monsieur,

Par votre lettre du ..., vous nous avez fait savoir que 25 caisses de maquereaux avaient été livrées de Marseille à M. Dupin à Barneville, à la place des 25 caisses de sardines qu'il avait commandées. Nous vous adressons donc à son intention un bon de livraison PD 827 pour 25 caisses de sardines qu'il devra remettre à notre transitaire à Marseille, M. Boreau.

De notre côté, nous avisons le transitaire de nous débiter de tous frais de dédouanement et du transport par messagerie de Marseille à Barneville.

Nous vous remercions, et nous remercions M. Dupin, d'avoir pu obtenir que les 25 caisses de maquereaux restent en entrepôt à notre disposition dans ses magasins à Barneville.

Recevez, Monsieur, nos salutations empressées.

Les diverses réclamations que nous avons envisagées jusqu'ici se résolvent généralement par la simple négociation, la marchandise restant chez le client. Dans certains cas, pourtant, elle doit être retournée chez le fournisseur, le plus souvent à l'amiable, à la suite d'accords antérieurs, mais quelquefois aussi à la suite de refus.

189. Reprise d'invendus

Limoges, le...

Monsieur,

D'après les conditions auxquelles vous avez bien voulu souscrire, vous devez nous faire retour, avant l'expiration du délai de deux mois, des articles qui ne seraient pas de votre vente.

Pour vous éviter ce souci, nous avons décidé que nos voyageurs procéderaient eux-mêmes à ces reprises ou échanges, et qu'aucune marchandise ne serait débitée ferme ni aucune traite mise en circulation avant que notre représentant vous ait rendu visite.

Toujours dévoués à vos ordres, nous vous prions d'agréer, Monsieur, nos sentiments distingués.

190. Pour faire rentrer des stocks invendus

Vierzon, le...

Monsieur,

Il y a quelque temps, vous avez bien voulu accepter que je mette en dépôt dans vos magasins une certaine quantité d'outillage pour vous permettre de satisfaire immédiatement aux commandes de vos clients.

Je remarque que, dans le stock ainsi constitué, figurent beaucoup d'appareils à tarauder et que l'écoulement de ces outils tout à fait spéciaux est assez rare chez vos clients. Si vous n'y voyez pas d'inconvénient, je vous serais reconnaissant de vouloir bien me retourner les appareils à tarauder dont vous n'avez pas la vente courante, afin de m'éviter de mettre de nouveaux appareils en fabrication.

Croyez, je vous prie, Monsieur, à mes sincères salutations.

191. Refus de recevoir des marchandises

Toulouse, le...

Messieurs,

Les vingt sacs de café expédiés par vos soins le ... sont bien arrivés, mais, après avoir ouvert plusieurs sacs, nous nous croyons autorisés à refuser cette marchandise.

Non seulement, en effet, la fève est de qualité très inférieure au type pour lequel nous avons passé commande, mais la seule apparence et, *a fortiori*, le goût nous empêcheraient de vendre ce café, même à bas prix, sans mécontenter gravement notre clientèle.

Nous tenons donc ces vingt sacs à votre disposition en vous priant de nous faire connaître, au plus tard avant la fin du mois, la destination que nous devons leur donner.

Nous vous prions d'agréer, Messieurs, avec nos regrets, nos salutations distinguées.

192. Autre refus

Nîmes, le...

Messieurs,

Nous avons reçu ce jour les quatre caisses de blouses de dames faisant l'objet de votre facture du ... et nous sommes extrêmement surpris que vous nous ayez expédié des marchandises aussi défectueuses.

Les dentelles sont faites à la machine et non à la main ; le linon n'est pas conforme au type soumis, et certaines pièces sont franchement défraîchies.

Nous estimons ces marchandises inacceptables ; nous vous retournons donc les quatre caisses en port dû et nous annulons votre facture.

Veuillez agréer, Messieurs, nos sincères salutations.

Rapports avec les transporteurs

Comme nous venons de le voir, nombre de réclamations portent sur les conditions de transport des marchandises : délais non respectés, emballages insuffisants, erreurs de livraison, etc. Il est donc nécessaire de dresser un tableau rapide des obligations qu'entraîne, pour les diverses parties, le transport des marchandises, afin de situer par rapport à une réalité d'ensemble les modèles de lettres qui suivront.

Le contrat de transport est un contrat par lequel une personne appelée, selon le terme ancien, *voiturier* ou, plus fréquemment aujourd'hui, *transporteur*, s'engage à transporter en un lieu déterminé, dans un délai fixé et moyennant un prix convenu une marchandise qui lui est remise par un expéditeur et qu'elle doit remettre au destinataire.

Le voiturier doit tenir registre des marchandises dont il se charge, les transporter dans les délais fixés, veiller à leur conservation durant le transport et les remettre intactes au destinataire. Il est donc responsable de la perte, des avaries et des retards. Sa responsabilité n'est dégagée qu'en cas de force majeure (une inondation, par exemple, mais pas un accident) ou de faute de l'expéditeur.

L'expéditeur doit remettre les marchandises bien emballées, accompagner l'expédition de toutes les pièces nécessaires (régie, douane, etc.) et payer le prix du transport si celui-ci est stipulé *port payé*.

Il convient de noter que le transport des boissons est soumis à une réglementation particulière. Sauf à l'intérieur de la ville de Paris, aucun transport de boissons alcoolisées ne peut s'effectuer sans un titre de mouvement, qui précise l'espèce, la quantité, le degré, la date de l'enlèvement, les lieux d'enlèvement et de destination, le nom et l'adresse du destinataire et de l'expéditeur, enfin le mode de transport et sa durée. Ces titres sont de nature diverse :

• Le *congé* est délivré par les Contributions indirectes lorsque les droits de consommation et de circulation sont payables à l'enlèvement. Il est utilisé pour les expéditions du producteur aux détaillants ou aux consommateurs et pour les transports assurés par le particulier.

• Le *laissez-passer* est utilisé pour les expéditions effectuées par les détaillants.

• L'*acquit-à-caution* est utilisé pour l'expédition des boissons dont les droits sont payés à l'arrivée. L'expéditeur reçoit alors une décharge, qu'il remet aux Contributions indirectes.

Le destinataire doit prendre livraison de la marchandise après vérification et formuler ses réserves dans les trois jours, soit par lettre recommandée au voiturier, soit par huissier. S'il ne prend pas livraison dans les délais prévus, la marchandise peut être emmagasinée à ses frais.

La preuve du contrat de transport réside dans la *lettre de voiture*. C'est un écrit sous seing privé, indiquant les conditions du transport. Elle peut prendre la forme d'un bulletin d'expédition, d'un récépissé ou d'un connaissement.

Le transport peut se faire par chemin de fer, par route ou par voie maritime ou aérienne.

Par fer, le transport est assuré, jusqu'à cinq tonnes, par le Service national des messageries de la S. N. C. F. (SERNAM). Au-delà de cinq tonnes, la S. N. C. F. l'assure directement par wagons ou par rames. Les tarifs sont officiellement homologués par les pouvoirs publics. Ils sont établis d'après des barèmes qui tiennent compte du poids, de la distance et de la nature de la marchandise.

Pour les transports routiers, la marchandise doit être accompagnée par un *bon de remise* (qui remplace l'ancien carnet de bord). Il précise la date du transport, le nom et l'adresse de l'expéditeur et ceux du destinataire, les lieux de chargement et de déchargement, la nature, le poids et le volume de la marchandise. Les prix sont établis en fonction de la nature et du tonnage de la marchandise, de la distance à parcourir et de la localité destinataire classée d'après la possibilité de fret de retour.

Pour les transports maritimes, le contrat de transport s'appelle *connaissement*. Il est établi en quatre exemplaires, remis séparément au chargeur, au destinataire, au capitaine et à l'armateur. On lui adjoint un *manifeste*, nomenclature, visée par les douanes, des marchandises formant la cargaison.

Pour les transports aériens, l'expéditeur établit une déclaration d'expédition et une déclaration pour la douane ; les agents de la compagnie établissent une lettre de transport aérien et le commandant de bord signe le manifeste.

Relations avec les transporteurs par chemin de fer

193. Demande de tarifs à la SNCF

Direction commerciale de la S. N. C. F.
88, rue Saint-Lazare,
75009 Paris

Messieurs,

Pour établir nos prix, nous avons besoin de connaître les tarifs de transport par train complet et wagon isolé applicables aux expéditions de produits métallurgiques (tarif n° 14) de Dunkerque sur l'Italie, et en particulier sur les gares de Modane et de Vintimille.

Nous vous prions de nous faire connaître ces tarifs en nous renseignant également sur les distances.

Avec nos remerciements anticipés, veuillez agréer, Messieurs, nos salutations distinguées.

194. Demande de prix de transport pour des marchandises

Monsieur,

Je vous prie de bien vouloir me faire connaître le prix de transport à la tonne des coquilles isolantes composées de laine minérale (vraisemblablement tarif n° 18). Ces coquilles voyagent emballées en caisses et leur poids spécifique est de 160 kg le mètre cube.

La gare expéditrice serait invariablement Turin (Italie) et j'aimerais connaître le prix de transport de cette gare à Paris ou, si vous n'avez pas les tarifs italiens, de la gare frontière à Paris.

Je vous serais également reconnaissant de me faire établir (contre remboursement) un barème des tarifs à payer pour ces coquilles de 50 km en 50 km et de gare en gare, jusqu'à 700 km, et de m'indiquer le supplément à ajouter pour expédition sur branchement particulier.

Dans l'attente de votre réponse, je vous prie de croire, Monsieur, à mes bien sincères salutations.

195. Demande de wagons de chemin de fer

Monsieur le chef de gare principal
au Havre.

Monsieur,

J'attends le mardi 5 ... le cargo *Falkland*, chargé pour moi d'environ trois cents tonnes d'anthracite à mettre sur wagons.

Le débarquement devant commencer le jour même de l'arrivée du bateau, je vous prie de bien vouloir mettre à ma disposition dès le lendemain à la première heure :

— Vingt wagons de dix tonnes pour expédition sur Rennes, au tarif spécial n° 7, prix ferme du Havre à Rennes ;

— Dix wagons de dix tonnes pour expédition sur Alençon, même tarif, prix ferme du Havre à Alençon.

Vous voudrez bien me faire aviser, aussitôt qu'il vous sera possible, de l'heure à laquelle ces wagons seront amenés à quai.

Je vous prie d'agréer, Monsieur, l'expression de mes sentiments distingués.

196. Demande de réduction pour un voyage en groupe

Monsieur le Directeur de l'exploitation
S. N. C. F. - Sud-Est
88, rue Saint-Lazare, 75009 Paris

Grenoble, le...

Monsieur le Directeur,

Nous avons l'honneur de solliciter de votre bienveillance une réduction sur le prix du billet aller et retour Paris-Grenoble, 1re classe, pour un groupe de vingt personnes qui se proposent de venir en Dauphiné du 11 au 15 juillet prochain.

Dans l'attente d'une réponse favorable, nous vous prions d'agréer, Monsieur le Directeur, l'expression de nos sentiments respectueux.

197. Demande de facilités de transport pour les exposants d'une foire

Le Président du Comité
de la foire de Bourg à Monsieur le Directeur général
de la S. N. C. F. Paris

Monsieur le Directeur général,

J'ai l'honneur de porter à votre connaissance que la prochaine foire-exposition de Bourg se déroulera du 26 juin au 3 juillet prochains.

Vous avez bien voulu, pour les cinq précédentes foires, accorder aux exposants des facilités de transport, notamment la gratuité au retour pour les produits exposés non vendus.

La manifestation de cette année, prévue avec plus d'ampleur, ne manquera pas d'attirer à Bourg de nombreux éleveurs et agriculteurs des régions environnantes.

C'est pourquoi je vous demande, Monsieur le Directeur général, de bien vouloir nous accorder les mêmes avantages que précédemment. J'espère que vous voudrez bien examiner avec bienveillance la présente requête et l'accueillir favorablement.

Je vous en remercie très sincèrement à l'avance et vous prie d'agréer, Monsieur le Directeur général, l'expression de mes respectueux sentiments.

198. Réclamation adressée au chemin de fer (par lettre recommandée)

Nemours, le...

Monsieur le chef de gare,

Je viens d'être informé qu'il est arrivé hier en gare de ... un chargement de 50 sacs d'engrais chimiques qui m'ont été expédiés par la maison Duval, de B..., le 1er octobre dernier, ainsi qu'en fait foi le récépissé de la déclaration d'expédition, que je tiens à votre disposition.

C'est donc un retard de trois semaines qui se trouve être imputable à la S. N. C. F. et, du fait de ce retard, j'éprouve un sérieux préjudice. Je devais employer cet engrais lors des derniers labours, qui sont aujourd'hui complètement terminés. En conséquence, je demande en réparation du dommage qui m'a été causé une indemnité de ...F.

Veuillez agréer, Monsieur le chef de gare, l'assurance de mes sentiments distingués.

199. Réclamation en cas d'avarie

Monsieur le chef de gare,

Le SERNAM m'a livré ce matin une caisse de douze douzaines d'huîtres en provenance de Morlaix. Visiblement, cette caisse a été ouverte pendant le transport. Une vérification faite en présence du livreur a montré qu'il manquait une douzaine et demie d'huîtres. Il ne s'agit donc pas d'une avarie, causée par un cas de force majeure, mais bien d'un véritable vol.

Je me crois donc fondé à demander le remboursement des marchandises manquantes, au prix de la facture qui accompagnait la livraison. En exigeant ce remboursement, j'espère vous fournir une raison de déclencher une enquête, car les vols ont en réalité tendance à se multiplier.

Comptant sur votre diligence, je vous prie d'agréer, Monsieur le chef de gare, l'assurance de mes salutations distinguées.

200. Réclamation en cas de perte totale

Monsieur,

J'attendais des établissements Moulinex, à Alençon, douze colis de produits divers pour le 15... (date limite du délai réglementaire). Ces colis ne m'étant point parvenus, je vous ai signalé le retard, sans recevoir de réponse. Un mois s'est écoulé depuis et je me crois fondé à considérer ces colis comme perdus.

Leur valeur s'élevait à ...F, ainsi qu'en témoigne la facture ci-jointe. Je serais donc très obligé à la S.N.C.F. de me dédommager au plus tôt.

J'ajoute que ces produits étaient destinés à la vente et déjà promis à des clients. Je serai donc amené à réclamer une indemnité pour le préjudice causé dès que l'origine de la perte aura été établie.

Croyez, je vous prie, Monsieur, à l'expression de mes sentiments distingués.

Rapports avec les transporteurs routiers

Dans la pratique, lorsqu'il ne s'agit pas d'une expédition très importante, la lettre de voiture est remplacée par un simple récépissé en deux exemplaires : l'original, timbré, est remis à l'expéditeur, le duplicata, au destinataire ; le transporteur conserve la souche.

201. Modèle de récépissé

En-tête du transporteur	Timbre N° du bordereau et date

Expéditeur

Nombre	Nature	Poids	Port payé ou dû	Détail des frais
				Transport
				Débours
				Remboursement
				Frais remboursement
				Timbre
				Taxes
				Total

Destinataire

Ce récépissé tient lieu de facture.

202. Demande de prix à une agence de transports

Marseille, le...

Messieurs,

Nous allons commencer prochainement, à une cadence trimestrielle et pour plusieurs années, des expéditions de caisses de savon et de parfumerie depuis nos usines de Marseille jusqu'à Rennes et Lille.

Nous serions heureux de connaître vos meilleurs prix de transport. La cadence régulière de nos expéditions devrait vous permettre de nous consentir des conditions intéressantes.

Une prompte réponse nous obligerait.

203. Réclamation pour marchandises égarées

Montauban, le...

Messieurs,

Les marchandises dont vous nous aviez annoncé le départ le 8 octobre ne nous sont pas encore parvenues aujourd'hui 29. Nous sommes donc fondés à les considérer comme égarées et à vous demander soit le remboursement, avec un dédommagement pour le préjudice causé par ce retard, soit une nouvelle expédition dans les meilleurs délais. Toutefois, comme nous n'avons pas l'intention de payer une nouvelle fois les frais de transport, vous pourriez peut-être, pour éviter les frais, nous adresser une nouvelle facture certifiée, avec des prix majorés.

En espérant que cette solution vous paraîtra acceptable, nous vous prions d'agréer, Messieurs, nos sentiments distingués.

Réponse

Belfort, le...

Messieurs,

En réponse à votre lettre du 29 octobre, nous vous remettons ci-inclus récépissé et copie certifiée de facture des marchandises expédiées, comme convenu, le 8 octobre et qui, ne vous étant pas parvenues, sont considérées comme égarées dans votre lettre.

Nous devons vous préciser que l'envoi a été effectué en port dû, à vos risques et périls, et que, dans ce cas, c'est au destinataire seul qu'il appartient de faire la preuve du préjudice subi et de demander au transporteur des dommages et intérêts.

Par ailleurs, nous regrettons de ne pouvoir vous délivrer, comme vous le demandez, une facture certifiée à des prix majorés : ce serait nous rendre coupables de faux en écritures. Veuillez observer, du reste, que, pour vérifier le bien-fondé de votre plainte, le transporteur pourrait exiger la présentation de nos livres et que des poursuites judiciaires s'ensuivraient inévitablement.

Nous vous présentons, Messieurs, nos salutations très sincères.

204. Réclamation pour un manquant

Monsieur,

Vos services ont livré ce matin à mon domicile cinq caisses de vin expédiées par la maison Chandeilh à Béziers. Or, la facture qui accompagnait ces caisses en mentionnait six. J'ai fait auprès du livreur les réserves d'usage, d'autant plus aisément que ces caisses étaient numérotées RCB 1, 2, 3, 5, 6, et que manquait le n° RCB4.

Je vous serais donc fort obligé de faire rechercher au plus tôt la caisse manquante, qui a pu rester en souffrance dans l'un de vos magasins. Si elle n'était pas retrouvée dans la semaine, je serais contraint, à mon grand regret, de vous en demander le remboursement.

Agréez, Monsieur, mes sincères salutions.

Réponse du transporteur

Messieurs,

En dépit de nos recherches, il n'a pas été possible de retrouver la caisse de douze bouteilles de vin manquant dans le lot que nous vous avons livré pour le compte de la maison Chandeilh à Béziers. Le récipissé qu'elle nous a présenté prouve effectivement que cette caisse a été expédiée. Nous reconnaissons cette disparition et sommes prêts à vous en dédommager. Veuillez seulement nous faire parvenir la facture correspondant à votre commande.

En vous priant de nous excuser de cet incident, nous vous adressons, Messieurs, l'expression de nos sentiments dévoués.

Rapports avec les transporteurs maritimes

Les transports par mer sont généralement importants par leur volume ou leur quantité, et leur prix. Aussi les lettres qui leur sont consacrées doivent-elles être particulièrement détaillées et explicites, d'autant que les formalités sont fréquemment nombreuses et compliquées par les questions douanières.

Le commerce maritime utilise plus que les autres la formule de la consignation.

On appelle *consignataire* le destinataire qui reçoit les marchandises non pas pour son compte, mais pour les répartir entre plusieurs personnes dénommées. Il déduit du montant de la vente, sur le compte de vente, ses frais divers, sa commission (y compris, le cas échéant, le ducroire, c'est-à-dire la commission supplémentaire accordée en échange de la garantie de la créance) et les sommes qu'il a pu avancer au commettant pour diverses opérations.

205. Demande d'affrètement d'un navire

Angoulême, le...

Messieurs,

Nous vous prions, par la présente, d'affréter pour notre compte un cargo français ou norvégien en bon état, de 4000 à 5000 tonneaux de jauge, pour charger à Bergen une cargaison de bois à destination de Bordeaux.

Nous ne pouvons dépasser le prix de ... F la tonne, droits de port, remorquage et tous autres frais compris ; seule l'assurance de la marchandise est à notre compte ; le chargement et le déchargement nécessiteront chacun huit jours de planches ; le navire devra se mettre en route dans quinze jours au plus tard.

Confiants dans vos bons soins habituels, nous vous prions d'agréer, Messieurs, l'expression de nos meilleurs sentiments.

206. Commande de transport maritime

Messieurs,

Nous vous confirmons notre entretien téléphonique au sujet d'un transport sur Yokohama.

Nous vous confions donc le transport de 2 000 kg net de gomme sandaraque du Maroc, emballée en barils, au taux de ... F par tonne de 1 000 kg depuis caf Marseille jusqu'à bord Yokohama, c'est-à-dire tous frais de transbordement à Marseille compris.

Cette marchandise nous est due caf Marseille par M. Bouchacour : boîte postale 25 à Essaouira (Maroc). Nous vous informerons ultérieurement du nom du navire et de la date exacte de l'embarquement et vous remettrons les connaissements aussitôt qu'ils seront en notre possession, pour vous permettre de procéder au transbordement.

Les connaissements de Marseille sur Yokohama devront être établis en deux originaux et deux copies non négociables, avec la clause « livraison sous palan » et la mention : « Veuillez avertir MM. Emoto et Cie, Tokyo. »

Veuillez agréer, Messieurs, l'assurance de nos sentiments distingués.

207. Demande d'avis de transbordement

Monsieur,

Par votre lettre du ..., vous avez bien voulu nous faire connaître que les cinquante potiches de mercure voyageant pour notre compte sur le s/s *Patrie* en provenance d'Alicante seraient transbordées à votre port sur le s/s *Gironde* le 25 courant.

Veuillez nous confirmer ce transbordement et nous faire parvenir votre certificat habituel.

Nous vous remercions à l'avance et vous prions d'agréer, Monsieur, nos très sincères salutations.

208. Instructions à des transitaires au sujet d'un arrivage

Messieurs,

Etant avisés par nos amis de Londres de l'embarquement d'un lot de 25 caisses de saumon « Super » sur le s/s *Oregon*, attendu demain, 26 courant, à Anvers, nous avons l'avantage de vous remettre sous ce pli les documents suivants :

Connaissement n° 21 (orig.)
Police d'assurance n° 880 435 (orig.)

Nous vous prions de bien vouloir prendre livraison de ces caisses aux docks de la Compagnie de navigation pour le compte de la société Berghem et Cie, 43, rue Laeken, Bruxelles, qui vous donnera toutes instructions complémentaires d'expédition.

Par prochain courrier, nous vous adresserons duplicata du connaissement et de la police d'assurance.

Recevez, Messieurs, nos meilleures salutations.

209. Avis d'arrivage à des acheteurs

Messieurs,

Nous référant à notre lettre du 24 courant, GM 1825, nous vous remettons sous ce pli :

Facture n° 227 de 115 livres 12 shillings
Contrat PD 421

concernant les 25 caisses de conserves de saumon « Super », embarquées à Londres sur le s/s *Oregon* attendu à Anvers demain 26 courant.

Selon vos instructions, nous avons adressé ce jour par express à M. Keller, 40, avenue Léopold, Anvers, les documents afférents à cette expédition en le priant de bien vouloir en prendre livraison aux docks de la Compagnie de navigation pour votre compte et d'attendre vos instructions complémentaires.

Croyez, Messieurs, à nos sincères salutations.

210. Offre d'envoi de tissus en consignation

Tourcoing, le...

Messieurs,

M. Langlois, directeur de la succursale du Crédit parisien à Rio de Janeiro, nous a recommandé votre maison et nous nous permettons de vous demander s'il vous conviendrait de recevoir nos consignations de tissus en tous genres, et plus spécialement les soieries et lainages de haute mode.

Si cette proposition vous agrée, veuillez nous adresser un compte de vente simulé, afin de nous renseigner sur les frais et usages de votre port. Vous y porteriez une commission de 5 % qui est notre condition habituelle (commission élevée à 8 % sur certains articles spéciaux dont nous vous donnerons la liste) et, comme à tous nos consignataires d'Amérique, nous vous demanderions d'être ducroire contre une commission supplémentaire de 2 %.

Nous vous envoyons par le s/s *Bahia*, qui quittera Bordeaux le 15 courant, un petit lot d'essai, dont vous trouverez facilement le placement, nous l'espérons, parmi votre nombreuse clientèle.

Espérant que notre offre vous paraîtra intéressante et que des relations durables et réciproquement favorables s'établiront entre nous, nous vous prions d'agréer, Messieurs, nos sentiments très distingués.

Réponse

Rio de Janeiro, le...

Messieurs,

Nous nous empressons de répondre à votre lettre du ... M. Langlois nous avait déjà parlé de votre estimable maison et nous avait préparé à recevoir votre offre, que nous acceptons avec le plus grand plaisir, en vous assurant que nous ferons tous nos efforts pour établir avec vous un courant d'affaires important et justifier la confiance dont vous voulez bien nous honorer.

Le s/s *Bahia* est attendu dans notre port à la fin de la semaine. Nous examinerons attentivement les marchandises consignées et les soumettrons à plusieurs clients, détaillants et maisons de couture, qui ont déjà été prévenus par nos soins. Si, comme nous l'espérons, nous trouvons preneur aussitôt, nous vous enverrons un premier compte de vente réel, qui nous dispensera de vous envoyer le compte simulé que vous nous demandez et vous renseignera complètement sur les conditions, usages et taxes de notre place.

Nous vous prions d'agréer, Messieurs, l'assurance de nos sentiments distingués.

211. Annonce d'une consignation et rappel des conditions de paiement

Monsieur,

J'ai l'honneur de vous informer que j'ai pu affréter un navire pour vous envoyer en consignation un chargement de peaux, de cuirs, de fourrures, de caoutchouc et de bois précieux.

Comme d'habitude, je me couvrirai, par une traite à trois mois, des trois quarts du montant des prix de facture et, au fur et à mesure des ventes, dont vous voudrez bien me faire tenir le compte, vous aurez l'obligeance de m'envoyer le solde après avoir déduit du produit brut de chaque vente vos frais et débours (déchargement, douane, camionnage, magasinage, assurance, etc.), les courtages ou commissions que vous aurez dû verser et votre propre commission de 5 %, plus votre ducroire de 2,5 %.

J'espère que cette expédition vous arrivera à bon port et en bon état et que vous trouverez une vente facile.

Recevez, Monsieur, mes très cordiales salutations.

Rapports avec les banques

Les relations épistolaires avec les banques sont le plus souvent réduites au minimum. En effet, quand il s'agit d'opérations de routine, l'intéressé n'a guère qu'à remplir un imprimé ou un formulaire déjà établi par la banque. Quand il s'agit d'opérations plus complexes, telles que les demandes de crédit, un entretien est toujours nécessaire et la correspondance se borne en général à en confirmer les grandes lignes. Toutefois, les rapports avec les banques tiennent une place si essentielle dans la vie des entreprises qu'il est bon tout de même de donner quelques indications.

Il faut savoir qu'en principe n'importe quelle banque ne fait pas n'importe quoi. Aux termes de la loi « les banques sont des entreprises ou établissements qui font profession habituelle de recevoir du public, sous forme de dépôts ou autrement, des fonds qu'ils emploient pour leur propre compte, en opérations d'escompte, en opérations de crédit ou en opérations financières ». Cette définition indique bien la triple spécialisation des banques.

Il y a des *banques de dépôts*, qui reçoivent les fonds de leurs clients et leur accordent des crédits à court terme, surtout sous forme d'escompte. Elles sont bien connues : Banque nationale de Paris, Société Générale, Crédit Lyonnais, etc.

Il y a des *banques de crédit*, qui accordent des crédits à long et moyen terme en échange de certaines garanties : ce sont, par exemple, le Crédit foncier, la Banque d'escompte, le Crédit agricole qui, du reste, joue également le rôle d'une banque de dépôts et ne s'adresse pas uniquement aux agriculteurs.

Il y a enfin des *banques d'affaires*, dont l'activité principale est de prendre des participations dans les entreprises à l'aide des fonds déposés pour plus de deux ans par les particuliers. La Banque de Paris et des Pays-Bas, la Banque de l'Indochine en sont des exemples bien connus.

Selon ses besoins, le client s'adressera à un des types de banque plutôt qu'aux autres bien que, dans la pratique, les distinctions que nous avons indiquées ne soient pas absolument rigoureuses. Plusieurs établissements de crédit ont multiplié les ouvertures de guichets afin de se procurer de l'argent et rivalisent avec les banques de dépôts qui, elles-mêmes, n'hésitent pas à accorder des crédits à long terme et à imaginer les types de prêt les mieux adaptés aux besoins de leur clientèle.

Disons donc seulement, en nous plaçant dans l'optique d'un petit ou moyen entrepreneur, que, s'il désire obtenir des fonds pour financer construction et réparations, il s'adressera plutôt au Crédit foncier ; pour des investissements productifs au Crédit national ; pour des opérations d'importation ou d'exportation à la Banque française du commerce extérieur. Les agriculteurs font fréquemment appel au Crédit agricole, les artisans au Crédit artisanal, mais il ne leur en est pas fait obligation.

Il n'est pas possible d'envisager toutes les occasions où il est nécessaire de recourir aux services d'une banque. Nous allons donc nous borner à présenter quelques modèles de pratique courante.

Le compte en banque

Toute personne considérée juridiquement comme « capable » peut demander l'ouverture d'un compte en banque. Les femmes mariées possèdent aujourd'hui le plein exercice de leurs capacités civiles ; chaque époux peut donc se faire ouvrir, même sans le consentement de l'autre, un compte en son nom personnel. Ils peuvent également demander un *compte joint*, c'est-à-dire un compte ouvert au nom de deux ou plusieurs titulaires, chacun disposant librement des fonds et des titres qui y sont déposés.

Les formalités à remplir pour l'ouverture d'un compte varient selon qu'il s'agit d'une personne physique ou morale et, dans ce cas, selon la nature de la société.

Pour les particuliers, les pièces courantes d'identité suffisent ; pour les commerçants et les artisans, il faut y joindre un extrait du registre du commerce ou du registre des métiers. Pour les associations et sociétés civiles, il faut présenter l'acte constitutif et les statuts, et en outre, pour les sociétés commerciales, l'extrait du registre du commerce et un exemplaire du Journal d'annonces légales, plus, pour les sociétés anonymes, les délibérations de l'assemblée générale et du conseil d'administration.

La banque peut toujours refuser l'ouverture d'un compte ou demander des garanties.

Le fonctionnement du compte peut prendre fin soit par la volonté d'une des parties, soit en raison d'un événement fortuit (décès, incapacité, faillite du client, etc.).

Un créancier peut faire procéder, par ministère d'huissier, à une *saisie-arrêt* qui bloque le compte.

Dès l'ouverture d'un compte, la banque remet au titulaire un carnet de chèques. Le chèque est un ordre écrit, donné par le titulaire à la banque, d'avoir à payer une somme déterminée au profit d'une personne désignée ou même du simple porteur. Le bénéficaire pouvait autrefois remettre le chèque à une autre personne en l'endossant, c'est-à-dire en le signant au verso. Cette pratique a subi depuis 1979 de sérieuses restrictions. Les banques délivrent normalement des carnets de chèques barrés et non endossables que le bénéficiaire est tenu de verser à son compte. Il peut obtenir des chèques endossables, mais ceux-ci sont alors soumis à un droit de timbre et tous les mouvements de fonds sont communiqués aux contributions. Si le paiement du chèque est refusé par la banque, le compte n'étant pas suffisamment approvisionné, le bénéficiaire peut faire constater le refus par un huissier : c'est le *protêt*, qui permet d'engager les poursuites légales contre le titulaire du compte. Toute personne qui émet un chèque sans provision peut se voir refuser tout chéquier pendant un an, indépendamment des poursuites.

212. Demande d'ouverture d'un compte en banque pour une société anonyme

Paris, le...

Monsieur le Directeur
de la Société générale
22, rue de Mirepoix
75009 Paris

Monsieur le Directeur,

Nous vous prions de bien vouloir ouvrir sur vos livres un compte au nom de la S. A. Cofitex, domiciliée 15, rue Hallouin, à Roubaix (59).

Nous vous confirmons que, conformément à nos accords de ce jour, ce compte constituera un compte courant, comportant la possibilité de remises réciproques et dont toutes les opérations se traduiront en articles de crédit et de débit destinés à se balancer, lors de l'arrêté du compte, en un solde qui fera seul apparaître une créance ou une dette exigible.

Vous voudrez bien trouver ci-joint :
- un extrait du registre du commerce ;
- un exemplaire du Journal d'annonces légales indiquant la création de notre société ;
- une copie certifiée des statuts ;
- le texte des délibérations de l'assemblée générale et du conseil d'administration donnant pouvoir pour demander l'ouverture du compte ;
- les pièces d'identité de toutes les personnes autorisées à signer.

Dès que notre compte aura été ouvert par vos soins, nous vous prions de nous faire parvenir un carnet de 100 chèques barrés avec souche.

Veuillez agréer, Monsieur le Directeur, l'expression de mes sentiments distingués.

A Roubaix, le ...

213. Demande de carnet de chèques

Paris, le...

Crédit industriel
et commercial
5, rue d'Amsterdam
75008 Paris

Monsieur,

Afin de m'éviter de passer à votre banque, je vous serais très obligé de m'envoyer une formule de demande pour cinquante chèques barrés grand format et de faire porter le montant des frais au débit de mon compte, nº...

Vous me rendriez service en réduisant au minimum les délais d'impression et de préparation des chèques.

Recevez, Monsieur, mes sincères salutations.

214. Ordre de virement

Senlis, le...

Crédit du Nord
3, avenue de Suffren
60300 Senlis

Monsieur,

Veuillez faire virer du crédit de mon compte nº 034256/25 la somme de 55 300 F (cinquante-cinq mille trois cents francs) au crédit du compte nº 145367/19 de M. Paul Riboud, à l'agence BA de votre société.

Croyez, Monsieur, à mes salutions distinguées.

La *lettre de change,* ou traite, est un ordre écrit, donné à un débiteur, d'avoir à payer entre les mains d'une personne définie une certaine somme à terme. Elle doit comporter plusieurs mentions : la dénomination de lettre de change, l'ordre de payer une somme inscrite en chiffres et en lettres, la date de création et celle de l'échéance, le nom du tiré et le lieu de paiement, la signature du tireur. Elle est ensuite présentée à l'acceptation du tiré, qui la signe au recto, à gauche, en portant généralement la mention « acceptée ». S'il refuse l'acceptation, le tireur peut recourir au protêt.

L'usage de la traite est moins étendu que celui du chèque : elle ne peut être tirée que par un commerçant sur un autre commerçant, et le tireur doit avoir fourni la marchandise. La traite peut circuler, comme un chèque, par endossement. Elle est le plus souvent domiciliée chez un banquier choisi par le débiteur. Il est de bonne règle de l'aviser en temps utile des traites qu'il doit recevoir et payer.

215. Lettre de domiciliation

Besançon, le...

Crédit agricole
17, rue Danton
25000 Besançon

Messieurs,

Je vous prie de payer, dès qu'ils vous seront présentés, et de porter au débit de mon compte les effets suivants :

- une traite acceptée de 10 000 F à l'ordre de la société Legay frères, venant à échéance le 31/03 ;
- une traite de 58 000 F tirée par les établissements Juin sur la société Dintrans, pour laquelle j'ai donné mon aval le 12/01 et qui vient à échéance le 31/03.

J'espère que cette lettre vous parviendra assez tôt avant l'échéance pour que vous ne soyez pas obligé de me demander confirmation de l'ordre de paiement, car je serai dès la semaine prochaine à l'étranger.

Veuillez agréer, Messieurs, mes salutations distinguées.

La tenue du compte, en général, ne suppose guère de correspondance en dehors de quelques ordres très concis. Toutefois, des erreurs peuvent se produire, en dépit ou à cause du traitement informatique des données ; elles donnent naturellement lieu à des lettres de réclamation.

216. Demande d'explications

Châteaudun, le...

Banque populaire
2, place Gambetta
28200 Chateaudun

Monsieur,

Au reçu du relevé de mon compte le 28/03/79, j'ai été frappé par certaines anomalies, qui sont peut-être des erreurs, et au sujet desquelles je serais heureux d'avoir quelques explications.

J'ignore ce que peut être le virement reçu le 15/03, d'une valeur de 60,21 F, somme minime, mais apparemment surprenante.

Je suis plus surpris encore de ne pas y voir figurer un chèque de 2 500 F, qui m'a été remis par la société Irvam, et que j'ai déposé à votre banque le 22 ou le 23 mars dernier.

Je pense qu'il aura suffi de vous indiquer ces anomalies pour qu'elles disparaissent de mon prochain relevé.

Agréez, Monsieur, mes sincères salutations.

Réponse

Monsieur,

Nous avons l'avantage de répondre aux questions que vous nous posiez, à propos d'anomalies que vous aviez relevées sur votre compte dans votre lettre du 3/04/79.

Le virement de 60,21 F est un remboursement de la Sécurité sociale et il est curieux que vous n'en ayez pas été avisé ; mais peut-être n'y avez-vous pas prêté attention en raison de la faible importance de la somme.

Quant au chèque émanant de la société Irvam, il a bien été reçu à la date que vous indiquez, mais certaines lenteurs administratives, qui ne nous sont pas imputables, nous ont empêchés de le faire figurer sur votre relevé de fin de mois. Il figurera sur votre relevé du 8/04 et la situation sera ainsi parfaitement en ordre.

Nous vous prions d'agréer, Monsieur, avec nos regrets pour ce contre-temps, l'expression de nos sentiments distingués.

217. Réclamation

Romorantin, le...

Messieurs,

Vous me faites savoir que le chèque nº 1177601, d'une valeur de 30 000 F, ne peut être payé à la société Leroy, qui l'a présenté à l'encaissement le 22/11, faute de provision suffisante. J'en suis extrêmement surpris. Mon compte, effectivement, à la date du 8/11 était fort proche du découvert, mais il aurait dû, depuis, être crédité de 55 000 F, montant du chèque que la société Cadex m'a remis en règlement d'une facture et que je vous ai envoyé par la poste le 12/11.

Il me paraît fort improbable que les délais postaux aient dépassé dix jours et je croirais plutôt à une erreur de vos services.

Je vous serai donc fort obligé de procéder aux recherches nécessaires et, en attendant, de payer le chèque que vous avez refusé, afin de ne pas porter atteinte à mon crédit auprès de la société Leroy.

D'avance, je vous en remercie et vous prie de croire, Messieurs, à mes sincères sentiments.

Les opérations en Bourse

Les banques peuvent recevoir les *ordres de Bourse*. Elles ne jouent alors que le rôle de mandataire du donneur d'ordre. Elles transmettent ces ordres aux mandataires agréés (agents de change, courtiers, etc.). Aussi les lettres qui leur sont adressées en pareilles occasions doivent-elles être extrêmement précises.

218. Ordre d'achat de valeurs passé à une banque

Messieurs,

Je vous prie de bien vouloir acheter *au mieux*, à la Bourse de demain, pour être gardées à mon compte, vingt actions Ciments français, 2e tranche A, et de débiter du montant de l'opération et des frais mon compte, nº 153479/25.

Veuillez agréer, Messieurs, l'assurance de mes sentiments distingués.

219. Ordre de vente de valeurs

Messieurs,

Je vous prie de vendre à la Bourse de lundi prochain les actions suivantes, que j'ai en dépôt à votre banque, et dont vous trouverez ci-joint les récépissés datés et signés :

- 10 actions Tréfileries du Havre, au mieux ;
- 3 actions Ciments d'Indochine, au mieux ;
- 30 actions Huiles de pétrole, au prix minimum de 85 F.

Vous voudrez bien faire porter le montant de l'opération au crédit de mon compte, nº 153479/25 et m'en aviser.

Je vous passerai incessamment un ordre d'achat pour l'emploi de mon crédit disponible.

Veuillez agréer, Messieurs, mes bien sincères salutations.

Les opérations de Bourse peuvent être effectuées directement par l'intermédiaire d'un *agent de change*, auprès duquel le client dépose des fonds en couverture des opérations qu'il demande.

L'agent de change a plus de liberté que la banque à l'égard de son client ; il peut lui donner des conseils plus précis et, s'il en a reçu le pouvoir, il peut de lui-même engager des opérations qu'il juge profitables à son client, quitte à lui fournir ensuite le compte rendu de ses activités.

220. Lettre à un agent de change pour constituer une couverture et faire des opérations de Bourse

Paris, le...

Monsieur de Savigny
32, boulevard Haussmann
75008 Paris

Monsieur,

Sur la recommandation de M. X, qui est votre client depuis une vingtaine d'années, je me permets de vous proposer ce qui suit.

Je vous chargerai de quelques opérations à la Bourse de Paris (achat ou vente au comptant ou à terme) ; par retour du courrier, je vous solderai le montant des différences débitrices et vous porterez à mon crédit les différences en plus, qui seront tenues à ma disposition.

A la fin de chaque mois, vous m'enverrez un relevé de compte.

Comme garantie, je pourrais vous remettre 50 emprunts P. T. T. 8,25 % 1972, dont vous toucheriez et porteriez les coupons au crédit de mon compte.

Comptant que cette proposition vous agréera, je vous prie de recevoir, Monsieur, l'assurance de ma considération distinguée.

Le crédit bancaire

L'idéal, pour un banquier, serait de ne consentir de crédits qu'aux clients qui présentent les garanties maximales de remboursement. Mais les clients ne peuvent — ou ne veulent — pas toujours les fournir. Or, les entreprises ont toujours besoin d'argent, et les banques ont toujours besoin de clients. Elles doivent donc prendre le risque de consentir des crédits peu ou mal garantis, mais elles se le font payer. C'est ce qu'on appelle le *découvert en blanc*, qui peut prendre plusieurs formes :

- le prêt, que le client s'engage à rembourser en une ou plusieurs fois, à terme ;
- les facilités de caisse, qui sont des avances de courte durée, fréquemment renouvelées ;
- les découverts, qui peuvent être accordés oralement, quand le client est bien connu, ou par écrit. Dans ce cas, la banque fait signer à son client un billet à ordre du montant du découvert accordé et dont l'échéance coïncide avec celle de la facilité. Elle escompte le billet et en porte le crédit au compte du client ; à l'échéance, elle débite le billet et le restitue au client.

Les crédits ainsi accordés et les gages demandés au client font l'objet de discussions verbales, parfois âpres et complexes. La lettre ne vient qu'en confirmation de l'accord ou pour amorcer la négociation.

221. Demande de crédit en banque

Messieurs,

Depuis quelques années déjà, nous avons étendu aux pays de l'Amérique du Sud, Brésil et Argentine en particulier, nos opérations, précédemment limitées à l'Amérique du Nord ; les résultats ont été jusqu'ici en tous points satisfaisants.

Notre clientèle est de premier ordre ; toutefois, la longueur des crédits est un obstacle au plus ample développement de notre chiffre d'affaires, car nous devons conserver beaucoup de papier en portefeuille.

Nous venons donc vous demander à quelles conditions vous nous consentiriez un découvert de deux cent mille à deux cent cinquante mille francs (200 000 à 250 000), ainsi qu'un prêt sur deux ans d'un montant à négocier, mais qui ne devrait pas être inférieur à cinq cent mille francs (500 000). En outre, vu le grand nombre de vos succursales en Amérique du Sud, nous serions heureux de vous confier, moyennant commission d'usage, nos enquêtes et domiciliations.

Nous sommes prêts à vous fournir nos bilans des trois dernières années et tous les renseignements et références que vous pourriez souhaiter.

Dans l'espoir d'une réponse favorable, nous vous prions d'agréer, Messieurs, l'assurance de nos sentiments distingués.

Cette lettre a été suivie d'un entretien avec l'un des responsables de la banque, au cours duquel on est parvenu à un accord de principe, mais comportant des modalités différentes de celles qui avaient été initialement proposées. D'où la réponse suivante de la banque :

Messieurs,

Comme suite à votre lettre du ... et à votre entretien d'hier avec l'un de nos directeurs, nous avons étudié avec soin votre proposition et avons le plaisir de vous informer que nous serions disposés à vous accorder une ouverture de crédits aux conditions ci-après.

Nous vous consentirons, à partir du 1er ... prochain — sous déduction préalable de notre commission de 1,5 % — des avances mensuelles de cent mille francs (100 000), somme que nous ne pourrons dépasser sous aucun prétexte et que vous réserverez à l'extension de vos affaires en Argentine et au Brésil exclusivement.

Nous acceptons de faire pour vous les enquêtes ordinaires et de recevoir les domiciliations dans nos succursales.

Les garanties, la répartition des frais et les commissions seront discutées en détail lors de votre prochaine visite.

Nous espérons que cet arrangement recevra votre approbation et, en attendant confirmation, nous vous prions d'agréer, Messieurs, l'expression de nos meilleurs sentiments.

La banque peut rendre d'autres services dans le domaine du crédit. Elle peut accréditer un client auprès de ses agences ou lui accorder une lettre de crédit circulaire. Elle peut lui délivrer une carte de crédit permanente. Elle peut lui fournir une caution vis-à-vis du Trésor. Ces facilités entraîneront un courrier aussi divers que les formes qu'elles peuvent revêtir.

222. Pour recommander un client aux agences d'une banque

Paris, le...

Messieurs les Directeurs,

Nous avons l'honneur d'introduire auprès de vous M. Pierre Delmas, client de notre agence. Nous le recommandons à votre meilleur accueil et nous vous prions de vous mettre à sa disposition pour les renseignements qu'il pourra réclamer de votre obligeance.

Ces renseignements, strictement confidentiels, personnels et sans garantie de notre part, ne devront être fournis par vous que verbalement, M. Delmas s'engageant, s'il doit en faire usage pour lui-même, à ne pas indiquer de qui il les tient.

Cette lettre est valable pour une durée d'un an à compter de sa date.

Recevez, Messieurs les Directeurs, l'assurance de nos sentiments distingués.

223. Lettre de crédit circulaire

Banque nationale de Paris
Agence RT
à Brest

Messieurs,

Nous avons l'honneur d'accréditer auprès de vous, pour une somme de 1 200 000 F (un million deux cent mille), le porteur de cette lettre, M. Pierre Champ, associé de la maison Grosset, Champ et Cie, de notre ville.

Vous voudrez bien noter au verso de cette lettre vos paiements successifs, en tenant compte de tout paiement antérieur, et nous faire parvenir un duplicata des reçus, au fur et à mesure de vos versements. L'apurement des comptes se fera, comme de coutume, dans un délai d'un mois.

La présente lettre restera valable pendant un an à dater de ce jour.

Recevez, Messieurs, nos salutations distinguées.

224. Demande de carte de crédit

Je, soussigné (nom, prénom, adresse), demande à la Banque nationale de Paris de me délivrer une carte bleue « Visa ».

Je reconnais avoir pris connaissance des conditions de fonctionnement de la carte bleue, déclare y adhérer sans réserve et assumer la responsabilité entière de l'utilisation de la carte délivrée jusqu'à sa restitution à la Banque.

Cette carte sera établie à mon nom, exclusivement. Les frais éventuels de fabrication ou autres seront imputés à mon compte, nº ..., agence...

Cette demande est plus souvent faite en utilisant les formulaires disponibles à la banque.

225. Demande de caution bancaire

Crédit Lyonnais
15, rue de la Convention
75015 Paris

Messieurs,

Nous vous prions de fournir à la Trésorerie principale du XVe arrondissement, sous notre pleine et entière responsabilité à votre égard, une caution rédigée suivant la formule imposée par la Direction générale des impôts et qui a fait l'objet d'une normalisation sous la référence NFK 11-577-3.

Dès à présent, nous nous interdisons formellement de contester à votre égard le bien-fondé des versements que vous pourriez être amenés à effectuer en vertu de ce cautionnement et nous vous autorisons, en conséquence, à effectuer, sur demande de l'administration intéressée, sans différer ou soulever de contestation pour quelque motif que ce soit, jusqu'à concurrence du montant de votre engagement, le versement des sommes réclamées.

A la première demande de votre part, nous vous verserons toutes sommes que vous auriez ainsi déboursées dans les conditions indiquées, augmentées des frais et intérêts, ces derniers étant calculés, jusqu'à la date de règlement, au taux de base de votre établissement majoré de trois points, sans que cette stipulation constitue un accord de délai de règlement.

Agréez, Messieurs, nos salutations distinguées.

226. Lettre accompagnant la demande de caution

Monsieur,

Je vous ai demandé de vous porter caution pour mon compte auprès de la Trésorerie générale du XVe arrondissement, pour imposition contestée à hauteur de 20 000 F (nous disons vingt mille francs).

Je ne pourrai vous réclamer cette couverture ni en disposer de quelque manière que ce soit jusqu'à ce que vous ayez obtenu mainlevée régulière et définitive de tous vos engagements et, éventuellement, jusqu'à extinction de tous mes autres engagements envers vous.

Pour l'exécution des présentes, je déclare faire élection de domicile à la Banque ..., 30, boulevard du Montparnasse, 75015 Paris.

Je vous prie de croire, Monsieur, à mes sincères sentiments.

Les opérations avec l'étranger

Les banques dites agréées peuvent se livrer à toutes les opérations de change : achat et vente de devises, gestion des comptes étrangers en France, etc. Rappelons que les valeurs mobilières étrangères détenues en France doivent être déposées dans une banque ou chez un agent de change qui, seuls, peuvent les importer ou les exporter en conformité avec la réglementation des changes.

Pour les règlements commerciaux, les opérations sont très complexes et il y a toujours intérêt à consulter son banquier. Schématiquement, elles se présentent ainsi :

• *Importations.*

L'importateur fait domicilier la facture de son fournisseur étranger auprès d'une banque agréée *avant* le passage en douane de la marchandise. Lors du passage, une formule D3 est établie en triple exemplaire (un pour la banque domiciliataire, un pour l'importateur, un pour la douane). Cette formule permet à la banque d'effectuer le paiement vers l'étranger dans la monnaie de facturation, soit en devises par virement bancaire, soit en francs par crédit à un compte francs convertibles ouvert dans les livres d'une banque agréée.

Dans la pratique, l'acheteur demande à sa banque d'ouvrir un crédit *documentaire* en faveur du vendeur, c'est-à-dire de prendre l'engagement de régler l'importation au vu de certains « documents » (connaissement, récépissé, lettre de voiture ou lettre de transport aérien).

Le banquier adresse à son correspondant étranger une lettre d'ouverture d'*accréditif*, qui demande au correspondant de régler le vendeur sur présentation de ces mêmes documents, qui lui auront été délivrés par le transporteur à la remise des marchandises.

Le correspondant fait alors suivre ces documents au banquier, qui le rembourse de son paiement et remet les documents à l'acheteur en échange du règlement.

L'acheteur, finalement, sur présentation desdits documents, se fait remettre les marchandises par le transporteur.

• *Exportations.*

L'exportateur fait établir lors du passage en douane une formule D6 en trois exemplaires, à partir de laquelle la banque ouvre *a posteriori* un dossier de domiciliation d'exportation. L'exportateur doit obligatoirement rapatrier les devises correspondant aux exportations et les faire vendre dans le délai d'un mois sur le marché des changes. Il peut bénéficier des crédits spéciaux réservés aux exportateurs par la Banque française du commerce extérieur, et des garanties d'assurances offertes par la Coface (Compagnie française d'assurance pour le commerce extérieur).

Pour de plus amples détails, on se reportera à l'ouvrage très complet de P. Despessailles : *Vos relations d'affaires avec la banque* (Paris, Delmas, 1975), auquel nous avons emprunté l'essentiel de nos informations.

Rapports avec les assurances

La secrétaire sera, en général, étrangère à la souscription des contrats d'assurance. Cette opération importante, engageant la sécurité de l'entreprise, sera effectuée par le patron lui-même ou par son fondé de pouvoirs. Mais la gestion ordinaire du contrat (relations ultérieures avec l'assureur-conseil, envoi des documents nécessaires au règlement d'un sinistre) est souvent confiée à la secrétaire, surtout dans les petites et moyennes entreprises.

Certaines modifications n'entraînent aucune conséquence sur le contrat (modification d'état civil, changement de raison sociale, changement d'adresse, etc.). Il suffira donc de les notifier à l'assurance de la façon la plus claire possible. D'autres sont d'un poids plus considérable.

Modifications pouvant influer sur le contrat

• *Décès de l'assuré.* L'héritier peut conserver le contrat ou le résilier.

227. Pour demander le maintien du contrat

Monsieur,

J'ai le regret de vous informer du décès de mon père, M. X, dont je suis l'héritier. Comme je prends sa succession en qualité d'artisan maçon, je désire continuer les contrats d'assurance souscrits par lui au titre de sa profession sous les n^os^ N... et N...

Je vous demande donc de faire le nécessaire pour le transfert de ces contrats à mon nom et pour leur mise à jour.

Je suis, bien entendu, à votre disposition pour tous renseignements nécessaires et vous prie d'agréer, Monsieur, mes très sincères salutations.

228. Lettre de résiliation

Perpignan, le...

Cabinet Rescouf
7, cours Tarbé
30000 Nîmes

Messieurs,

J'ai le regret de vous informer du décès de mon père, dont je suis l'héritier. Je ne désire pas continuer les contrats d'assurance qu'il avait souscrits sous les nos N... et N...

En conséquence, je vous demande par la présente la résiliation de ces contrats. Veuillez m'en donner acte.

Agréez, Messieurs, mes salutations distinguées.

• *Vente du bien assuré.* L'acheteur peut conserver le contrat ou le résilier, mais, dans les deux cas, le vendeur doit en informer son assurance afin d'éviter qu'elle ne continue à lui réclamer le paiement des primes.

• *Disparition du risque.* Le risque peut disparaître lorsque l'objet garanti est détruit par un événement autre que ceux prévus au contrat (incendie de récoltes assurées contre la grêle ou incendie d'une voiture assurée contre les accidents de la route, décès par cancer d'une personne assurée contre les accidents, etc.).

229. Autre lettre de résiliation

Valence, le...

Monsieur,

Nous avons l'honneur de vous informer que notre dépôt de Sorgues, assuré contre l'incendie par la police no..., a été entièrement détruit par la crue du Rhône dans la nuit du 27... Les marchandises sont irrécupérables.

Nous n'avons pas l'intention de reconstruire un nouveau dépôt dans cette région, trop fréquemment inondée. En conséquence, nous vous prions de résilier notre contrat d'assurance incendie et de nous restituer le prorata de prime non absorbé.

Veuillez agréer, Monsieur, l'assurance de nos meilleurs sentiments.

Déclaration des modifications du risque assuré

• *Assurance contre l'incendie.*

Si, en cours de contrat, le risque se modifie ou si la situation juridique de l'assuré vient à se transformer, il est nécessaire de rétablir l'équilibre en augmentant ou en diminuant le montant de la prime. Il faut donc en aviser au plus tôt la compagnie intéressée.

230. Un locataire devient propriétaire

Rennes, le...

Cabinet Kefalec
11, cours Saint-Yves
35000 Rennes

Police incendie n°

Monsieur,

Je vous informe que je viens de me rendre acquéreur du bâtiment à usage de bureaux sis à ..., assuré par la police n° N..., dont j'étais précédemment locataire.

Je vous signale que je ne me suis pas engagé à continuer les contrats d'assurance en cours. En conséquence, je vous demande de modifier mon contrat « incendie » n° ...

Croyez, je vous prie Monsieur, à l'assurance de mes sentiments distingués.

231. Aggravation du risque due à l'assuré

Pontarlier, le...

Cabinet Cardoux
5, rue de la Bretèche
25300 Pontarlier

Monsieur,

Je vous informe que je viens de procéder à l'acquisition d'une machine combinée, destinée au travail mécanique du bois (force : 10 CV) ; en conséquence, la force motrice totale utilisée pour les besoins de ma profession sera désormais de 25 CV. La nouvelle installation sera vraisemblablement en fonctionnement à partir du ...

Je vous serais donc obligé de m'envoyer un de vos représentants pour la modification de mon assurance « incendie ».

Recevez, Monsieur, mes très sincères salutations.

232. Aggravation du risque qui n'est pas le fait de l'assuré

Béziers, le...

Monsieur,

Mon voisin, M. Bernard, quincaillier, propriétaire de la quincaillerie contigüe à mon atelier d'ébénisterie, vient de me faire savoir qu'il a décidé d'installer, dans une petite resserre située dans la cour de l'immeuble, un entrepôt d'une cinquantaine de bouteilles de gaz butane.

Je vous serais reconnaissant de me donner acte de cette déclaration et d'envoyer sur les lieux votre inspecteur-vérificateur pour réviser, s'il y a lieu, mon contrat d'assurance « incendie ».

Croyez, Monsieur, à mes salutions distinguées.

233. Un propriétaire à un locataire qui a augmenté ses stocks

Monsieur,

Mon courtier vient de m'aviser d'une forte augmentation de la prime d'assurance « incendie » pour l'immeuble situé à ..., dont je suis propriétaire, mais dont vous occupez une grande partie. Cette augmentation est due au fait que vous y avez entreposé des marchandises dont la valeur dépasse largement le taux habituel. Vous trouverez ci-joint le détail des sommes dont je vous serais obligé de me créditer dans les meilleurs délais.

Veuillez agréer, Monsieur, l'assurance de mes sentiments distingués.

234. Diminution de risque

Monsieur,

Je vous informe que je viens de faire installer le chauffage central dans mon atelier et de supprimer le poêle à sciure qui servait au chauffage. De plus, le bain-marie à colle fonctionnant au charbon est remplacé par un bain-marie chauffant électriquement, ce qui a pour résultat de supprimer définitivement tous les foyers se trouvant dans mon atelier.

D'autre part, par suite de la restructuration des activités de notre groupe, nous venons de fermer notre usine de Saint-Michel pour regrouper toutes nos fabrications dans l'usine de Saint-Marc. L'usine de Saint-Michel est donc à l'heure actuelle au chômage. Bâtiments et matériel restent, bien entendu, assurés contre l'incendie.

Vous voudrez bien tenir compte de cette diminution des dangers d'incendie dans le calcul de ma prime.

Veuillez croire, Monsieur, à l'expression de mes sentiments distingués.

• *Assurance automobile et cyclomoteur.*

En général, en raison de l'urgence, les modifications sont déclarées par téléphone, puis confirmées par lettre. Elles portent le plus souvent sur les caractéristiques du véhicule ou sur l'état civil et la profession du conducteur (à noter qu'il faut toujours signaler l'adjonction temporaire d'une remorque, même si celle-ci est déjà assurée).

A la différence de ce qui se passe pour les immeubles, l'assurance ne suit pas le véhicule assuré ; le contrat est suspendu automatiquement le soir de la vente à minuit. Le vendeur doit donc aviser la société d'assurance afin d'être libéré des primes à échoir.

235. Lettre à la suite de l'aliénation du véhicule assuré

Monsieur,

J'ai l'honneur de vous confirmer notre entretien téléphonique d'hier. J'ai vendu mon camion Berliet, immatriculé 7243 ..., objet du contrat n° ...

Ici, quatre cas peuvent se présenter :

• Le camion fait partie d'un ensemble de véhicules assurés par le même contrat. On écrira donc :

N'ayant pas l'intention de le remplacer immédiatement, je vous demande d'établir un avenant de réduction à mon contrat.

• Le camion est remplacé par un autre :

Je vous prie de bien vouloir reporter la garantie du contrat sur mon nouveau camion Unic n° 12748, dont je vous ferai connaître le numéro d'immatriculation dès que je serai en possession de la carte grise, ainsi que la date de mise en service, pour l'établissement de l'avenant de changement de véhicule et de l'attestation définitive.

• Le camion unique n'est pas remplacé immédiatement :

Je vous prie de suspendre la garantie de mon contrat jusqu'à l'acquisition d'un nouveau véhicule.

• Le camion ne sera pas remplacé ou le véhicule nouveau sera assuré auprès d'une autre société :

En conséquence, en application de l'article X... des conditions générales du contrat (chapitre Formation et durée du contrat), je vous demande de le résilier (n° 431756) et de m'en donner acte.

Veuillez agréer, Monsieur, l'assurance de mes sentiments distingués.

236. Lettre de réclamation contre un courtier

Courbevoie, le...

Monsieur le Directeur
de la Compagnie Zurich
3, boulevard Diderot
75009 Paris

Monsieur le Directeur

J'ai le regret de vous signaler le fait suivant :

Le 15 mai dernier, sur le conseil d'un voisin, je me suis rendu au cabinet de M. D..., « assureur », rue ..., à C..., où j'habite.

Venant d'acheter d'occasion une automobile Renault 15, je lui ai dit vouloir l'assurer immédiatement pour ma responsabilité à l'égard des tiers, comme la loi m'y oblige.

M. D... m'a dit : « Rien de plus facile », et il m'a fait signer une demande de contrat, puis il m'a réclamé, pour la prime annuelle, une somme de ... F, que je lui ai versée en espèces. En contrepartie, il m'a remis une « attestation d'assurance », petite feuille jaune qui porte le nom de votre société. Il m'a dit que je recevrais prochainement de votre société, pour signature, le contrat que je voulais souscrire et que je serais garanti depuis ce jour-là.

Or, trois semaines ont passé et je n'ai rien reçu, M. D... a fermé son cabinet quelques jours après ma visite et est parti sans laisser d'adresse.

Craignant maintenant d'avoir été victime d'un abus de confiance, je vous prie de me faire savoir par retour si M. D... vous a bien transmis ma demande d'assurance et la somme que je lui ai versée pour votre société.

Veuillez agréer, Monsieur, l'expression de mes sentiments les meilleurs.

Nota : Seul l'agent général représente la société d'assurances et l'engage, notamment en recevant pour elle le montant des primes.

Le courtier ou l'assureur-conseil ne sont que les mandataires de leurs clients. Ils n'ont pas qualité pour recevoir personnellement les primes autrement que par chèque à l'ordre de la société.

237. Un automobiliste accidenté à son assureur

Bourg-la-Reine, le...

Compagnie Abri
5, avenue Wagram
75017 Paris

Monsieur l'agent général,

Je vous rappelle que, par lettre du ..., je vous ai déclaré avoir eu au volant de ma voiture, immatriculée ..., un accident matériel. A ma lettre était joint le constat contradictoire amiable qu'avec M. F..., conducteur de l'autre auto accidentée, nous avons tous deux rempli et signé.

Pour compléter cette déclaration, je vous adresse ce jour un devis des réparations nécessaires pour la remise en état de ma voiture.

Etant assuré pour le risque « tierce collision », je vous prie instamment de m'accuser réception de la présente lettre et de la précédente et, puisque le tiers est identifié, j'espère un prochain règlement de ce sinistre.

Je vous prie d'agréer, Monsieur l'agent général, l'assurance de mes sentiments distingués.

René Hardouin
police auto n° ...

238. Autre lettre

Paris, le...

Compagnie « Le Phénix »
5, avenue Marceau
75007 Paris

Monsieur,

Bien que je vous aie adressé depuis plusieurs jours un chèque de virement de ... F, je n'ai pas encore reçu l'attestation d'assurance responsabilité civile pour mon cyclomoteur.

Ma précédente attestation n'étant plus valable depuis dix jours, je crains d'avoir des ennuis si la gendarmerie me demande justification de mon assurance.

Je vous prie donc instamment de m'adresser cette attestation par retour du courrier.

Vous en remerciant d'avance, je vous prie d'agréer, Monsieur, mes salutations distinguées.

Olivier Caral
police n°

• *Assurance transports.*

Après l'établissement du contrat, pour lequel, surtout s'il s'agit de transport maritime, les explications d'un courtier seront précieuses, le rôle de la secrétaire se bornera à remplir avec soin les bordereaux d'application.

Il peut cependant arriver que les marchandises reçues ne soient pas en parfait état. Le destinataire établira donc une lettre de réserves, qu'il adressera à l'expéditeur, mais dont il enverra le double à son assureur.

Cette lettre pourra, par exemple, s'inspirer du modèle suivant :

239.

Monsieur,

Nous vous informons que du *(moyen de transport)* il a été débarqué, pour notre compte, N... colis *(marques et numéros, nature de la marchandise)* sur lesquels le *ou* les colis n°... portent des traces d'effraction faisant présumer un vol en cours de route ;
ou bien le *ou* les colis n°... paraissent avariés par suite de contact avec des corps étrangers (huile, corps gras, acide, etc.), ce qui vraisemblablement laisse présumer un mauvais arrimage ;
ou bien le *ou* les colis n°... nous sont délivrés en mauvais état, ce qui laisse présumer que la marchandise a pu être avariée au cours des manipulations par suite de chocs ou de mauvais traitements ;
ou bien le *ou* les colis n°... mentionnés au connaissement ont été reconnus manquants.

Nous vous prions de bien vouloir noter que nous faisons en conséquence les réserves les plus expresses, entendant formellement rendre votre compagnie responsable du préjudice à nous causé et nous vous prions, par la présente, de bien vouloir faire vous-même procéder aux constatations d'usage et de vous faire représenter à l'expertise, qui sera effectuée à ..., le ..., par M... *(nom du commissaire d'avaries ou de l'expert).*

• *Autres assurances « accidents et risques divers ».*

La gestion de ces contrats, nombreux et divers, ne présente aucune particularité par rapport à ceux dont nous avons traité précédemment. Toutefois, il peut être utile d'attirer l'attention des chefs d'entreprise sur certains cas auxquels ils risqueraient de ne pas penser, par exemple, l'assurance complète d'un fonds de commerce.

En général, on s'assure contre les dégâts des eaux, le vol, l'incendie et le bris des glaces. Mais d'autres assurances existent qui peuvent être précieuses :

- assurance contre les pertes d'exploitation ;
- — sur le fonds de commerce lui-même ;
- — contre les grèves et émeutes ;
- — contre les attentats.

Nous donnerons deux modèles de lettres envisageant des risques qui deviennent de plus en plus fréquents.

240. Assurance de responsabilité civile du chef d'entreprise dans une entreprise accueillant des stagiaires

Montgeron, le...

Monsieur,

Nous vous informons qu'à la demande du lycée technique de M... nous organisons un stage de trois mois pour cinq élèves de cet établissement à compter du ...

Il s'agit de cinq jeunes gens âgés de 17 ans, qui seront surveillés par leur professeur. Ils relèvent de la législation sur les « accidents du travail ».

Voudriez-vous nous préciser si notre police « responsabilité civile chef d'entreprise » couvre bien :

• les accidents causés aux tiers par ces stagiaires ;

• les accidents survenus à ces stagiaires (notamment les recours que pourrait exercer contre nous l'Etat puisqu'il s'agit d'un établissement d'enseignement public).

Dans la négative, voudriez-vous nous établir, avant leur date d'arrivée, un avenant d'extension de garantie en ce sens.

Avec nos remerciements, veuillez agréer, Monsieur, nos sincères salutations.

241. Assurance individuelle « accidents » : voyage intercontinental en avion

Monsieur,

Nous vous informons que MM. Henri et Devaux, cadres commerciaux, couverts par le contrat « individuelle » n° 3127468, vont être appelés dans les prochains mois à se rendre dans des pays d'Amérique latine pour y prospecter les marchés ; ces voyages seront suivis d'autres dans diverses parties du monde.

D'autre part, notre ingénieur, M. François, doit faire, à une date non précisée encore, un séjour d'au moins 3 mois au Pérou pour diriger le montage et les essais de nos machines à l'usine de production d'ammoniaque de Lima.

Nous vous serions reconnaissants d'établir un avenant d'extension de garantie au contrat précité, pour la couverture des risques « décès » et « invalidité totale et permanente » dans le monde entier, spécialement en cas de séjours à l'étranger.

Avec nos remerciements, nous vous prions de croire, Messieurs, à nos sentiments distingués.

Formalités à remplir en cas de sinistre

Il y a toujours intérêt à déclarer le sinistre le plus tôt possible à la société d'assurances (ou au courtier) pour lui permettre de procéder rapidement à l'expertise et de prendre des mesures conservatoires. Il convient de lui transmettre aussi immédiatement toutes les lettres de réclamations ou citations en justice émanant des tiers lésés ou des victimes.

Inutile d'insister sur les constats amiables d'accident automobile, que tout le monde connaît. Disons simplement qu'on peut toujours ajouter au formulaire une déclaration sur papier libre où l'on entrera davantage dans les détails.

Les déclarations de sinistres doivent toujours être faites avec la plus grande précision, sans craindre d'entrer dans les détails. Voici un *modèle de déclaration de sinistre incendie.* Comme la plupart des lettres relatives à l'assurance, elles doivent être envoyées en recommandé.

242.

Monsieur,

Nous avons l'honneur de vous déclarer un commencement d'incendie, qui s'est produit le 19 juillet dans notre atelier d'emballages. Les ouvriers venaient de quitter le travail à 18 heures. Un contremaître, passant dans la cour, aperçut une épaisse fumée sortant d'une pile de caisses dans le coin gauche de l'atelier. Il donna l'alarme et se précipita sur place avec un extincteur, mais sans parvenir à éteindre les flammes. Les sapeurs-pompiers, arrivés très rapidement, ont pu éteindre ce commencement d'incendie avant qu'il prenne un très gros développement.

Les causes de l'incendie nous sont inconnues. Nous vous signalons, toutefois, qu'une réparation avait été récemment faite par l'entreprise Lechesne à notre installation électrique et précisément dans la partie du local où le feu s'est déclaré.

Les dommages globaux sont de l'ordre de 14000 F, soit une perte de 6000 F sur marchandises et matériel nous appartenant, et peut-être 8000 F de dommages au bâtiment, abîmé par l'eau et la fumée.

Nous avons immédiatement fait connaître cet incendie à M. Durand, propriétaire de l'immeuble.

Nous vous signalons, par ailleurs, que nous avons reçu une réclamation de recours des Etablissements Lemur, qui occupent, au-dessus de nos ateliers, un petit atelier de confection. Nous les avons priés de vous transmettre leur réclamation.

Nous vous serions obligés de faire le nécessaire d'urgence afin que nos ateliers soient immobilisés le moins longtemps possible.

Nous avons confié nos intérêts au cabinet « La Défense », rue Jeanne-d'Arc, à Reims, qui nous représentera à l'expertise.

Agréez, Monsieur, nos meilleures salutations.

La résiliation du contrat

La durée du contrat est fixée suivant le désir de l'assuré. Le droit de résiliation dépend de la date de souscription. Pour les contrats souscrits avant le 15 juillet 1972, la résiliation est annuelle, moyennant un préavis de trois mois. Les autres peuvent être résiliés de trois ans en trois ans et, après la sixième année, annuellement. Généralement, les contrats prévoient une clause de tacite reconduction. La *formule de résiliation* est très simple :

243.

Conformément aux dispositions de l'article X... des conditions générales de mon contrat d'assurance n° 1121812, je vous informe que je désire résilier ce dernier à l'expiration de la période triennale en cours, soit le ...

Veuillez m'en donner acte et agréer, Monsieur, mes salutations distinguées.

Nous n'avons envisagé dans les pages ci-dessus que les très grandes lignes de ce qui concerne l'assurance. Pour les cas plus complexes, il y aura toujours intérêt à consulter le courtier ou l'agent général de la compagnie.

Les documents qui ont permis la rédaction de ces textes nous ont été très aimablement communiqués par le *Centre de documentation et d'information de l'assurance,* 2, rue de la Chaussée-d'Antin, 75009 Paris, auquel nous adressons tous nos remerciements.

Comptabilité

Tout commerçant est obligé, de par la loi, de tenir une comptabilité (articles 8 à 11 du Code du commerce), c'est-à-dire d'avoir :

- *un livre-journal*, enregistrant jour par jour les opérations du commerçant ou récapitulant, au moins mensuellement, les totaux de ces opérations à la condition, dans ce cas, de conserver tous documents permettant de vérifier les opérations jour par jour (brouillard de caisse relié) ;
- *un livre d'inventaire*, où chaque année sont recopiés le bilan et le compte de pertes et profits. Il n'y a pas lieu de copier l'inventaire proprement dit (stocks de marchandises) sur le livre d'inventaire. Cependant, les documents qui le constituent (fiches de stock, feuilles volantes, etc.) doivent être conservés pendant dix ans.

Ces livres doivent être tenus chronologiquement, sans blanc ni altération d'aucune sorte. Ils doivent être cotés et paraphés soit par un des juges du tribunal de commerce, soit par le juge du tribunal d'instance, soit par le maire ou un adjoint. Ils doivent être conservés, ainsi que les correspondances et copies de lettres, pendant un délai de dix ans.

Dans la plupart des entreprises, la tenue des livres est confiée à un comptable, mais ce peut être aussi, dans une petite entreprise, la tâche de la secrétaire. D'ailleurs, on tend de plus en plus à demander aux secrétaires de direction des notions de comptabilité pratique. Sans entrer donc dans l'étude de théories comptables aussi diverses que complexes, il ne nous paraît pas inutile de rappeler quelques principes à l'usage d'une secrétaire non spécialisée.

Toute secrétaire comprend très vite ce que c'est qu'un *bilan :* pour faire le bilan d'une entreprise à un moment donné, il faut connaître ce qu'elle possède et ce qu'elle doit.

Ce qu'elle possède (son *actif*) est constitué par les biens dont elle dispose pour exercer son activité (biens d'équipement, marchandises, espèces) et par ses créances sur des tiers.

Ses dettes de toute nature constituent son *passif* exigible. Le résultat de l'exploitation (profit ou perte) s'obtient en retranchant le passif de l'actif.

Mais le bilan, généralement annuel, est un instrument complexe et peu maniable. Du reste, le bilan initial est chaque jour modifié par les entrées et les sorties. Pour pouvoir suivre ces modifications, on les enregistre dans des tableaux appelés comptes.

Le *compte,* selon la définition de M. A. Rapin, est un tableau dans lequel sont enregistrées les opérations relatives au même objet. Il peut donc y avoir des comptes de caisse, quotidiens ou hebdomadaires, des comptes de charges, etc. En général, on classe ainsi les comptes de l'entreprise.

Comptes de situation ou du bilan

Classe 1. Capital.
Classe 2. Biens d'équipement (immobilisations).
Classe 3. Marchandises (stock au début de l'exercice).
Classe 4. Tiers (fournisseurs et clients).
Classe 5. Comptes financiers (caisse, banque, chèques postaux).

Comptes de gestion

Classe 6. Charges (achats, frais).
Classe 7. Produits (ventes).

Comptes de résultats

Classe 8. Exploitation générale. Pertes et profits.

La principale difficulté consiste à ventiler entre ces différents comptes tous les mouvements d'argent qui vont se produire au cours de l'exploitation commerciale. Pour cela, il faut bien se rappeler les principes suivants :

- les augmentations d'actif et les charges s'inscrivent au *débit* ;
- les augmentations de passif et les produits s'inscrivent au *crédit* ;
- chaque inscription au crédit dans un compte s'accompagne d'une inscription au débit dans un autre, et *vice-versa*.

Pour donner un exemple précis, nous reproduisons à la page ci-contre un tableau extrait du *Cours de comptabilité* de M. A. Rapin (Dunod, Paris, 1966). Il envisage la plupart des opérations comptables auxquelles peut avoir à se livrer une secrétaire, même sans l'aide d'un comptable spécialisé. Il va de soi que, lorsqu'il s'agira de faire une opération de centralisation générale de la comptabilité, il vaudra toujours mieux faire appel à un expert, mais une secrétaire, en s'aidant, s'il le faut, d'un livre de comptabilité, réussira bien vite à tenir elle-même au moins les comptes de tiers, fournisseurs et clients, ce qui l'amènera fréquemment à rédiger des lettres du type de celles qui vont suivre.

Lettres de pratique courante

244. Envoi d'un compte client

Monsieur,

Nous avons le plaisir de vous remettre ci-inclus un extrait de votre compte arrêté au 31 décembre et présentant en votre faveur un solde de 25 375 F dont nous vous créditons de nouveau.

Nous vous prions de bien vouloir examiner ce relevé et de nous faire savoir si vous êtes d'accord.

Soyez assuré, Monsieur, de nos sincères salutations.

Enoncé	Classes		Comptes		Sommes	
			Ecriture comptable			
a. Je fonde une maison de commerce et je verse :						
En caisse 1 000 F	5	1	Caisse	Capital	1 000 »	1 000 »
En banque 5 000 F	5	1	Banque	Capital	5 000 »	5 000 »
b. J'achète et je paye, par un chèque tiré sur la banque, un mobilier comcial de 1 500 F	2	5	Mobilier	Banque	1 500 »	1 500 »
c. J'achète à crédit à Y des marchandises pour 4 000 F	6	4	Achats	Y. Fournisseur	4 000 »	4 000 »
d. Je vends au comptant contre espèces des marchandises pour 100 F	5	7	Caisse	Ventes	100 »	100 »
e. J'achète au comptant 120 F *de marchandises que je paye en espèces*	6	5	Achats	Caisse	120 »	120 »
f. Je vends à crédit à Z des marchandises pour 500 F	4	7	Z, Client	Ventes	500 »	500 »
g. Z me remet un chèque de 200 F *que je verse à la banque*	5	4	Banque	Z, Client	200 »	200 »
h. Je paye en espèces 250 F *de frais divers*	4	5	Frais de gestion	Caisse	250 »	250 »
i. Je retire de ma banque 1 000 F *que je verse dans la Caisse*	5	5	Caisse	Banque	1 000 »	1 000 »
j. Le client Z accepte une lettre de change de 200 F *que je tire sur lui*	5	4	Effets à recevoir	Z, Client	200 »	200 »
k. J'accepte une lettre de change de 1 000 F *tirée sur moi par Y, fournisseur*.	4	5	Y, Fournisseur	Effets à payer	1 000 »	1 000 »
l. Je négocie à ma banque la lettre de change tirée par Z	5	5	Banque	Effets à recevoir	200 »	200 »
m. La banque m'avise qu'elle a retenu 5 F *sur le produit de l'escompte de ma lettre de change*......	6	5	Frais de gestion	Banque	5 »	5 »
					15 075 »	15 075 »

245. Erreur signalée

Thiers, le...

Monsieur,

En vérifiant le relevé du compte que vous venez de nous faire parvenir, nous remarquons avec surprise que le montant de votre facture du 17 décembre ne correspond pas exactement à notre commande. Vous nous débitez 20 douzaines de rasoirs n° 12 à ... F, alors que nous les avions achetés à ... F, ainsi que le prouve le bulletin de commande remis par votre voyageur, dont nous avons le double sous les yeux. En outre, vous avez omis l'escompte habituel de 3 %, ce qui fait au total une différence de ... F en notre faveur.

Nous vous serions obligés de nous faire parvenir prochainement une note d'avoir et nous vous serions reconnaissants de prendre des mesures pour éviter le retour d'erreurs aussi désagréables.

Nous vous prions de croire, Monsieur, à nos salutations distinguées.

246. Compte en retard

Bourganeuf, le...

Monsieur,

En balançant nos écritures, nous remarquons que votre compte présente un solde débiteur de 21 550 F, montant de notre facture du 1er février dernier, pour laquelle vous auriez dû nous faire parvenir un chèque fin mars.

En règlement nous disposons à vue sur votre caisse de 22 200 F, car, nos conditions étant de 30 jours 3 % ou 90 jours net, nous avons annulé l'escompte.

Croyez, nous vous en prions, Monsieur, à nos salutations les meilleures.

247. Envoi de quittance à signer

Boulogne, le...

Monsieur,

Comme suite à l'accident survenu le ..., nous avons l'honneur de vous remettre sous ce pli quittance de *la Paternelle* de la somme de vingt-six mille trois cents francs (26 300 F) réglant cette affaire.

Nous vous serions obligés de bien vouloir nous la retourner signée et, dès réception, nous vous ferons parvenir un chèque de même somme.

Dans cette attente, nous vous prions d'agréer, Monsieur, nos sincères salutations.

248. Remise d'un chèque

Reims, le...

Monsieur,

En règlement de votre facture du ..., nous vous remettons ci-inclus un chèque de 3 750 F sur la Société Générale.

Veuillez nous en accuser réception et nous retourner votre relevé de compte acquitté.

Croyez, Monsieur, à nos salutations distinguées.

Réponse

Laon, le...

Monsieur,

Nous vous accusons réception de votre lettre du ... et du chèque de 3 750 F qui y était joint en règlement de notre facture du ... et pour solde de votre compte.

Nous en passons écritures conformes et vous retournons ci-inclus notre relevé acquitté.

Agréez, Monsieur, l'expression de nos remerciements.

249. Autre formule de remise de chèque

Senlis, le...

Société Caldot
7, avenue Thiers
92000 Nanterre

Monsieur,

Nous avons l'honneur de vous remettre sous ce pli un chèque barré n° 22910 sur la Banque de France, Paris, de 15 882 F (quinze mille huit cent quatre-vingt-deux) et vous prions d'en créditer notre compte pour solde de votre facture n° 3411 du ... s'élevant à 15 882 F.

Veuillez nous accuser réception du présent chèque et agréer, Monsieur, nos sentiments distingués.

250. Accusé de réception d'un chèque et d'une commande

Troyes, le...

Etablissements Paritex
55*bis*, avenue de la Marne
94340 Joinville le Pont

Monsieur,

Nous vous accusons réception de votre lettre du ... et du chèque joint n° B 472310 de 19 000 F sur le Crédit Lyonnais à Paris, dont nous vous remercions.

Comme suite au post-scriptum de votre lettre, nous vous expédions ce jour, en service rapide, une cinquantaine de kilogrammes de coupons velours dames, dont vous trouverez ci-inclus la facture.

Dans l'attente de votre règlement, nous vous prions, Monsieur, de croire à nos sentiments distingués.

251. Envoi de facture et demande de règlement d'un solde

Paris, le...

Monsieur,

Comme suite à votre lettre reçue le ..., nous vous avons expédié en recommandé les ouvrages portés sur la facture ci-jointe, votre compte demeurant débiteur de la somme de 3 600 F.

Nous vous serions obligés de vouloir bien nous faire parvenir cette somme afin de nous permettre de régulariser nos écritures.

La plupart des prix que vous nous indiquiez ne sont plus conformes aux prix actuels.

Veuillez agréer, Monsieur, l'assurance de nos sentiments distingués.

252. Traite tirée par erreur

Paris, le...

Whitcomb and Sons
Thompson street, 23
Manchester, SE

Messieurs,

La Banque d'Angleterre vient de nous présenter à l'encaissement (en règlement, croyons-nous, de votre facture du 10...) une traite de 45,10 livres, tirée par vous sans avis préalable.

Nous vous avons pourtant soldé ce compte par notre chèque anticipé du 25... et nous sommes très surpris du peu d'attention de votre service de caisse.

Nous avons donc dû refuser le paiement en priant la Banque de bien vouloir vous demander de nouvelles instructions.

Veuillez agréer, Messieurs, nos salutations distinguées.

Lettres plus particularisées

253. Effets remis à l'escompte

Le Havre, le...

Compagnie Atlansud
3, quai du Ponant
76600 Le Havre

Messieurs,

Nous avons l'honneur de vous remettre ci-inclus les effets suivants que nous vous serions obligés de négocier au mieux :

37 250 F sur X et Cie, Buenos Aires, au 31 juillet ;
97 500 F sur Z et Cie, Buenos Aires, au 31 août ;
62 770 F sur Y et Cie, Montevideo, au 31 août.

Ils sont dûment endossés à votre ordre, et nous vous prions de les présenter sans faute à l'acceptation.

Comme les tirés sont d'une solvabilité indiscutable et jouissent d'une excellente réputation, si l'un d'eux, contre toute attente, refusait son acceptation, nous vous prions de ne point faire protester ; en effet, de nombreux importateurs sud-américains n'acceptent guère volontiers leurs traites bien qu'ils remplissent ponctuellement leurs engagements à l'échéance.

Nous vous remettons enfin l'effet suivant :

26 510 F sur W..., Buenos Aires, au 30 septembre.

Cette maison a suscité déjà des difficultés et, comme il semble que nous ayons affaire à des chicaneurs, nous avons pris la liberté de domicilier cette traite au besoin chez votre succursale de Buenos Aires. En cas de non-paiement, nous vous prions de bien vouloir intervenir pour notre compte et de faire protester en temps utile.

Veuillez nous créditer en compte courant du montant net de cette remise sous les réserves d'usage et déduction faite de tous vos frais et intérêts.

Recevez, Messieurs, nos salutations empressées.

254. Effets offerts en paiement au lieu de chèque

Messieurs,

En raison du mauvais état actuel des affaires, l'argent ne rentre que difficilement et, ayant à la fin de ce mois de lourdes échéances, nous sommes au regret de ne pouvoir vous faire parvenir notre chèque habituel ; vous nous rendriez donc le plus grand service en acceptant en compte les effets ci-dessous, tirés sur des maisons de tout premier ordre :

18255 F sur X au 28 février prochain ;
22400 F sur Y au 31 mars prochain ;
8600 F sur Z au 30 avril prochain.

Nous supporterons, bien entendu, tous les frais et intérêts. Avec nos remerciements anticipés, veuillez agréer, Messieurs, nos salutations distinguées.

Réponse

Messieurs,

Nous avons bien reçu votre lettre du ... renfermant trois effets de commerce.

Nous ne sommes pas des banquiers, et les clauses de notre acte de société nous interdisent aussi bien les prêts d'argent que l'escompte des valeurs ; en considération toutefois de nos relations amicales, nous acceptons exceptionnellement votre remise sous les réserves d'usage et nous en établissons le décompte comme suit :

Montant total desdits effets :	49255
Echéance moyenne : 22 mars, soit 60 jours d'intérêt à 6%	2955
Commission 1%	493
Produit net	52703

que nous portons à votre crédit.

Recevez, Messieurs, nos biens sincères salutations.

255. Demande de délai

Messieurs,

Nous avons le vif regret de vous informer que nous ne serons pas en mesure de faire face à votre traite de 25 300 F à échéance fin courant.

Nous avons, jusqu'ici, fait tout notre possible pour remplir nos engagements, mais le marasme des affaires et la concurrence toujours plus âpre nous gênent considérablement. C'est pourquoi nous vous serions extrêmement reconnaissants si vous vouliez bien soit nous accorder une prorogation de quatre mois, soit substituer à la traite unique une traite de 5 300 F à échéance fin du mois et quatre traites de 5 000 F à échéance fin mai, fin juin, fin juillet et fin août, le tout moyennant l'intérêt habituel de 8 %.

Nous espérons que ce délai ne sera pas trop gênant pour vous et que vous pourrez accorder satisfaction à notre demande. D'avance, nous vous en remercions vivement et nous vous prions d'agréer, Messieurs, nos bien sincères salutations.

Pour réclamer le règlement d'une facture

256. Première lettre

Tours, le 16 avril 1979

service de caisse

Monsieur Jean Degay
8, rue des Saules
37500 Chinon

Monsieur,

J'ai l'honneur de vous prier de bien vouloir m'envoyer le montant de ma facture n° 253 du 31 mars dernier, soit 8 275 F.

Agréez, Monsieur, mes salutations distinguées.

257. Deuxième lettre

Tours, le 30 avril 1979

Monsieur,

Vous m'obligeriez en m'adressant le plus tôt possible le montant de ma facture du 31 mars dernier, n° 253, soit 8 275 F, au sujet de laquelle je vous ai envoyé une note le 16 courant.

Recevez, Monsieur, mes salutations distinguées.

258. Troisième note de rappel

Tours, le 7 mai 1979

Monsieur,

J'ai eu l'honneur, le 16 et le 30 avril derniers, de vous demander le règlement de ma facture du 31 mars, n° 253, et je suis surpris de ne pas avoir encore reçu de réponse.

Je compte que, pour m'éviter des frais supplémentaires et pour ne pas compliquer ma comptabilité, vous m'enverrez par retour du courrier le montant de cette somme.

Solde de compte : 8 275 F.

Recevez, Monsieur, nos sincères salutations.

259. Menace de poursuites

Tours, le 15 mai 1979

Monsieur,

Je suis très surpris que vous ayez laissé sans réponse mes lettres des 16 avril, 30 avril et 7 mai derniers. A mon grand regret, étant donné nos bonnes relations précédentes, il me faut vous informer que, si je n'ai pas reçu avant le 20 mai au plus tard le montant du solde de votre compte, soit 8275 F, je serai obligé de poursuivre le recouvrement de ma créance par les voies de droit.

Espérant que vous ne me laisserez pas recourir à ces moyens extrêmes, je vous prie d'agréer, Monsieur, mes salutations distinguées.

260. Autre lettre de rappel et de menaces

Monsieur,

En dépit de vos promesses réitérées et de nos réclamations antérieures, nous attendons toujours le remboursement de notre traite de 12500 F échue et protestée le 31 mai (plus les frais) et ne pouvons nous empêcher de vous témoigner notre surprise et notre mécontentement.

Nous exigeons le règlement définitif de cette affaire, et si, dans les cinq jours, vous ne vous êtes pas entièrement libéré, il ne nous restera d'autre ressource que de recourir à des mesures de rigueur.

Dans votre propre intérêt, nous vous conseillons d'éviter une solution aussi désagréable et nous vous présentons, Messieurs, nos sincères salutations.

261. Demande de règlement dans la huitaine

Monsieur,

Nous vous rappelons que vous restez nous devoir la somme de 4800 F, comme nous vous l'expliquions dans notre lettre du ... dernier.

Nous ne pouvons laisser se prolonger cet arriéré et nous vous prions de nouveau très instamment de nous adresser cette somme dans la huitaine.

A défaut de règlement, nous devrons considérer cette créance comme recouvrable par voie litigieuse.

Agréez, Monsieur, nos très sincères salutations.

En cas d'opérations commerciales défavorables

262. Offre de liquidation à l'amiable

Banque Jourdan
Service du contentieux
112, rue des Italiens
75009 Paris

Monsieur,

La maison X..., 435, rue Réaumur, à Paris, qui existe depuis près de quatre-vingts ans et qui a toujours fait honneur à sa signature, se voit, en raison des circonstances et de la crise actuelle, dans la nécessité de vous prier de bien vouloir retirer de la circulation tous vos effets à échéance prochaine.

En effet, cette maison se trouve dans l'impossibilité absolue de faire face à ses paiements.

Il va être établi de toute urgence un bilan actif et passif, et il vous sera alors demandé de bien vouloir l'examiner et de prêter votre concours à la liquidation au mieux des intérêts de l'ensemble des créanciers.

La passif « fournisseurs » s'élève à environ un million de francs, réparti sur 60 créances.

Je vous serais particulièrement obligé de bien vouloir vous rappeler la valeur morale de cette maison et de m'aider à parvenir au règlement amiable de cette affaire.

Avec mes remerciements anticipés, je vous prie d'agréer, Monsieur, mes sentiments les meilleurs.

263. Avis de suspension de paiement

Monsieur,

Durement touché par la crise et à la suite de lourdes pertes causées par la faillite de deux de mes principaux clients, je me vois dans la nécessité de suspendre mes paiements à dater de ce jour.

Je fais établir en ce moment la balance de mes livres et je compte convoquer mes créanciers avant la fin du mois pour leur présenter un bilan exact. S'ils veulent bien m'accorder les délais suffisants, j'ai lieu de croire que je serai en mesure de faire honneur à toutes mes obligations même sans réaliser entièrement les stocks et les immeubles qui forment la plus grande partie de l'actif.

J'espère, Monsieur, que vous aurez l'obligeance, en raison de nos excellentes relations antérieures, d'attendre cette convocation et de vous faire représenter par un fondé de pouvoir si vous ne pouvez vous y rendre en personne.

Veuillez agréer, Monsieur, l'expression de mes sentiments distingués.

264. Des créanciers donnent à un huissier l'ordre de procéder judiciairement

Charleville, le...

Monsieur Luc Déron
Huissier
rue de Grassigny
54000 Nancy

Monsieur,

Sous les auspices de nos amis communs, MM. X et Cie, nous avons l'avantage de vous confier le soin de nos intérêts contre L... et D... de votre ville.

Ces clients ont laissé protester fin mars notre traite de 25 300 F. Ils nous doivent en outre 15 000 F, notre remise espèces pour les aider à l'échéance, plus 375 F compte de retour.

Cela constitue une escroquerie flagrante et nous vous prions d'exiger immédiatement satisfaction ; sinon, veuillez les assigner et les poursuivre sans ménagement.

Ci-inclus, vous trouverez toutes pièces justificatives : pouvoir, effet accompagné de son protêt, copies certifiées de nos lettres et factures.

Veuillez croire, Monsieur, à l'assurance de nos sentiments distingués.

Réponse

Nancy, le...

Messieurs les Directeurs
de la Société Hamberger
à Charleville

Messieurs,

Vos débiteurs L... et D... ayant remboursé dès la première sommation les 15 000 F que vous leur aviez avancés, j'ai renoncé, en conséquence, à votre plainte en escroquerie et je les ai assignés devant le tribunal de commerce.

Reconnaissant le bien-fondé de votre demande, il a condamné L... et D... au paiement de l'effet protesté (25 300 F, plus 375 F compte de retour), cette somme produisant 5 % d'intérêts à partir du 1er avril dernier.

Mais, les défendeurs ayant offert de se libérer par traites échelonnées payables fin juin, septembre et novembre, les juges ne pouvaient légalement qu'accéder à cette demande.

Je vous prie donc de m'envoyer par retour trois traites comprenant principal, frais et intérêts, que je présenterai à l'acceptation.

Le père de L..., qui possède une petite fortune, s'étant porté garant de l'arrangement de son fils, il y a tout lieu d'espérer que les paiements s'effectueront régulièrement.

Mes frais et honoraires s'élèvent à 1 500 F, que vous voudrez bien me régler à votre convenance par chèque ou mandat-poste.

Soyez assurés, Messieurs, de mes dévoués sentiments.

La paie du personnel

Dans les entreprises de petites dimensions la secrétaire est fréquemment chargée, en plus des travaux de comptabilité dont nous venons de voir des exemples, de la paie du personnel.

On entend par personnel toutes les personnes qui, subordonnées au propriétaire de l'entreprise, fournissent leur travail en échange d'une rémunération convenue. L'emploi de personnel impose à l'entreprise des charges diverses, essentiellement la rémunération proprement dite (salaires des ouvriers, appointements des cadres, commissions des représentants, plus, éventuellement, les majorations pour heures supplémentaires, les primes et gratifications) et les charges accessoires imposées par la législation sociale (indemnités de congés payés, de préavis, de licenciement, cotisations patronales de Sécurité sociale, cotisations aux ASSEDIC, aux mutuelles et aux caisses de retraite, éventuellement frais entraînés par le fonctionnement d'œuvres sociales).

Tout employeur est tenu de remettre à chaque salarié, lors du paiement de sa rémunération, un bulletin de paie présentant le calcul détaillé de la somme payée. La présentation peut varier, mais doivent figurer obligatoirement sur le bulletin :

- le nom, la qualification et le numéro de Sécurité sociale du salarié ;
- la rémunération brute (heures normales, heures supplémentaires ou salaire mensuel, primes de rendement, primes d'ancienneté, congés payés, etc.) ;
- les retenues (assurances sociales — maladie, vieillesse, chômage —, caisse de retraite et de prévoyance) ;
- la rémunération nette ;
- la déduction éventuelle des acomptes ;
- le cachet de l'entreprise.

Tous les comptes individuels sont repris sur le journal de paie. Celui-ci peut adopter la présentation ci-contre.

JOURNAL DE PAIE

Paie du mois de septembre 19.. Page nº 1

1	2	3	4	5	6	7	8	9	10	11	12	13	14	15	16	17
	Date	Traitement	heures Nombre	heures Taux	heures Montant	Brut	Base Sécurité sociale	Sécurité sociale		Total des retenues	Net	Acomptes	A payer	Nom	Nº de Sécurité sociale	Qualification
Reports																
	30/9 19..		170 20	25 » 25 50	4250 » 510 »	4760 »	4760 »	285 60		285 60	4474 40	250 »	4224 40	MALLARMEY	1.32.04.63 081.012	P1
	30/9 19..		170 10	25 » 25 50	4250 » 255 »	4505 »	4505 »	270 30		270 30	4234 70	400 »	3834 70	BENOIT B.	1.30.06.63 103.207	P1

Ce *journal* ou *livre de paie*, appelé encore, selon le Code du travail, *registre des salaires*, doit être visé par le tribunal d'instance ou par le maire, et conservé pendant cinq ans.

Le comptable ou la secrétaire enregistrera également en comptabilité les données du registre des salaires. Les rémunérations brutes et les charges accessoires, ainsi que les impôts et taxes (taxe d'apprentissage, impôt forfaitaire sur les salaires) s'inscriront au débit des comptes de charges ainsi qu'aux comptes de tiers (personnel, Etat, Sécurité sociale, etc.).

Le bilan, les comptes d'exploitation

Enfin, lorsque la secrétaire est une véritable secrétaire de direction, la collaboratrice directe du chef d'entreprise, elle peut être chargée par celui-ci des tâches qui dépassent largement le simple enregistrement comptable.

Elle peut, en particulier, être chargée de suivre la marche de l'entreprise et de porter sur elle, à partir des données comptables, un diagnostic financier qui préparera les interventions de son patron devant son conseil d'administration ou devant les banques auxquelles il ira demander du crédit.

Pour cela, elle devra se livrer à une analyse comparée des bilans des diverses années, pour en dégager les principaux caractères.

Elle suivra également les comptes d'exploitation afin de dresser un tableau de l'évolution des résultats.

Enfin, elle pourra même être appelée à pratiquer une gestion simple des stocks.

A titre d'exemple, nous allons étudier le travail qui peut être demandé à la collaboratrice du chef d'entreprise dans le cadre d'une horlogerie-bijouterie de moyenne dimension dans une ville de province.

Donnons d'abord, comme références, les chiffres des bilans comparés de 1972 à 1974.

Voir, page ci-contre, le tableau : Evolution du bilan.

ÉVOLUTION DU BILAN

	1972		1973		1974	
	Valeurs	%	Valeurs	%	Valeurs	%
ACTIF						
IMMOBILISATIONS						
Immobilisations brutes	220 139	34,25	221 721	33,06	230 891	31,60
Amortissements	– 49 523	7,71	76 227	11,37	103 479	14,16
TOTAL (immobilisations nettes)	170 616	26,54	145 494	21,69	127 412	17,44
STOCKS	339 920	52,89	380 992	56,81	479 279	65,60
RÉALISABLE A COURT TERME						
Clients + effets à recevoir	3 409	0,54	9 153	1,37	23 892	3,37
Autre réalisable	35 972	5,59	51 520	7,68	52 766	7,12
TOTAL	39 381	6,13	60 673	9,05	76 658	10,49
DISPONIBLE À COURT TERME	92 817	14,44	83 466	12,45	47 255	6,47
Total de l'actif	**642 734**	**100**	**670 625**	**100**	**730 604**	**100**
PASSIF						
CAPITAUX PROPRES	244 464	38,04	204 555	30,50	243 468	33,32
DETTES A LONG ET MOYEN TERME	125 880	19,58	112 327	16,75	97 512	13,35
DETTES A COURT TERME						
Fournisseurs + effets à payer	102 483	15,95	90 210	13,45	102 284	14,00
Autres dettes	31 119	4,84	48 441	7,23	40 900	5,60
TOTAL	133 602	20,79	138 651	20,68	143 184	19,60
RESULTAT	138 788	21,59	215 092	32,07	246 440	33,73
Total du passif	**642 734**	**100**	**670 625**	**100**	**730 604**	**100**

A partir de ces tableaux, dressés par le comptable, quelles sont les conclusions que peut tirer la secrétaire ?

L'examen de l'*actif* permet de faire ressortir au niveau
• des *immobilisations :* une diminution importante de celles-ci qui passent de 26,54 % à 17,44 % en 1974, ce qui montre que l'outil de vente commence à vieillir ;

• du *stock :* une augmentation très sensible ; il passe de 56,9 % à 65,60 % en 1974. Les capitaux dégagés par l'entreprise sont donc réinvestis non pas dans l'outil de vente mais dans le stock, ce qui constitue peut-être une précaution mais n'en alourdit pas moins très sérieusement la gestion ;

• des *valeurs réalisables :* une croissance régulière ; elles passent de 6,13 % à 10,49 %. Cela est dû en partie à l'importance du poste clients (factures non encore payées) et à celle de la T. V. A. (à récupérer) ;

• des *valeurs disponibles :* une diminution régulière ; elles passent de 14,44 % à 6,47 %, ce qui constitue une amélioration de la gestion de la trésorerie immédiate.

L'analyse du *passif* permet de constater :
• une diminution de la part des capitaux propres, dont la valeur en pourcentage passe de 38 % à 33,3 % ;

• une diminution de la dette à long terme, qui tombe de 19,58 % à 13,35 % avec la fin de l'emprunt contracté lors de la rénovation du magasin ;

• une dette à court terme qui se maintient sensiblement au même niveau ;

• un accroissement continu du résultat, qui passe de 21,6 % à 33,7 %.

Cette analyse, au total, montre que l'entreprise est en très bonne santé, qu'elle regorge de capitaux, mais que ceux-ci ne sont pas employés d'une manière très dynamique puisqu'ils financent un stock trop important. La trésorerie permet de faire face aux échéances sans difficulté.

L'analyse de l'évolution des résultats tels qu'ils résultent des comptes d'exploitation conduit aux mêmes conclusions satisfaisantes (v. tableau pages suivantes) :

- une progression sensible du chiffre d'affaires : 11,6% en 1973, 27,7% en 1974 ;
- une marge brute qui se maintient à un niveau élevé, en gros 53% du chiffre d'affaires hors taxe ;
- une grande stabilité des frais généraux (20% du C. A.).

L'augmentation régulière des frais de personnel est due à la stabilité de celui-ci, qui bénéficie alors de primes d'ancienneté. La diminution des frais financiers s'explique par le fait que, les emprunts contractés lors de la rénovation arrivant à leur terme, le montant des intérêts est moindre ;

- un bénéfice net, avant impôts, de 29 à 32% du C. A. hors taxe indique que l'affaire est largement rentable.

Le seul point un peu préoccupant sur lequel la secrétaire devrait insister dans son compte rendu c'est la lenteur de rotation des stocks. Le stock moyen ne tourne que 0,9 fois l'an, alors que la moyenne dans la profession s'élève à 1,2 (d'après les chiffres), mesures pour le commerce de détail fournis par le CECOD *(Centre d'études du commerce et de la distribution).* Ce problème n'est pas absolument spécifique au magasin étudié, car il caractérise un peu toute la profession. En effet, la bijouterie, commerce de produits anomaux, a besoin de l'assortiment le plus large possible, ce qui conduit fréquemment les chefs d'entreprise à acheter des marchandises ayant une grande valeur. Ces pièces restent parfois plusieurs années en magasin avant d'être vendues, ralentissant d'autant plus la rotation des stocks que leur valeur est plus grande. Dans le cas de notre bijoutier, quelques solitaires et un peu trop de montres de prix ont suffi à alourdir le stock. Il doit essayer de travailler plus souvent avec des « confiés » pour ce qui est des pièces de valeur.

ANALYSE DE L'EVOLUTION DES COMPTES

	1972	%	1973	%	1974	%
1 Ventes	748 426		835 486	+ 11,6	1 067 342	27,75
2 Taxes	161 379		172 671		219 124	
3 Ventes hors taxes	587 047	100	662 815	100	848 218	100
4 Inventaire début d'année	311 490		339 992		380 992	
5 + Achats de l'exercice	344 623		363 362		503 842	
Total 4 + 5	656 113		703 354		884 834	
6 – Inventaire fin d'année	339 921		380 992		479 279	
7 = PRIX DE REVIENT VENTES	304 097	51,8	306 227	46,2	394 592	46,52
8 MARGE BRUTE (3 – 7)	282 950	48,2	356 588	53,8	453 626	53,48

ANALYSE DE L'EVOLUTION DES COMPTES (suite)

9 *Charges :*						
61 - Frais de personnel	26 508	4,51	32 052	4,83	48 679	5,74
62 - Impôts	4 629	0,79	5 025	0,76	4 899	0,57
63 - Travaux et services extérieurs	30 903	5,26	32 481	4,9	41 398	4,88
64 - Transports et dépl.	3 892	0,66	3 165	0,47	3 858	0,45
66 - Frais div. de gestion	42 673	7,27	46 739	7,05	59 398	7,00
67 - Frais financiers	13 110	2,23	12 042	1,81	10 915	1,3
TOTAL DES CHARGES	121 715	20,7	131 504	19,84	169 147	19,94
10 Résultat d'exploitation (8 – 9)	161 235	27,46	225 084	33,95	284 479	33,53
11 Amortissements	22 343	3,8	26 703	4,02	27 251	3,21
12 **Résultat net** (10 – 11)	138 892	23,66	198 381	29,93	257 228	30,32
13 Pertes et profits	+ 99		+ 16 712	2,52	– 10 784	– 1,27
14 **Bénéfice net de l'exercice** (12 + 13)	138 991	23,66	215 093	32,45	246 444	29

Rapports avec les services publics

La société contemporaine est devenue une société de paperasse. Tout le monde s'en plaint, mais l'Administration, en dépit de quelques velléités de simplification, ne fait rien pour modifier réellement la situation. D'ailleurs, serait-il vraiment utile de la modifier ? Il est rare que des papiers officiels soient exigés sans qu'ils possèdent une véritable utilité, même si elle n'apparaît pas clairement aux yeux de l'usager. La plupart du temps, on s'aperçoit que les « papiers » constituent une véritable garantie et que la petite gêne causée par leur obtention est largement compensée par les sécurités qu'ils apportent dans l'avenir.

Il faut également reconnaître que les formalités qui accompagnent la demande ont été, dans une période récente, assez sérieusement assouplies. Le seul problème réel, c'est de savoir à qui s'adresser. C'est pourquoi nous allons essayer de le préciser clairement à chaque fois que nous proposerons un modèle de lettre, lorsque la pièce en question peut être obtenue par correspondance.

Questions d'identité

265. Demande de copie de l'acte de naissance

A adresser à la mairie où a été dressé l'acte ; si cette mairie est celle du lieu de résidence, la copie de l'acte de naissance peut être obtenue sur simple présentation du livret de famille.

Monsieur le Maire,

Je vous serais très obligée de bien vouloir me faire parvenir copie de mon acte de naissance.

Mon nom est Rongieras Célestine, Marthe, Alice, née le 21 mai 1950 à Mende (Lozère).

Vous voudrez bien trouver ci-joint une enveloppe timbrée au nom de Madame Lopez Célestine, 3, rue Gambetta, 92100 Boulogne.

Je vous prie d'agréer, Monsieur le Maire, avec mes remerciements, mes salutations très distinguées.

Célestine Rongieras,
épouse Lopez.

Même lettre si l'on demande un extrait de l'acte de naissance. Il faut toutefois préciser si l'extrait est demandé en vue d'un mariage.

266. Demande de copie de l'acte de mariage

A adresser à la mairie de la commune où le mariage a été célébré.

Monsieur le Maire,

Je vous serais extrêmement obligé de me faire parvenir copie intégrale de mon acte de mariage.

Mon nom est Laborde André, Jean, Antoine. J'ai épousé dans votre commune, le 27 février 1973, Mademoiselle Duprince Emilie-Jeanne.

Vous voudrez bien trouver ci-inclus une enveloppe timbrée portant mon adresse actuelle.

Veuillez agréer, Monsieur le Maire, avec mes remerciements, l'assurance de ma considération distinguée.

André Laborde

Si la demande est faite par une autre personne autorisée (ascendant ou descendant, conjoint ou représentant légal), elle doit être accompagnée de documents justificatifs prouvant la parenté (livret de famille et carte d'identité) ou de l'autorisation légale.

La même lettre peut être adressée pour une demande d'extrait de l'acte de mariage.

267. Demande de copie de l'acte de décès

A adresser à la mairie où a été dressé l'acte.

Monsieur le Maire,

J'aurais besoin d'obtenir copie de l'acte de décès de M. Bandinelli Luigi, Aldo, Calogero, décédé le 22 juin 1971 à Yzeure (Allier).

Je vous serais reconnaissant de me la faire parvenir au moyen de l'enveloppe timbrée ci-jointe, qui porte mon adresse :

Trevisano Robert, Jules, 17, avenue de la Porte-de-Champerret, 75017 Paris.

Veuillez agréer, Monsieur le Maire, l'expression de ma considération distinguée.

Nota. Toute personne peut obtenir la copie d'un acte de décès.

268. Demande de certificat de nationalité française

A adresser au secrétariat-greffe du tribunal d'instance dont dépend le domicile ; la mairie en indiquera l'adresse.

Monsieur le greffier,

Je désirerais obtenir un certificat de nationalité française au nom de Belgnaoui Mohammed ben Abderrazack.

Vous voudrez bien trouver ci-joint :

- un extrait de mon acte de naissance ;
- un extrait de l'acte de mariage de mes parents ;
- un chèque postal de 34,50 F à l'ordre de « Monsieur le greffier du tribunal d'instance de ... » ;
- une enveloppe timbrée portant mon nom et mon adresse.

D'avance, je vous en remercie et vous prie d'agréer, Monsieur le greffier, mes salutations très empressées.

Belgnaoui Mohammed

269. Demande d'extrait de casier judiciaire

A adresser au greffe du tribunal d'instance dont relève la commune de naissance. Seul l'intéressé peut en faire la demande.

Monsieur le greffier en chef
du tribunal de grande instance
de Chalon-sur-Saône

Monsieur le greffier,

Je vous prie de bien vouloir m'adresser un extrait de mon casier judiciaire.

Mon nom est Lombard Céline, Louise, Hélène, épouse de Bourgeois René, née le 16 septembre 1942 à Saint-Vallier (Saône-et-Loire), demeurant actuellement 2, place de la République, à Autun.

Je vous adresse ci-joint un mandat-lettre de 11,50 F à votre nom, ainsi qu'une enveloppe timbrée portant mon nom et mon adresse.

Veuillez agréer, monsieur, avec mes remerciements, mes meilleures salutations.

Lombard Céline

La signature est obligatoire.

270. Demande de permis de conduire

A adresser, en province, à la préfecture du département ; à Paris, à la Préfecture de police, bureau des permis de conduire, 4, rue de Lutèce, 75004 Paris.

Monsieur le Commissaire de la République
(ou) Monsieur le Préfet de Police,

Je vous prie de trouver ci-joint, à l'appui de ma demande de permis de conduire :

- le formulaire, dûment rempli, qui m'a été délivré par l'auto-école ;
- une fiche d'état civil ;

- une attestation de domicile ;
- deux photographies d'identité portant mes nom et prénoms ;
- deux enveloppes timbrées à mon adresse pour les convocations ;
- deux timbres fiscaux de 30 F, oblitérés par ma propre signature.

Veuillez agréer, Monsieur le Commissaire de la République (ou) Monsieur le Préfet, l'assurance de ma haute considération.

271. Demande de permis de chasser

Le permis de chasser est délivré par les autorités du département après succès à un examen. Le dossier de demande doit être déposé à la mairie du domicile.

Monsieur le Maire,

J'ai l'honneur de vous adresser un dossier de demande de permis de chasser en vous demandant de bien vouloir le transmettre à l'autorité compétente.

Vous trouverez ci-joint :

- le formulaire d'inscription dûment rempli ;
- une fiche d'état civil ;
- deux photographies d'identité ;
- le reçu délivré par la Régie des recettes de la préfecture, constatant le versement de la taxe d'inscription ;
- le certificat attestant que j'ai passé l'examen avec succès.

Je vous remercie à l'avance et je vous prie d'agréer, Monsieur le Maire, l'expression de ma considération distinguée.

Nota. En cas de perte ou de vol d'une pièce d'identité, la déclaration doit toujours être faite au commissariat de police (ou à la gendarmerie du lieu où s'est produit l'incident). En possession du récépissé de déclaration de perte ou de vol, on recommencera les mêmes formalités.

272. Demande d'inscription sur les listes électorales

A adresser à la mairie de la commune du domicile ou à celle de la commune où l'on réside depuis plus de six mois.

Monsieur le Maire,

Etant retenu à la chambre par une longue maladie, je vous prie de bien vouloir accepter la demande d'inscription sur les listes électorales que je vous envoie par lettre recommandée.

Vous trouverez ci-joint ma carte d'identité et une justification de domicile.

En vous remerciant à l'avance, je vous prie d'agréer, Monsieur le Maire, l'expression de ma considération la plus distinguée.

273. Demande de récépissé de déclaration de commerçant non sédentaire

Cette carte est exigée lorsque la profession est exercée hors de la commune où se situe l'habitation de l'intéressé. Elle est demandée à la sous-préfecture de laquelle dépend le domicile.

Monsieur le Commissaire adjoint de la République,

Etant commerçant forain en étoffes, nouvellement installé à Beaune, j'ai l'honneur de solliciter la délivrance d'une carte d'identité de commerçant non sédentaire.

Vous voudrez bien trouver ci-inclus :

- ma carte d'identité ;
- une attestation de domicile ;
- le numéro de mon immatriculation au registre du commerce ;
- un extrait de mon casier judiciaire ;
- une photographie d'identité.

En attendant l'établissement définitif de la carte, je vous serais extrêmement obligé de bien vouloir me faire parvenir un récépissé de déclaration.

Vous remerciant à l'avance, je vous prie d'agréer, Monsieur le Commissaire adjoint de la République, l'assurance de ma considération très distinguée.

Signature

Le récépissé est délivré sans retard. La carte sera remise dans un délai de quatre mois sur présentation du récépissé et d'un extrait du rôle de la taxe professionnelle.

Rapports avec la justice

En dehors des rapports de caractère délictuel, les justiciables peuvent avoir de nombreuses occasions d'entretenir des relations administratives avec les magistrats et auxiliaires de justice (avocats, huissiers, etc.). Il est très important de connaître la distribution de l'appareil judiciaire en France, car les tâches de justice sont souvent spécialisées.

Relations avec le procureur

274. Au procureur de la République pour faire ouvrir une enquête

Monsieur le Procureur
de la République
près le tribunal d'instance
de Nîmes

Monsieur le Procureur,

J'ai l'honneur de vous signaler les faits suivants :

Notre voisin, Arsène Dupont, demeurant à L... (marié, sept enfants), nous inquiète depuis plusieurs semaines par des agissements fort désagréables. Fréquemment, au milieu de la nuit, il nous réveille par des vociférations et bruits divers. Certains soirs, il rentre chez lui en état d'ivresse et semble rudoyer sa femme et ses enfants. Son vacarme réveille nos jeunes enfants qui se mettent à pleurer. Hier, en mon absence, il a pris à partie ma femme dans la rue, à 21 heures, et l'a grossièrement injuriée.

Je porte plainte pour tapage nocturne et pour injures publiques.

Je voudrais surtout que cet énergumène soit convoqué et admonesté avant d'être traduit devant le tribunal de police, qui devrait lui infliger un sérieux avertissement. Je précise toutefois que le commissaire de police, informé, nous a dit l'avoir convoqué plusieurs fois sans qu'il ait daigné se présenter devant lui.

Peut-être serait-il bon également de demander à une assistante sociale d'aller vérifier dans quel état se trouvent ses enfants, qui, nous semble-t-il, ont souvent à pâtir de sa conduite ignoble.

Je vous remercie de bien vouloir vous intéresser à cette désagréable affaire et je vous prie d'agréer, Monsieur le Procureur, l'expression de mes respectueux sentiments.

275. Au procureur de la République pour signaler un abandon de famille

Monsieur le Procureur
de la République
à Besançon

Monsieur le Procureur,

J'ai l'honneur de porter à votre connaissance les faits suivants :

Notre voisine, mère de quatre enfants, dont l'aîné n'a pas dix ans, a été abandonnée par son mari l'année dernière.

Extrêmement occupée par les deux derniers petits, encore en bas âge, elle ne sort de chez elle que pour aller chercher les deux aînés à leur sortie de l'école.

Son mari est revenu la voir à la fin de l'année dernière, a laissé des bonbons et des jouets pour les enfants, mais il est reparti le lendemain sans lui laisser d'argent. Elle n'a donc, pour vivre et élever ses enfants, que les allocations familiales et le peu qu'elle gagne en faisant quelques travaux à domicile, mal rétribués.

Je l'ai invitée à vous adresser une plainte pour abandon de famille, que vous trouverez ci-joint, et je lui ai offert de témoigner auprès de vous des difficultés de sa situation.

Il est intolérable que son mari, qui est arrivé dans une belle voiture et semble gagner largement sa vie dans le commerce, puisse ainsi se désintéresser de sa femme et de ses enfants. Je suis persuadé qu'il aura suffi de vous signaler ces faits pour que vous procédiez sans retard à une intervention énergique.

Veuillez agréer, Monsieur le Procureur, l'assurance de mes salutations respectueuses.

276. Plainte pour abus de confiance

Monsieur le Procureur,

J'ai l'honneur de vous exposer les faits suivants :

Le ..., je me suis rendu chez M. X..., qui avait récemment ouvert un cabinet à B..., pour y souscrire une assurance couvrant ma responsabilité civile à l'égard des tiers pour la voiture que je venais d'acheter.

Je lui ai versé ... F, somme qu'il m'a dit être le montant pour l'année de la prime d'assurance.

Plusieurs semaines ont passé. M. X... a disparu sans laisser d'adresse, et la société à laquelle il a prétendu avoir transmis ma demande et mon versement n'a jamais rien reçu de lui.

Craignant d'avoir été victime d'un abus de confiance, je porte plainte contre M. X... et vous demande de bien vouloir faire procéder à une enquête sur ses agissements.

Veuillez agréer, Monsieur le Procureur, l'expression de ma considération distinguée.

277. Plainte pour vol

Monsieur le Procureur,

Dans la journée du ..., des inconnus se sont introduits en mon absence dans mon atelier et ont emporté plusieurs machines. J'en ai fait le soir même la déclaration au commissariat de police.

Sans nouvelles de l'enquête qui devait avoir lieu, et n'ayant obtenu à ce jour du commissariat ni réponse ni indication, je vous prie instamment de bien vouloir donner vos instructions au commissaire de police afin qu'il procède à cette enquête le plus tôt possible et que je sois informé des résultats.

Veuillez agréer, Monsieur le Procureur, mes respectueuses salutations.

278. Demande d'aide judiciaire

Monsieur le Procureur,

J'ai l'honneur de solliciter le bénéfice de l'aide judiciaire pour assigner devant le tribunal de grande instance, en déclaration de paternité, M. Mouchet Auguste, employé de banque, demeurant 18, impasse Granger, à M...

J'ai en effet des lettres dans lesquelles M. Mouchet reconnaît explicitement être le père de l'enfant né le ... Mais, après m'avoir séduite, il m'a abandonnée peu avant la naissance.

N'ayant pour toutes ressources que mon salaire de ... F par mois, je ne puis élever mon enfant sans aide et je demande donc au tribunal de déclarer que M. Mouchet en est le père et, en conséquence, de le condamner à me verser une pension alimentaire pour son entretien.

Ne pouvant avancer les frais du procès, j'espère obtenir rapidement l'aide judiciaire.

Veuillez agréer, Monsieur le Procureur, l'expression de mes salutations respectueuses.

Relations avec les juges

279. Au président du tribunal correctionnel pour excuser une abscence

Monsieur le Président,

Monsieur le Procureur m'a fait citer comme témoin pour votre audience du ... afin de déposer sur les faits reprochés à G...

Effectivement, j'ai été victime des indélicatesses de G... dans des circonstances que j'ai exposées à deux reprises devant le commissaire de police, circonstances que j'ai encore confirmées au juge d'instruction. Il m'a bien dérobé mon portefeuille contenant mes papiers et 350 F. Il a pris aussi mon carnet de chèques.

Cependant je constate que, pour cette affaire, j'ai déjà perdu plusieurs journées de travail. Or je n'ai aucun espoir de récupérer quoi que ce soit contre G..., qui est déjà en prison, sans doute pour plusieurs années.

Comme je ne puis vous apporter aucune précision nouvelle, je vous demande de bien vouloir m'excuser de ne pas me présenter devant votre tribunal.

Veuillez agréer, Monsieur le Président, mes respectueuses salutations.

280. Au juge d'un tribunal de grande instance pour excuser une absence

Monsieur le Président
du tribunal de grande instance
de Nancy

Monsieur le Président,

J'ai reçu, à la requête de M. D..., une citation à comparaître devant vous le ... pour témoigner contre sa femme, qui a demandé le divorce.

Je suis très surprise, car j'ignore tout de la vie conjugale des époux D...

Je me serais cependant rendue à votre convocation si ma situation de famille me le permettait, mais je ne puis quitter mes trois enfants en bas âge et encore moins le dernier, dont je viens d'accoucher il y a quinze jours.

Je vous prie de retenir que je n'ai absolument rien à déclarer sur les rapports des époux D... ni sur la conduite de l'un ou de l'autre, n'ayant jamais vécu dans leur intimité.

En vous réitérant mes excuses, je vous prie d'agréer, Monsieur le Président, l'expression de mes salutations distinguées.

281. Au président d'un tribunal d'instance pour obtenir l'exécution d'une saisie-arrêt ordonnée sur le salaire d'un débiteur

Monsieur le Président
du tribunal d'instance
de Langres

Monsieur le Président,

A la date du ..., vous avez, à ma requête, ordonné une saisie-arrêt sur les salaires de Marc-Antoine Malabry, mon mari, employé de commerce, pour la somme de ... F par mois, qu'il devrait me verser pour la pension alimentaire de nos enfants, dont le tribunal m'a confié la garde.

Plusieurs mois ont passé et je n'ai rien reçu. Cependant, on m'affirme qu'il travaille toujours chez le même employeur, M..., à qui obligatoirement votre greffier a dû notifier votre ordonnance.

Ayant le plus urgent besoin, pour l'entretien de mes enfants, de recevoir chaque mois la pension fixée par le tribunal, je vous prie instamment de bien vouloir demander au greffier de confirmer à l'employeur de mon mari qu'il doit, chaque mois, retenir sur les salaires de Marc-Antoine Malabry et m'envoyer chaque mois la somme de ...F, montant de la pension dont votre ordonnance l'a rendu personnellement débiteur.

Veuillez agréer, Monsieur le Président, l'assurance de mes respectueuses salutations.

282. Au président de la cour d'assises pour s'excuser de ne pouvoir figurer parmi les jurés

Monsieur le Président,

J'ai été informé que j'étais désigné pour faire partie du jury qui doit tenir ses assises à V..., le ...

J'apprécie pleinement cet honneur et cette responsabilité et je ne cherche nullement à me dérober à mes devoirs de citoyen.

Malheureusement, je dois vous faire savoir que je me trouve dans l'impossibilité de siéger, étant retenu à la chambre par une longue et douloureuse maladie, comme en fait foi le certificat médical que j'ai l'honneur de vous adresser ci-joint.

Je vous prie donc de bien vouloir excuser mon absence et de recevoir, Monsieur le Président, l'assurance de mes salutations respectueuses.

Relations avec des juges spécialisés

283. Au juge des enfants pour signaler une famille en danger

Monsieur le Juge,

Je crois devoir porter à votre connaissance les faits suivants :

La famille Ficheux, qui habite près de chez nous, a cinq enfants, âgés de trois à douze ans. Le mari, retenu par son travail, ne rentre qu'à la nuit. La femme sort peu de chez elle, mais ne semble pas en état de s'occuper des enfants. Alertée par leurs cris, je suis allée plusieurs fois voir ce qui se passait et j'ai trouvé la mère dans un état d'hébétude complète, due visiblement à l'alcool. D'autres voisines ont fait la même constatation.

Les enfants sont malpropres et paraissent sous-alimentés. Deux ont été récemment malades et, apparemment, n'ont pas reçu de soins médicaux. Il nous semble donc que ces enfants sont en danger.

Persuadée que vous allez faire effectuer une enquête, je me tiens à votre disposition, ainsi que d'autres voisins, pour vous donner toutes précisions.

Veuillez agréer, Monsieur le Juge, l'expression de ma considération distinguée.

284. Au juge des tutelles au sujet des biens d'un mineur

Monsieur le Président,

Depuis le divorce qui a été prononcé contre mon mari, Albert Goy, à ..., par jugement du ..., dont vous voudrez bien trouver ci-joint copie, je suis administratrice légale des biens de mon enfant mineur, Jean-Charles, actuellement âgé de ... ans.

Celui-ci a reçu en héritage d'une tante décédée l'an dernier 50 actions de la société ... Or des amis sûrs viennent de m'affirmer que l'avenir de cette société est gravement compromis par une invention nouvelle qui va, dans un proche avenir, diminuer considérablement ses activités et ses bénéfices.

Dans ces conditions, il serait de l'intérêt de mon fils de vendre au plus tôt ces titres à la place desquels j'achèterais des valeurs plus sûres.

Vu l'urgence, je vous demande donc de m'autoriser à donner immédiatement l'ordre de vente des actions susvisées.

Espérant recevoir par un prochain courrier une ordonnance par laquelle vous voudrez bien m'y autoriser, je vous prie d'agréer, Monsieur le Président, l'expression de mes salutations distinguées.

Relations avec les avocats

Ces relations peuvent porter sur des sujets si variés qu'il est bien difficile d'en choisir un plutôt qu'un autre. A tout hasard, nous mentionnerons l'un des plus courants, le divorce.

285. Un homme en instance de divorce à son avocat

Champeaux, le...

Maître Turcaret
3, rue du Monastère
77260 La Ferté sous Jouarre

Maître,

Avec votre approbation, j'ai fait appel du jugement par lequel le tribunal de P..., statuant en mon absence et à mon insu, a prononcé le divorce à mes torts, sans me réserver aucun droit de voir mes enfants.

A ma dernière venue en France, en août-septembre, je me suis rendu en vain à notre domicile, où ma femme habite toujours. Elle n'y était pas et la concierge a prétendu ne pas connaître l'adresse à laquelle elle passait ses vacances avec nos trois enfants.

Je vous confirme que je demande à la cour :

- de prononcer le divorce aux torts de ma femme, dont il est avéré qu'elle a un amant depuis longtemps (donc, au moins, aux torts réciproques) ;
- de m'autoriser à prendre mes enfants pendant la seconde moitié des grandes vacances l'été prochain et, ultérieurement, pendant une moitié de toutes périodes de vacances, étant précisé que j'offre d'élever ma contribution aux frais de leur entretien de 1 500 F à 2 000 F par mois.

Je vous prie de croire, Maître, à mes sentiments très distingués.

286. Un homme récemment divorcé à son avocat

Yaoundé, le...

Maître Bonnamy
5, rue de la Croix-Nivert
75015 Paris

Maître,

Je vous rappelle que vous m'avez promis de faire en sorte que je reçoive le plus tôt possible ma part des biens que nous possédions en communauté, mon ex-femme et moi.

Confirmant le jugement du tribunal, la cour a prononcé le divorce en décembre et, m'avez-vous écrit, l'arrêt est définitif.

Je demande donc qu'il soit procédé dans les prochains mois au partage qui a été ordonné par le tribunal, par les soins d'un notaire désigné.

Je vous rappelle que mon ex-femme est restée dans notre appartement, dont elle m'a expulsé, et qu'elle y habite depuis l'an dernier avec son amant, dans les meubles que nous avions achetés ensemble : tous sont restés en sa possession.

Ma part de la communauté à partager représente 70 à 80 millions d'anciens francs et j'ai besoin de recevoir, avant la fin de l'année, la somme qu'elle va devoir me verser pour garder les meubles.

Quant à l'appartement, elle ne pourra pas le payer. Je demande donc sa mise en vente.

Devant prendre mon congé annuel en France en juin, je vous demande instamment de saisir le notaire au plus tôt et de le prier de nous convoquer, ma femme et moi, pour les premiers jours de juin.

Veuillez agréer, Maître, l'assurance de mes sentiments distingués.

Relations avec les services de l'enseignement

Les parents d'élèves sont en général — heureusement pour eux ! — tenus à l'écart de l'imposante paperasserie qui caractérise les services de l'Education nationale. Il suffit, le plus souvent, de faire une démarche personnelle pour obtenir une inscription, ou de remplir des formulaires à l'intention de divers ordinateurs. La correspondance se bornera donc, si elle doit être particularisée, à des demandes de renseignements, adressées le plus souvent à un B. U. S. (bureau universitaire de statistiques).

287. Demande de renseignements auprès d'un B. U. S.

Monsieur,

Mon fils, Perceval Gaston, Alain, demeurant 23, rue des Corneilles, à Tarbes, vient d'échouer au baccalauréat. Il aurait pu réussir car il a eu la moyenne toute l'année, mais n'y revenons pas. Il serait maintenant désireux de préparer une école de commerce.

Ne possédant pas de brochure à jour, je vous serais reconnaissant de m'indiquer quelles sont les écoles de commerce, dans notre département ou dans notre région, qui admettent les élèves en « année préparatoire », à l'issue de laquelle ils peuvent se présenter à la fois au baccalauréat et à l'examen d'entrée des écoles de commerce. Cela lui permettrait de ne pas perdre une année.

En cas d'échec, faut-il songer à d'autres écoles de commerce ? On m'a parlé d'instituts universitaires de technologie ainsi que d'instituts de préparation commerciale, qui, paraît-il, n'exigeraient pas de diplôme à l'entrée. Ces établissements sont-ils privés ou publics, gratuits ou payants ?

Je vous remercie à l'avance des informations que vous voudrez bien me fournir et, dans cette attente, je vous prie de croire, Monsieur, à l'expression de mes très sincères salutations.

288. Autre demande

Monsieur,

Désirant me perfectionner dans toutes les disciplines qui relèvent du secrétariat et, si possible, obtenir un diplôme, je vous serais reconnaissante de me fournir des précisions dans ce domaine.

Je suis âgée de vingt ans et je n'ai que mon C. E. P.

J'ai suivi des cours Pigier de sténo-dactylo de 16 à 18 ans. Depuis deux ans, je travaille dans une entreprise de chauffage à ... Pouvez-vous me faire savoir ce qui existe :

- comme cours par correspondance ;
- comme cours du soir dans la ville de ... ;
- comme stages intensifs de formation.

Je me permets d'ajouter que je dois subvenir à mes besoins et je ne puis ni ne veux demander aucune aide à ma famille.

J'accepterais avec reconnaissance toute suggestion de votre part.

Je vous prie de croire, Monsieur, à mes très sincères salutations.

Il n'y a lieu d'adresser de correspondance à l'inspection d'académie, en dehors des inscriptions aux examens, que dans des cas très spéciaux. En voici deux exemples :

289. Demande de dispense de scolarité pour un enfant de moins de seize ans

Monsieur l'Inspecteur d'académie
de Clermont-Ferrand

Monsieur l'Inspecteur,

J'ai l'honneur de solliciter de votre haute bienveillance une dispense de scolarité pour mon fils Chevrier

Adrien, Jean, Charles, né le 2 février 1965 à Combeaufontaine (Haute-Saône) et donc âgé actuellement de plus de quatorze ans.

Il vient d'obtenir son certificat d'études, et notre voisin, artisan menuisier, s'offre à le prendre comme apprenti sous contrat. Il pourra suivre par correspondance les cours de la Fédération des industries du meuble et passer l'examen du C. A. P.

Le conseiller d'orientation scolaire et professionnelle, dont vous trouverez ci-joint l'avis, n'y voit pas de contre-indication.

J'espère donc que vous voudrez bien donner une réponse favorable à cette demande, étant donné, par ailleurs, qu'il n'existe dans notre région que fort peu de collèges techniques et qu'il est difficile d'y trouver une place.

Veuillez agréer, Monsieur l'Inspecteur, l'assurance de mes respectueuses salutations.

290. Autre demande de dispense

Chamalières, le...

Monsieur l'Inspecteur,

J'ai l'honneur de solliciter de votre haute bienveillance une dispense de scolarité pour ma fille Gosset Augustine, âgée de quinze ans.

Cette enfant est l'aînée de notre famille, qui compte huit enfants, et nous avons besoin d'elle à la maison.

Elle n'a pas passé son certificat d'études primaires, mais son institutrice pense qu'elle pourrait continuer à travailler par correspondance.

Si vous voulez bien nous accorder cette dispense, nous nous engageons à inscrire notre fille aux cours de la Mutualité agricole et à veiller à l'envoi de ses devoirs avec régularité.

Je vous prie de croire, Monsieur l'Inspecteur, à l'expression de mes sentiments respectueux.

Relations avec les administrations économiques

Depuis 1972, le gouvernement s'est préoccupé d'intervenir en faveur des commerçants et artisans défavorisés par l'évolution économique. Il a mis au point un certain nombre de formes d'aide, qui sont souvent, malheureusement, présentées sous un aspect très complexe, ce qui amène les bénéficiaires éventuels à solliciter de l'Administration des informations plus faciles à assimiler. Il s'est aussi préoccupé des consommateurs, dont les plaintes ne sont plus systématiquement négligées, même si elles sont encore bien loin de toujours recevoir satisfaction. Ces mesures peuvent amener le chef d'entreprise ou sa secrétaire à rédiger des lettres du modèle suivant.

291. Demande d'attribution d'aide à un commerçant âgé

Monsieur le ministre de l'Industrie,
du Commerce et de l'Artisanat
(Direction du commerce intérieur),

Monsieur le Ministre,

J'exerce depuis 35 ans ma profession de droguiste à Argenton (Creuse) et j'ai actuellement 62 ans. Ma femme a, elle aussi, dépassé la limite des 60 ans. Notre revenu total est de 16000 F (en 1974) et notre forfait fiscal de 15000 F. Pour obtenir l'aide spéciale compensatrice, j'ai, comme la loi le prescrit, mis mon fonds de commerce en vente. L'affichage a duré trois mois et ne m'a apporté aucune proposition d'achat. J'ai donc déposé un dossier de demande de pécule de départ, mais je n'ai encore reçu aucune réponse.

Pouvez-vous me faire savoir à quelle date je recevrai mon indemnité et quel en sera le montant ?

D'avance, je vous en remercie et vous prie d'agréer, Monsieur le Ministre, l'assurance de ma haute considération.

Dès que le dossier aura été instruit et accepté, le demandeur recevra une indemnité égale à 90 % du triple du revenu.

292. Demande de prêt par un jeune commerçant

Monsieur le Ministre,

Aux termes de la loi d'orientation du commerce et de l'artisanat (art. 47), des dispositions particulières sont prises pour faire bénéficier de conditions privilégiées de crédit les jeunes qui veulent s'installer en tant que chefs d'une entreprise commerciale.

Or, j'ai l'intention d'ouvrir un commerce d'alimentation à Puteaux (92). J'ai 27 ans, une expérience de deux années comme employé dans un supermarché de la région parisienne et je crois présenter des aptitudes suffisantes à la gestion puisque je suis diplômé de l'institut universitaire de technologie de Versailles.

J'ai donc l'honneur de solliciter de votre haute bienveillance l'attribution d'un prêt de 200 000 F.

Veuillez agréer, Monsieur le Ministre, avec l'expression de ma gratitude celle de ma haute considération.

La demande est régulière. Déposer le dossier à la Caisse centrale de Crédit hôtelier, commercial et industriel.

293. Demande d'aide par un commerçant victime d'une opération d'équipement collectif

Monsieur le Commissaire de la République
de la région Aquitaine
à Bordeaux

Monsieur le Commissaire de la République,

Je possède une entreprise de mercerie-bonneterie que j'exploite depuis 10 ans, rue ..., à Bordeaux. Je suis parfaitement en règle avec les directions des Contributions directes et indirectes. Mes affaires se sont développées d'une façon satisfaisante jusqu'au jour où il a été décidé de raser le quartier Mériadec pour y installer un grand centre commercial.

La rue où j'exerce n'a pas été comprise dans le programme d'expropriation, mais, depuis le début des travaux, elle est devenue pratiquement inaccessible ; aussi ai-je perdu la plus grande partie de ma clientèle et je n'ai aucun espoir de la récupérer, car le centre commercial, lorsqu'il sera ouvert, comportera certainement des magasins d'équipement de la personne beaucoup plus modernes que le mien et disposant de moyens financiers très supérieurs. J'ai donc subi, du fait de cette opération d'équipement collectif, des dommages irrémédiables.

J'ai demandé à bénéficier des dispositions prévues par la loi d'orientation du commerce et de l'artisanat (art. 52) et je me suis soumis à l'enquête faite par la chambre de commerce et d'industrie. Je crois savoir que mon dossier sera prochainement présenté à la commission que vous présidez.

J'ai donc l'honneur de vous demander de l'examiner avec bienveillance, afin que je puisse obtenir les moyens d'abandonner un commerce moribond et de me reconvertir ailleurs.

Veuillez agréer, Monsieur le Commissaire de la République, l'expression de ma considération la plus distinguée.

294. Lettre de réclamation à la boîte postale 5000

La « boîte postale 5000 » est, en réalité, une commission composée de représentants des consommateurs, des producteurs, des commerçants et de l'Administration qui recueille les plaintes des consommateurs et essaie de régler à l'amiable leurs différends avec les fournisseurs. Il en existe une par département et son siège est à la préfecture. Les résultats de l'action de cet organisme sont extrêmement inégaux, et il semble tombé en désuétude.

B. P. 5000

Préfecture de la Haute-Vienne
à Limoges

Monsieur le Commissaire de la République,

J'ai l'honneur de porter à votre connaissance le différend qui m'oppose à la société X...

Voici les faits.

En novembre 1977, j'achète à cette société un radar de surveillance volumétrique des locaux, destiné à servir d'avertisseur sonore dans la lutte contre le vol. Je le paie ... F. Un employé de la maison vient l'installer et, aux premiers essais, l'appareil semble fonctionner normalement. Je n'ai pas l'occasion de l'utiliser pendant l'hiver. A l'approche des vacances, j'essaie de le mettre en marche : il ne fonctionne plus. Comme il est encore sous garantie, la maison envoie un employé procéder aux vérifications. Celui-ci change les piles (à mes frais) et déclare l'appareil en bon état. Je l'essaie à nouveau en juillet, avant de partir en vacances, il ne fonctionne plus. Je le porte à la maison X..., où l'on procède à de nouvelles vérifications. On me restitue l'appareil en état de marche. Je pars tranquille en vacances. Quand je reviens, je m'aperçois que l'appareil ne fonctionnait pas.

J'ai l'impression dans cette affaire d'avoir été dupée par des commerçants malhonnêtes. Que puis-je faire ? Exercer un recours légal ? Ce sera sans doute long et coûteux, et, si le modèle même de l'appareil est défectueux, il le restera. Puis-je obtenir un remboursement de ce que j'ai versé, l'appareil étant encore sous garantie ?

Je vous serais extrêmement obligée de me faire connaître votre sentiment sur la question et je vous prie de croire à mes sentiments distingués.

Arlette L...

Relations avec les administrations fiscales

Il est rare que la secrétaire ait à entrer en relation avec les services des impôts ; en général, le chef d'entreprise se réserve personnellement ces négociations délicates. Au reste, s'il y a beaucoup de formulaires à remplir, il y a peu de correspondance à proprement parler.

Le contribuable se borne généralement à solliciter un rendez-vous pour discuter de ses affaires avec le fonctionnaire responsable.

295. Demande de dégrèvement

Monsieur l'inspecteur
des Contributions directes
Rennes, le...

Monsieur l'Inspecteur,

Dans la feuille d'impôts qui vient de me parvenir, je remarque que vous n'avez pas tenu compte, pour la détermination de mon revenu imposable, des travaux d'aménagement que j'ai effectués dans le local sis rue ..., n° ..., que je loue à la société Z...

Il me semble qu'il s'agit là cependant de travaux d'entretien qui doivent normalement venir en déduction du revenu que je tire de ce local.

J'ai donc l'honneur de vous demander de bien vouloir réviser votre appréciation et de me consentir un dégrèvement justifié.

Je me tiens, bien entendu, à votre disposition pour vous fournir, oralement ou par écrit, tous les éclaircissements que vous pourriez souhaiter. Le mieux, me semble-t-il, serait que vous acceptiez de me fixer un rendez-vous à votre convenance.

Veuillez croire, Monsieur l'Inspecteur, à mes sentiments distingués.

296. Demande de délais de paiement

Angoulême, le...

Monsieur le Trésorier principal
d'Angoulême

Monsieur le Trésorier principal,

Par lettre en date du 12 avril 1979, vous m'avez invité à vous verser avant le 15 juin prochain au titre des impôts sur le revenu pour l'année 1978 la somme de ...

Cette somme, considérable par rapport à mes moyens, vient s'ajouter à tout ce que je vous ai déjà versé, depuis le début de l'année, au titre de redressements divers sur les années antérieures. Je ne vous cacherai pas que ma trésorerie est, pour le moment, sérieusement obérée par ces prélèvements, et que je ne vois pas trop comment m'acquitter de ma dette sans contracter un emprunt à des conditions très coûteuses.

Vous savez que je suis un contribuable honnête et que j'ai toujours respecté mes engagements à votre égard.

C'est pourquoi je me permets de solliciter de votre bienveillance quelques délais de paiement. Il me serait particulièrement commode de pouvoir régler ma dette en trois versements d'un tiers chacun, le 15 juin, le 15 juillet et le 15 octobre, car les vacances ne sont pas une période propice aux rentrées.

Je compte que vous voudrez bien prendre en considération et ma bonne foi et ma situation difficile, et ne pas m'appliquer lors de ces trois versements une pénalité de retard.

D'avance, je vous remercie de votre compréhension et je vous prie d'agréer, Monsieur le Trésorier principal, l'assurance de mes salutations distinguées.

Relations avec les services du travail et de la Sécurité sociale

C'est là un sujet que nous avons déjà eu plusieurs fois l'occasion d'aborder à propos des problèmes de personnel, ou d'immatriculation aux caisses, ou de formalités nécessaires à l'ouverture d'un commerce. Toutefois, comme ces relations intéressent d'une manière à peu près constante la vie de l'entreprise, il nous paraît utile d'apporter quelques précisions supplémentaires.

Conflits du travail

En cas de litige entre employeur et salarié, la personne qui s'estime lésée a intérêt à consulter d'abord l'inspecteur du travail compétent pour l'entreprise ou la profession considérée. Sur ses conseils, si le litige ne s'aplanit pas, elle pourra saisir le *conseil des prud'hommes* par lettre recommandée de ce type :

297.

Monsieur,

J'ai l'honneur de vous demander de bien vouloir examiner le litige suivant et de me permettre de faire respecter mes droits.

Je suis employée en qualité de sténo-dactylographe dans la société Y... depuis trois ans. Le 24 janvier 19.., j'ai bénéficié d'un congé-maternité de 14 semaines, pendant lequel j'ai eu un accouchement difficile. A l'expiration du délai légal je n'étais pas encore bien remise et le docteur m'a ordonné un repos d'un mois.

Lorsque j'ai pu reprendre mon travail, mon patron, M. Z..., m'a déclaré qu'il avait dû évidemment me remplacer, qu'il acceptait bien de me reprendre, mais, pour ainsi dire, en surnombre, car ma remplaçante m'était, paraît-il, supérieure. En conséquence, il ne me redonnerait pas mon emploi précédent, qui comportait de nombreuses tâches de secrétariat, et me cantonnerait désormais uniquement dans des tâches de dactylographe, ce qui entraînerait non pas la diminution de mon salaire légal, mais la perte de certaines indemnités et facilités.

J'estime qu'il y a là une réduction des droits acquis inadmissible parce qu'elle ne se fonde pas sur une insuffisance de rendement ni sur une faute professionnelle et je vous demande d'obliger mon employeur à me rétablir dans mes fonctions précédentes, que je n'ai quittées qu'en raison du congé légal de maternité.

Veuillez croire, Monsieur, à l'assurance de mes salutations distinguées.

Rappelons qu'il peut être fait appel du jugement rendu devant un conseil prud'homal différemment constitué et que le jugement rendu en dernier ressort peut faire l'objet d'un pourvoi en cassation.

Perte d'emploi

En cas de perte d'emploi autorisée par l'inspection du travail et qui ne fait donc pas l'objet d'un litige, il faut s'inscrire au service de l'Agence nationale pour l'emploi (A. N. P. E.) le plus proche du domicile. Cela vous donne le droit de bénéficier des allocations d'aide publique, des allocations de chômage versées par l'Etat, des allocations des ASSEDIC, des allocations supplémentaires d'attente pour les travailleurs licenciés pour un motif d'ordre économique. Vous conservez aussi vos droits aux prestations de Sécurité sociale et aux allocations familiales. Vous pouvez enfin demander un stage pour la formation professionnelle des adultes en vous adressant à l'A. N. P. E.

298.

Monsieur le Directeur,

Ayant été licencié pour raisons d'ordre économique de l'entreprise dans laquelle je travaillais en qualité de magasinier, je me suis inscrit comme demandeur d'emploi à l'A. N. P. E. le ...

Mais je me rends compte que j'ai peu de possibilités de trouver un nouvel emploi étant donné que je ne possède aucune spécialisation. C'est pourquoi je sollicite mon inscription à un stage de formation professionnelle conduisant à un emploi du niveau d'ouvrier qualifié.

Je ne manifeste pas de préférence spéciale pour une profession ou une autre, mais je pense que votre orienteur jugera plus à propos de me diriger vers un emploi réclamant une grande force physique, ce qui est mon cas.

Je me tiens à votre disposition pour répondre à toute convocation de votre part et, en vous remerciant à l'avance, je vous prie d'agréer, Monsieur le Directeur, l'expression de mes sentiments distingués.

Rappelons qu'un salarié en activité peut également bénéficier de stages de *formation professionnelle*, soit qu'il y soit envoyé par son employeur en parfait accord, soit qu'il sollicite de lui-même un congé-formation. Dans ce dernier cas, il enverra à son employeur une lettre de ce type :

299.

Bourganeuf, le...

Monsieur,

Je me permets de solliciter, conformément à la loi, un congé-formation, ce qui entraînera mon absence pendant trois mois.

Ce stage aura lieu du 1er octobre au 31 décembre 19.. Il est organisé par la chambre de commerce et d'industrie de ... et présente donc toutes garanties de régularité. Il est d'ailleurs agréé par la commission paritaire de l'emploi de votre profession.

En conséquence, je vous serais très obligé de me faire savoir pendant combien de temps vous estimez devoir me maintenir mon salaire, avant de demander le complément au Fonds d'assurance-formation.

Veuillez croire, Monsieur, que ce stage n'a pas d'autre objet que d'améliorer mes compétences professionnelles afin d'accroître les services que je puis rendre à votre entreprise.

Agréez, Monsieur, l'assurance de mes salutations distinguées.

Nota. L'employeur ne peut refuser le principe d'un tel stage, mais il peut en modifier la date si l'absence du futur stagiaire est à ce moment-là préjudiciable à la bonne marche de l'entreprise.

Les rapports avec les caisses d'allocations familiales, nous l'avons vu, se réduisent la plupart du temps à des compilations de formulaires. On peut tout de même relever certains cas particuliers de correspondance.

300. Une femme en instance de divorce écrit à une caisse d'allocations familiales

Monsieur le Directeur de la Caisse
d'allocations familiales

Monsieur le Directeur,

J'ai l'honneur de vous faire connaître que, par ordonnance du ..., dont copie ci-jointe, le président du tribunal de grande instance de Paris m'a confié la garde de nos quatre enfants.

En conséquence, c'est désormais à moi et à mon nom que les prestations familiales doivent être versées.

D'ailleurs, restée seule à mon foyer, sans argent, j'ai dû prendre un emploi dans la société Z... Je vous adresse ci-joint l'attestation de mon employeur.

Etant donné ma situation critique, j'ose espérer qu'aucun retard n'empêchera le versement, à la fin du mois, des allocations familiales, y compris l'allocation de salaire unique, à mon nom.

Veuillez agréer, Monsieur le Directeur, l'expression de mes salutations distinguées.

Relations avec les organismes consulaires et professionnels

Les chambres de commerce et d'industrie, les chambres des métiers, les chambres d'agriculture sont baptisées « compagnies consulaires » parce que les plus anciennes d'entre elles (celle de Marseille fut la première) étaient formées de membres élus par leurs collègues marchands, et appelés *consuls.* Ce sont des organismes officiels, mais non fonctionnarisés ; ce sont des établissements publics chargés de représenter les intérêts économiques de leur circonscription. Il ne faut donc pas les confondre, comme on le fait parfois, avec les tribunaux de commerce, ni croire qu'elles sont chargées de tenir le registre du commerce. Elles sont composées de membres élus pour six ans et renouvelables, les électeurs étant essentiellement les commerçants inscrits au registre du commerce. Les membres des chambres de métiers sont élus par les artisans et comprennent de droit des représentants des organisations syndicales artisanales.

V. Organigramme d'une chambre de commerce p. 342.

Les chambres sont chargées de contribuer à la définition du cadre dans lequel s'exercent déjà ou s'exerceront demain les activités professionnelles, de veiller à l'adaptation des équipements commerciaux et artisanaux aux besoins réels des consommateurs, de fournir aux commerçants et artisans tous renseignements nécessaires pour la pratique de leur profession et d'organiser des stages de courte durée d'initiation à la gestion ainsi que des cours de formation et d'enseignement. Les commerçants ont donc tout intérêt à se maintenir en contact constant avec leurs chambres, dont les services, la plupart du temps, sont gratuits.

Les organisations professionnelles sont des associations privées et volontaires, dans lesquelles les commerçants peuvent se rencontrer pour défendre leurs intérêts, discuter de leurs problèmes, chercher à promouvoir l'image de marque de leur profession, de leur quartier ou de leur ville (animation des rues, quinzaines commerciales, etc.).

301. Un commerçant à sa C.C.I. pour demander son inscription

Monsieur le Président,

Nouvellement installé à Mâcon, où j'exerce, 17, rue Lamartine, la profession de vendeur d'équipements de radio et télévision, j'ai l'honneur de solliciter mon inscription sur les listes des ressortissants de votre chambre.

Je suis inscrit au registre du commerce sous le n°... J'ai le vif désir de participer aux prochaines élections consulaires et je vous serais fort obligé de me faire parvenir toute documentation nécessaire sur les activités de votre compagnie.

Veuillez agréer, Monsieur le Président, l'assurance de mes sentiments distingués.

Gallois Justin

302. Pour demander des informations

Monsieur l'Assistant technique,

Un de mes collègues, M. ..., m'a fait savoir qu'il avait reçu votre visite et qu'il avait été fort intéressé par la description que vous lui avez faite des activités de votre chambre.

Je n'ose vous demander de me rendre une visite du même genre (cependant, si vous en trouviez le loisir, j'en serais très honoré), mais je pense que vous pourriez me faire parvenir des renseignements sur les services que la chambre est susceptible de rendre aux petits commerçants à titre individuel, spécialement sur le plan juridique et fiscal.

Mon collègue m'a aussi parlé d'une revue d'information qui serait éditée par vos soins. Est-il possible que vous m'en fassiez le service, s'il est gratuit ?

D'avance, je vous remercie et vous prie d'agréer, Monsieur l'Assistant technique, l'assurance de mes salutations distinguées.

303. Demande d'information sur les centres de gestion agréés

Monsieur le Président,

J'ai appris la création par votre compagnie d'un centre de gestion agréé, destiné à fournir à ses adhérents des services en matière de gestion et à leur procurer des facilités fiscales.

Je vous serais extrêmement obligé de bien vouloir me faire parvenir toutes informations en ce domaine, et en particulier de répondre aux questions suivantes :

- Est-il exact que l'adhérent bénéficie d'un abattement de 20 % sur le bénéfice imposable ?
- Est-il exact que le centre peut élaborer les déclarations fiscales de ses adhérents au bénéfice réel ?
- L'adhérent peut-il conserver son propre comptable ?

Dans l'attente de votre réponse, je vous prie de croire, Monsieur le Président, à toute ma gratitude et d'accepter mes salutations les plus empressées.

La réponse aux trois questions est : oui.

304. Demande d'information sur les stages de formation

Clermont-Ferrand, le...

Monsieur le Président,

Etant sur le point de reprendre un commerce d'équipement électro-ménager, j'éprouve le besoin d'améliorer mes connaissances dans le domaine de la comptabilité et de la gestion.

J'ai appris que votre chambre organisait des stages de courte durée à l'intention des « professionnels demandant pour la première fois l'immatriculation d'une entreprise commerciale ou artisanale », ce qui est mon cas.

Auriez-vous la bonté de me faire parvenir une documentation sur ces stages, en précisant leur date, leur durée et leur programme. Pourriez-vous me dire si, en plus de l'enseignement de la gestion, vous donnez également des cours d'étalage ? Et, enfin, ces stages sont-ils gratuits ou payants ? Et, dans ce dernier cas, combien coûtent-ils ?

Je vous remercie de votre amabilité et vous prie de croire, Monsieur le Président, à ma considération distinguée.

Les stages de courte durée ne sont qu'une initiation à la gestion. Pour les techniques commerciales (étalage, par exemple), des stages peuvent être organisés à la demande par l'A. T. C. en liaison avec les organisations professionnelles.

Les stages de courte durée, prévus par la loi, sont gratuits.

305. Demande d'information sur les actions d'animation collectives

Poitiers, le...

Monsieur le Président,

Comme la plupart de mes collègues, je suis sensible aux avantages commerciaux que constituent les actions d'animation. Mais je dois reconnaître que les actions que nous avons précédemment menées semblent quelque peu usées. La quinzaine commerciale est traditionnelle, n'y revenons pas, mais force est de constater qu'elle n'a plus un grand pouvoir d'attraction. Nous sommes presque tous d'accord pour transformer en rue piétonnière la rue de la République, mais il nous faut encore l'accord de la municipalité et les travaux nécessaires à sa réalisation seront longs et coûteux. Voudriez-vous demander à l'un de vos assistants techniques du commerce, qui ont certainement une grande expérience de ces réalisations, d'assister à la prochaine réunion de notre Comité de quartier, le ... à 19 h, salle des fêtes, pour nous apporter ses suggestions ?

D'avance, je vous en remercie bien vivement et vous prie de croire, Monsieur le Président, à ma considération la plus distinguée.

306. Demande d'information sur la situation des commerces

Bourges, le...

Monsieur le Président,

J'ai l'intention d'ouvrir dans votre ville une librairie. J'ai pris contact avec plusieurs agences, qui m'ont proposé des emplacements jugés par elles intéressants. Mais je ne connais pas assez votre ville pour me fier entièrement à leurs informations et je préférerais recevoir de vos services des renseignements parfaitement objectifs.

Pourriez-vous donc me faire savoir :

- le nombre et l'importance des librairies déjà installées ;
- leur localisation et les conditions de la concurrence ;
- l'opportunité d'ouvrir une librairie dans les zones d'aménagement différé et les délais probables de réalisation.

On m'a également parlé d'un grand centre commercial qui serait prochainement réalisé par vos soins. L'emplacement d'une librairie y est-il prévu ou possible ? Si oui, je serais heureux de connaître les conditions dans lesquelles pourrait se réaliser l'installation et, en particulier, si l'emplacement doit être acheté ou loué.

D'avance, je vous remercie des précisions que vous voudrez bien me communiquer et je vous prie d'agréer, Monsieur le Président, l'expression de mes sentiments distingués.

307. Demande d'information sur l'aide spéciale aux commerçants âgés

Monsieur le Président,

Voilà trente-cinq ans que j'exerce le métier d'épicier à Saint-Symphorien-sur-Loire et il ne m'a pas enrichi. Je deviens vieux (soixante-huit ans), je n'ai plus guère de force et je suis veuf. Je n'ai même pas la ressource de vendre mon magasin, car personne ne veut prendre la relève. Je serais pourtant prêt à le céder à des conditions très avantageuses. Est-ce que la chambre de commerce pourrait me le racheter ou m'aider à le faire vendre ?

J'ai entendu parler de dispositions spéciales pour l'aide aux commerçants âgés. Est-ce que mon cas rentre dans ces dispositions et quels avantages peuvent-elles me procurer ? Je vous serais bien reconnaissant de me répondre, Monsieur le Président, car je suis seul et bien à plaindre.

Veuillez agréer, Monsieur le Président, l'expression de mes salutations empressées.

La chambre peut faire apposer les affiches de vente et aider le commerçant à constituer le dossier de demande d'aide spéciale qu'il déposera à la caisse d'assurance vieillesse.

308. Un étudiant demande une documentation à la chambre de commerce

Monsieur le Président,

Je prépare actuellement mon mémoire de diplôme en sciences économiques à la faculté de Rennes, sous la direction de M. K... Le sujet qu'il a bien voulu approuver est le suivant : « Analyse et évolution du commerce des biens anomaux dans la ville de ... ».

Pour mener à bien ce travail, il me faut une documentation que je ne saurais sans doute trouver nulle part ailleurs que dans les services de votre compagnie.

J'ai donc l'honneur de vous demander de bien vouloir m'accréditer auprès des personnes chargées de l'urbanisme commercial ainsi que de la bibliothèque et de la documentation.

Je ne manquerai pas de vous faire parvenir un exemplaire de mon mémoire dès qu'il aura été soutenu et approuvé.

Je vous remercie d'avance de votre courtoisie et je vous prie d'agréer, Monsieur le Président, l'expression de mes respectueux sentiments.

309. Un commerçant demande à entrer dans un groupement d'achat

Dijon, le...

Mon cher collègue,

Je m'adresse à vous comme à l'un des membres les plus marquants de notre profession.

J'ai appris que vous aviez constitué, avec certains autres commerçants, détaillants ou grossistes, un groupement d'achat qui non seulement permet d'obtenir des prix très compétitifs, mais peut également fournir des conseils de gestion aux commerçants dans l'embarras.

Mes affaires ne vont pas mal, mais on ne prend jamais assez de précautions ; c'est pourquoi je souhaite ne pas demeurer dans mon actuel isolement.

Je ne pense pas que votre groupement d'achat constitue un organisme fermé. Si vous acceptez encore des adhérents, je vous serais extrêmement obligé de bien vouloir me fixer un rendez-vous pour que nous puissions parler des conditions de ma participation.

Je vous remercie à l'avance et vous prie d'agréer, mon cher collègue, mes salutations empressées.

310. Un commerçant demande des informations sur la création d'une rue piétonnière

Poitiers, le...

Mon cher collègue,

Je m'adresse à vous en votre qualité de président du Comité de rénovation du quartier Saint-Pierre, dont je ne fais pas partie, mais dont j'ai pu apprécier l'action lors de la dernière quinzaine commerciale.

J'ai appris que votre Comité s'intéressait, en liaison avec la municipalité et la chambre de commerce, à la transformation en rue piétonnière de notre vieille rue Saint-Pierre. C'est une initiative qui me paraît intéressante, mais aussi pleine de périls pour les riverains et j'aimerais pouvoir en discuter avec vous.

J'ai lu dans la presse une communication selon laquelle les expériences précédentes, françaises et étrangères, montraient que la piétonisation s'était, le plus souvent, traduite par une augmentation du chiffre d'affaires et de la valeur des fonds de commerce. C'est donc, en principe, une bonne opération.

Mais ce même article indiquait que de bons résultats ne pouvaient être obtenus qu'après la création préalable de parkings et la réfection totale des trottoirs et des devantures. Cela va entraîner certainement des frais considérables et je serais très heureux de savoir qui doit les supporter. Si ce sont les commerçants riverains, et eux seuls, cela demande réflexion, car nous ne serons probablement pas les seuls bénéficiaires de l'opération.

Je suis sûr que ces problèmes, et bien d'autres encore, ne vous ont pas échappé. C'est pourquoi je vous demande la faveur d'un entretien au jour qui vous conviendra, de préférence après 19 heures.

Veuillez croire, mon cher collègue, à mes sentiments les meilleurs.

Lettres relatives à la création d'une entreprise commerciale et à l'ouverture d'un fonds de commerce

L'ouverture d'un fonds de commerce est subordonnée à un certain nombre de formalités définies par la loi et la réglementation. Elles sont nombreuses, diverses, et la correspondance doit être adressée à plusieurs destinataires, qu'il est parfois malaisé de retrouver. Heureusement, dans le souci de centraliser les démarches à effectuer, le gouvernement vient de décider la création d'un « lieu unique » pour ces formalités. Les chambres de commerce et d'industrie en ont reçu la mission, mais ces « lieux uniques » ne sont pas encore partout mis en place.

311. Demande d'inscription au registre du commerce

A adresser au greffe du tribunal de commerce et des sociétés.

Monsieur le greffier,

Je, soussigné, Gallois Justin, Jacques, né le 1er avril 1944 à Mâcon (Saône-et-Loire), déclare avoir acquis le 5 mai 1979 un fonds de radio-télévision sis 17, rue Lamartine, à Mâcon, et demande en conséquence à être inscrit au registre du commerce et à recevoir un numéro d'entreprise (SIREN) à 9 chiffres.

Je fournirai sur votre demande toutes les pièces d'identité et attestations nécessaires et vous prie, en attendant, Monsieur le greffier, de recevoir mes salutations distinguées.

312. Demande d'information à la préfecture

Monsieur le Commissaire de la République,

Je viens d'acquérir un magasin de radio-télévision situé 17, rue Lamartine, à Mâcon. Je l'exploiterai moi-même avec mon épouse et j'ai demandé pour cela mon inscription au registre du commerce. Je compte ne m'y livrer qu'à des opérations de vente de matériel, mais il est cependant possible que je sois amené à effectuer quelques actions de dépannage ou de petite réparation. Auriez-vous l'obligeance de me faire savoir si, de ce fait, je dois demander également mon inscription sur le registre des métiers ?

En vous remerciant à l'avance, je vous prie d'agréer, Monsieur le Commissaire de la République, l'expression de ma respectueuse considération.

313. Demande d'information à la mairie

Mâcon, le...

Monsieur le Maire,

Je viens d'acquérir un fonds de commerce situé 17, rue Lamartine, à Mâcon. Je compte l'exploiter pour la vente d'appareils de radio-télévision, mais il était exploité en quincaillerie par mon prédécesseur. Auriez-vous l'amabilité de me faire savoir si, en raison de ce changement d'affectation, je dois solliciter de vos services l'attribution d'un certificat d'installation ?

D'avance, je vous en remercie et vous prie d'agréer, Monsieur le Maire, l'assurance de ma considération distinguée.

314. Déclaration aux contributions

Mâcon, le...

Monsieur l'Inspecteur,

J'ai l'honneur de porter à votre connaissance que je viens d'acquérir un fonds de commerce de radio-télévision situé 17, rue Lamartine, à Mâcon. Pour mes contributions, j'opte pour le régime du réel simplifié. Je me tiens à votre disposition pour vous fournir toutes les informations que vous pourriez souhaiter.

Veuillez agréer, Monsieur l'Inspecteur, l'assurance de mes sentiments distingués.

La déclaration précédente doit être adressée à Monsieur l'Inspecteur des contributions directes ; *celle ci-dessous, à Monsieur l'Inspecteur des contributions* indirectes.

Mâcon, le...

Monsieur l'Inspecteur,

J'ai l'honneur de porter à votre connaissance que je viens d'acquérir un fonds de commerce de radio-télévision situé 17, rue Lamartine, à Mâcon. J'ai opté pour le régime du réel simplifié. Je vous serais très obligé :
• de me faire parvenir l'imprimé modèle de déclaration de création d'activité ;
• de bien vouloir m'indiquer quand vous pourriez me recevoir afin de mettre au clair les problèmes de T. V. A.

Agréez, je vous prie, Monsieur l'Inspecteur, mes très sincères salutations.

315. Demande d'affiliation aux caisses sociales

Il suffit d'écrire aux diverses caisses intéressées pour leur demander le ou les formulaires, qui doivent être remplis dans les quinze jours suivant l'ouverture du magasin.

• Pour les *allocations familiales,* s'adresser à l'URSSAF *ou* Union pour le recouvrement des cotisations de la Sécurité sociale et des allocations familiales ;
• Pour l'*assurance maladie-maternité* des non-salariés, à une caisse mutuelle régionale d'assurance maladie ;
• Pour l'*assurance vieillesse* des non-salariés à une caisse d'assurance vieillesse.

L'assurance est obligatoire, mais le choix de la caisse est libre ; le greffier du tribunal peut en fournir une liste.

316. Si vous embauchez du personnel
(par lettre recommandée)

Mâcon, le...

Monsieur l'Inspecteur du travail
15, rue du Fer-à-moulin
71000 Mâcon

Monsieur l'Inspecteur,

J'ai l'honneur de vous faire connaître que j'ai ouvert le 5 mai un magasin de radio-télévision, 17, rue Lamartine, à Mâcon.

Je compte y employer comme personnel :

- un ouvrier dépanneur-réparateur, M. Jean Tournier, domicilié 2, rue du Four à Mâcon ;
- une vendeuse, Mlle Catherine Lacombe, domiciliée à Charney-les-Mâcon ;

Leurs salaires mensuels seront respectivement de ...F et ...F.

J'adresse la même déclaration à

- l'Association pour l'emploi dans l'industrie et le commerce (ASSEDIC) ;
- la caisse de retraite complémentaire n° ... ;
- Monsieur le médecin du travail.

Veuillez agréer, Monsieur l'Inspecteur, l'assurance de mes salutations distinguées.

Nota. Pour toutes ces formalités (et les autres), il y a toujours intérêt à s'adresser d'abord à l'Assistant technique du commerce (A. T. C.) de la chambre de commerce.

Les aspects législatifs et juridiques de la vie professionnelle

Problèmes du travail

Les dispositions législatives relatives aux problèmes du travail ont été sérieusement modifiées par les quatre lois de 1982, dites « lois Auroux », du nom du ministre du Travail qui en fut l'inspirateur.

Problèmes intérieurs à l'entreprise

• *Le règlement intérieur d'entreprise.*

Le règlement intérieur est obligatoire dans toute entreprise employant habituellement au moins 20 salariés. C'est l'employeur qui l'élabore après consultation du comité d'entreprise ou, à défaut, des délégués du personnel, ainsi que du comité d'hygiène, de sécurité et des conditions de travail, pour les matières relevant de sa compétence. Le règlement, accompagné des observations des comités, est transmis à l'inspecteur du travail. Celui-ci s'assure qu'il ne contient que des dispositions conformes à la loi, c'est-à-dire qu'il est limité :

• aux mesures d'application de la réglementation en matière d'hygiène et de sécurité ;

• aux règles générales et permanentes relatives à la discipline, notamment la nature et l'échelle des sanctions ;

• aux dispositions relatives aux droits de la défense des salariés, tels qu'ils résultent des dispositions légales sur le droit disciplinaire ou, le cas échéant, de la convention collective applicable.

Certaines dispositions antérieurement prévues par le règlement intérieur ne peuvent plus y figurer, par exemple toutes celles qui relèvent désormais de la négociation (mesures concernant le préavis, l'ordre des licenciements en cas de licenciement collectif, le contrat de travail, l'embauche, la paie et les congés).

Lorsque le règlement intérieur a été approuvé par l'Inspection du travail, il est déposé au secrétariat-greffe du conseil de prud'hommes dont relève l'entreprise. Il est affiché à une place convenable et aisément accessible sur les lieux de travail et d'embauche.

Le règlement intérieur ne peut, en aucun cas, être plus restrictif que la convention collective qui s'applique à l'entreprise.

• *La convention collective.*

Une convention collective est un accord conclu entre un employeur (ou un groupement d'employeurs) et une ou plusieurs organisations syndicales représentatives des salariés. La convention de branche vise la totalité ou une partie d'une activité économique (métallurgie, chimie, etc.). L'accord collectif est professionnel ou interprofessionnel, c'est-à-dire qu'il s'applique à une ou plusieurs branches d'activité.

La convention collective peut avoir une durée indéterminée (et peut donc être dénoncée à tout moment par l'une des parties) ou bien une durée déterminée qui ne peut excéder cinq ans. Mais les organisations liées par l'accord doivent se réunir au moins une fois par an pour négocier sur les salaires et au moins une fois tous les cinq ans pour examiner la nécessité de réviser les classifications professionnelles.

La convention collective a vocation à traiter de l'ensemble des conditions d'emploi et de travail et des diverses garanties sociales des salariés (les clauses particulières prévues pour chaque catégorie professionnelle figurent dans des annexes spécifiques). Elle s'applique à tous les membres du personnel de l'entreprise, même à ceux qui ne font pas partie de l'organisation syndicale signataire.

La convention doit obligatoirement contenir des dispositions concernant :

• le libre exercice du droit syndical et la liberté d'opinion ;
• le salaire minimum et les coefficients hiérarchiques ;
• les conditions spéciales de salaire (majoration pour travaux pénibles, égalité des salaires entre salariés français et étrangers, entre hommes et femmes, conditions d'emploi et rémunération des salariés à domicile, conditions d'emploi des travailleurs temporaires) ;

- les conditions d'embauchage et de licenciement ;
- les représentants du personnel et le financement des œuvres sociales.

Les dispositions de la convention collective doivent être obligatoirement plus favorables aux travailleurs que celles du Code du travail.

Le texte des conventions collectives étendues (c'est-à-dire s'appliquant à toute une branche professionnelle par décision du ministre du Travail) est publié au *Journal officiel.*

- *Les représentants du personnel.*

Ces représentants sont les délégués du personnel — dans toute entreprise comprenant au moins 10 salariés — et les membres du comité d'entreprise — obligatoirement formé dans toute entreprise comprenant au moins 50 salariés.

Tout salarié français et étranger, âgé de 16 ans au moins, et travaillant depuis 3 mois dans l'entreprise, est électeur.

Pour être éligibles, les représentants du personnel doivent ne jamais avoir été condamnés pénalement, avoir 18 ans révolus et justifier d'un an de présence dans l'entreprise. Ils sont élus au scrutin secret.

Le nombre des délégués du personnel varie de 1 à 9 jusqu'à mille personnes employées dans l'entreprise. Ensuite, un délégué du personnel supplémentaire par tranche de 500 salariés.

Les délégués du personnel n'ont pas de pouvoirs de gestion. Ils sont seulement chargés de faire connaître aux employeurs, aux syndicats et à l'Inspection du travail les réclamations individuelles ou collectives des salariés en matière de salaire, d'application du Code du travail, d'hygiène et de sécurité.

Le *comité d'entreprise* comprend des membres élus du personnel (en nombre croissant suivant les effectifs de la société), le chef d'entreprise ou son représentant et un représentant de chaque organisation syndicale.

Lorsque l'entreprise comporte plusieurs établissements, il existe un *comité central d'entreprise* qui se réunit au moins une fois tous les six mois.

Le comité d'entreprise est un organe consultatif. Il doit être informé et consulté sur toutes les questions concernant la production et la productivité, les conditions de travail, les programmes de production et de situation de l'emploi, les activités de l'entreprise et la comptabilité sociale, les licenciements pour motif économique.

Il jouit de la personnalité civile et dispose d'un patrimoine qui lui sert à gérer les œuvres sociales (prévoyance, entraide, cantine, etc.).

Les lois Auroux ont insisté particulièrement sur deux autres aspects.

1. *L'activité syndicale.*

Une section syndicale peut désormais se constituer sans qu'il y ait d'effectif minimal, mais il ne peut y avoir de délégué syndical dans une entreprise comptant moins de 50 salariés (dans ce dernier cas, un délégué du personnel peut en faire fonction).

Les délégués syndicaux ne sont pas élus mais désignés par leur syndicat. Ils participent de droit à la négociation des accords d'entreprise. Ils exercent librement leur activité dans l'entreprise et disposent pour cela d'un crédit d'heures croissant avec l'effectif.

2. *Le droit d'expression des salariés.*

Le principe en est reconnu par la loi mais les modalités ne sont pas encore fixées.

Faute de respecter les dispositions législatives concernant les représentants du personnel, les délégués syndicaux et les droits des salariés, l'employeur s'expose à des sanctions pénales.

• *Les horaires de travail.*

La durée hebdomadaire de travail est de 39 heures. Il est possible d'effectuer des heures supplémentaires jusqu'à 48 heures, mais la durée maximale, calculée sur 12 semaines, ne peut être supérieure à 46 heures. La durée quotidienne ne peut en aucun cas dépasser 10 heures.

Les horaires peuvent être réduits avec l'accord des représentants du personnel ; ils peuvent être aménagés selon diverses formules (journée continue, horaire à la carte) ; il est également possible d'obtenir des dérogations quand les 39 heures ne correspondent pas à un travail effectif.

Le contingent annuel d'heures supplémentaires, fixé en principe à 130 heures, peut être modifié par convention ou accord collectif. Des heures supplémentaires dépassant ce contingent peuvent être demandées à l'Inspection du travail.

Les heures supplémentaires sont ainsi rémunérées : supplément de 25 % du salaire de la quarantième à la quarante-septième incluse, de 50 % au-delà. Elles sont décomptées non par jour mais par semaine. Elles donnent droit à un repos compensateur égal à 20 % du temps de travail effectué au-delà de 42 heures.

Certaines des heures perdues à la suite d'une interruption collective du travail due à des cas de force majeure (mais pas de conflit du travail) peuvent être récupérées dans la limite de 8 heures par semaine. Elles sont alors payées au taux normal.

Le repos hebdomadaire est obligatoire, mais il arrive que dans certaines professions il doive être différé ; cette mesure entraîne le plus souvent une majoration de salaire.

Problèmes généraux du travail

- *Les accidents du travail.*

Tout salarié victime d'une blessure ou d'un accident sur le lieu du travail et pendant le travail c'est-à-dire alors qu'il est placé sous l'autorité et la surveillance normale du chef d'entreprise, peut être considéré comme victime d'un accident du travail. Il en va de même lorsqu'il effectue le trajet entre son domicile ou la cantine et le lieu de travail. Toutefois, comme les conditions dans lesquelles s'est produit l'accident sont extrêmement variables et complexes, la victime a toujours intérêt à se mettre le plus tôt possible en contact avec le service social de l'entreprise ou avec les représentants du personnel.

Que faut-il faire en cas d'accident ?

La victime informe l'employeur dans les 24 heures,

oralement ou par lettre recommandée. Celui-ci déclare l'accident dans les 48 heures, par lettre recommandée avec A. R. à la caisse primaire d'assurance maladie dont dépend la victime. Il remet au salarié une feuille d'accident en trois volets (le salarié conservera le volet 1 où le médecin a indiqué les soins qu'il donne ; il remettra le volet 3 au pharmacien pour obtenir des remèdes ; le médecin enverra le volet 2 à la caisse).

Tous les frais sont pris en charge par la caisse dans les mêmes conditions que pour l'assurance maladie, mais ils sont réglés directement : la victime n'a donc aucune avance à faire.

Le salarié reçoit une indemnité journalière égale à la moitié du salaire journalier de base pendant les 28 premiers jours, aux deux tiers à partir du 29e, et jusqu'à guérison complète ou décès, avec revalorisation au bout de 3 mois. Une rente peut être versée en fonction du taux d'incapacité permanente. En cas de décès, le conjoint a droit à une rente de réversion égale à 30 % du salaire annuel, majorée en fonction du nombre d'enfants mineurs.

Il existe un régime spécial pour les maladies professionnelles contractées sur le lieu de travail.

• *Le travail temporaire*

Ce système est principalement utilisé comme moyen de dépannage par des femmes qui veulent se réinsérer dans la vie professionnelle ou par des jeunes en quête d'emploi. Pour les premières il s'agit surtout d'emplois de bureau, pour les autres de compenser les absences régulières ou imprévues d'autres salariés.

Celui qui veut utiliser ce système doit passer un contrat avec l'entreprise de travail temporaire ; c'est elle qui l'engage, souvent après des tests, et lui verse son salaire. Ensuite il est mis à la disposition d'une entreprise utilisatrice et soumis, comme tout autre salarié, au règlement intérieur de l'entreprise. Il n'a pas à exécuter d'heures supplémentaires si l'utilisateur n'y a pas été autorisé pour son personnel stable. Il peut faire intervenir les représentants du personnel si des difficultés se présentent.

A la fin de chaque mission, il a droit à une indemnité de précarité d'emploi, prévue dans le contrat en fonction de la durée de la mission, et à une indemnité compensatrice de congé payé qui ne peut être inférieure au 1/12 de la rémunération totale.

• *Qu'est-ce qu'un inspecteur du travail ?*

C'est un fonctionnaire assermenté et astreint au secret professionnel qui relève de la Direction départementale du travail et de la main-d'œuvre. Il peut y en avoir plusieurs par département.

Le nom et l'adresse de celui dont relève l'entreprise sont obligatoirement et visiblement affichés sur le lieu du travail afin que les ouvriers puissent aisément se mettre en rapports avec lui quand ils en éprouvent le besoin, sans avoir à se livrer à des recherches administratives toujours fastidieuses.

L'inspecteur du travail a essentiellement pour rôle de contrôler l'application des lois sociales en ce qui concerne les conditions du travail, les salaires, l'emploi, la médecine du travail. L'employeur ne peut procéder sans son accord à un licenciement pour raison économique. Il intervient aussi comme conciliateur dans les conflits du travail.

Il peut à tout moment visiter une entreprise et se faire ouvrir les livres concernant le personnel. Si l'inspecteur relève une infraction à la réglementation du travail aussi bien qu'en matière d'hygiène et de sécurité, ou si l'employeur tente de gêner son activité, il peut dresser un procès-verbal et saisir le parquet.

• *Quels avantages peut procurer la mise à la retraite ?*

La mise à la retraite peut procurer à celui qui en bénéficie un certain nombre d'avantages non négligeables, bien que moins importants qu'on ne le dit souvent. Ce sont :

• La retraite proprement dite, si vous avez cotisé à une ou plusieurs caisses de retraite (s'adresser à l'avance à la dernière caisse où l'on a cotisé pour permettre une reconstitution de carrière parfois complexe) ;

• diverses allocations : le minimum vieillesse, assuré par la Sécurité sociale ; l'allocation supplémentaire du Fonds national de solidarité (si les ressources ne dépassent pas un certain plafond, fixé annuellement par le gouvernement) ; l'aide sociale, pour les personnes qui n'ont pas de retraite ;

• une indemnité de départ en retraite, si elle est prévue dans la convention collective ;

• l'aide médicale gratuite, sous certaines conditions de revenus, qui doit être demandée au bureau d'aide sociale de la mairie, de même qu'une aide ménagère en cas de maladie ;

• la priorité pour obtenir le téléphone ;

• des cartes de gratuité ou de réduction (carte vermeil) sur les transports en commun et l'accès aux salles de cinéma (dans certaines conditions) ;

• quelques dégrèvements sur la taxe foncière et la taxe d'habitation pour les personnes bénéficiant du Fonds national de solidarité.

La famille et l'entreprise

Avantages réservés aux jeunes couples

Lors de son mariage tout salarié bénéficie d'un *congé* de 4 jours. Ces 4 jours sont payés et ne sont pas défalqués des congés annuels si le salarié a un an d'ancienneté dans l'entreprise.

Telles sont les dispositions légales, mais souvent les conventions collectives ou le règlement intérieur accordent des conditions plus favorables.

• Les père et mère des mariés, s'ils sont salariés, ont droit à un congé d'un jour.

• Pour le voyage de noces, les lignes aériennes intérieures et certaines agences de voyages accordent, dans des conditions diverses, une réduction pouvant atteindre 50 %.

• Pour louer un appartement le couple peut bénéficier :
— de l'aide personnalisée au logement,
Se renseigner auprès de la *Caisse d'allocations familiales ;*
— du prêt d'équipement aux jeunes ménages, qui permet de régler les premiers frais de location, de s'équiper en mobilier et appareils ménagers. Mais, attention ! Il faut rembourser.
Adresser la demande à la *Caisse d'allocations familiales* dès la publication des bans.

• Pour acheter un logement ou faire construire, le jeune couple peut obtenir de l'Etat des prêts ou subventions jusqu'à concurrence de 80 %. Pour les 20 % qui constituent son apport personnel, il peut obtenir un prêt au titre du 1 % patronal ou un prêt d'épargne-logement.
Se renseigner soit auprès du *Centre d'information du Crédit foncier,* 4, rue des Capucines, 75001 Paris, soit auprès d'une délégation régionale du Crédit foncier, soit auprès d'un centre d'information logement.

A quoi donne droit la naissance d'un enfant ?

La naissance d'un enfant donne droit à un certain nombre d'avantages et de privilèges que tend à augmenter l'actuelle politique visant à freiner la régression démographique. Les futures mères reçoivent d'importantes garanties :

• Pendant la grossesse la femme ne peut être licenciée par son employeur, sauf en cas de faute grave que celui-ci doit prouver. Elle peut démissionner sans préavis.

• Elle a droit à un congé de maternité de 16 semaines (6 semaines avant la date présumée de l'accouchement et 10 semaines après).

La loi prévoit que la femme touchera pendant ce temps 90 % de son salaire, mais la plupart des conventions collectives lui en accordent l'intégralité.

La femme doit prévenir son employeur par lettre recommandée dès qu'elle a obtenu un certificat médical indiquant l'état de grossesse et la date présumée de l'accouchement.

• Après la naissance, le père ou la mère peut prendre un congé d'un an non payé, mais sans garantie de réembauchage.

Il peut aussi prendre un congé parental d'éducation, de 1 mois à 2 ans, non payé mais avec maintien de l'emploi. Cette dernière formule n'est applicable que dans des entreprises employant plus de 200 personnes et si le salarié a un an d'ancienneté.

• Les femmes qui allaitent ont droit à 1 heure de repos payée par jour, prise sur les heures de travail, pendant un an maximum.

• La mère touche légalement des allocations prénatales, post-natales et familiales, celles-ci à partir de 2 enfants. Se renseigner auprès de la *Caisse d'allocations familiales.* Elle peut recevoir aussi une allocation de rentrée scolaire si ses ressources ne dépassent pas un certain plafond.

Comment utiliser le 1 % patronal pour se loger ?

La loi oblige le chef d'une entreprise de plus de 10 salariés à investir annuellement dans la construction 1 % du montant des salaires qu'il a payés dans l'année précédente. Une partie de cette somme peut être prêtée, au taux de 3 %, aux salariés qui en font la demande pour construire, acheter ou améliorer leur résidence principale ou celle de leurs ascendants et descendants. La durée du prêt peut aller de 5 à 20 ans. Pour les conditions de remboursement, le salarié signe une convention avec son employeur.

Il peut aussi passer par l'intermédiaire d'un organisme collecteur habilité à recevoir les redevances patronales pour les investir dans la construction. Dans ce cas, les remboursements sont mensuels. Les organismes collecteurs fourniront tous les renseignements nécessaires. On peut s'adresser, par exemple,

à l'O. C. I. L. (Office central interprofessionnel du logement), 57, bd Malesherbes, 75381 Paris Cedex 8,

ou à l'U. N. I. L. (Union nationale interprofessionnelle du logement), 72, rue Saint-Charles, 75015 Paris.

Le salarié bénéficiaire d'un prêt ne peut louer son logement. S'il le vend, il doit rembourser immédiatement le solde du prêt. En cas de chômage, les remboursements peuvent être suspendus pendant un an.

Le montant maximum du prêt est fixé par arrêté ministériel (*J. O.* du 29 août 1972) en fonction du type de logement construit et de son implantation.

Les divisions administratives

La **commune** est librement gérée par un conseil municipal élu qui choisit en son sein, pour l'administrer, le *maire* et ses adjoints.

Le **conseil général,** élu au scrutin universel direct, règle par ses délibérations les affaires du *département.* Il élit son président et les autres membres du bureau. Le *président du conseil général* est le chef des services du département. Il est l'ordonnateur des dépenses et il prescrit l'exécution des recettes départementales, sous réserve des dispositions particulières du Code général des impôts. Les actes pris par les autorités départementales sont exécutoires de plein droit dès qu'ils ont été transmis au représentant de l'Etat dans le département.

Celui-ci (précédemment appelé préfet) porte le titre de *commissaire de la République.* Il est le représentant direct du Premier ministre et de chacun des ministres. Il a la charge des intérêts nationaux, du respect des lois, de l'ordre public. Il veille à l'exercice régulier de leurs compétences par les autorités du département et des communes. Il est assisté dans chaque *arrondissement* par un *commissaire adjoint* (précédemment sous-préfet).

La **Région** regroupe plusieurs départements afin de permettre à l'État de déconcentrer les responsabilités et aux conseils généraux de transmettre leurs attributions lorsque les problèmes en jeu dépassent le cadre du département. La Région est administrée par un *conseil régional* élu au scrutin universel direct. Il a compétence pour promouvoir le développement économique, social, sanitaire, culturel et scientifique de la Région et l'aménagement de son territoire.

Le représentant de l'Etat dans la Région porte le titre de *commissaire de la République de Région.* Il est commissaire de la République du département où se trouve le chef-lieu de la Région. Sous réserve des compétences des commissaires de la République de département, il a la charge des intérêts nationaux et du respect des lois.

Le **Parlement** est constitué par l'*Assemblée nationale*, qui siège au palais Bourbon, et par le *Sénat*, qui siège au palais du Luxembourg. Les *députés*, représentants des départements à l'Assemblée nationale, sont élus tous les 5 ans au suffrage universel lors des élections législatives. Les *sénateurs* sont les représentants des collectivités territoriales et des Français vivant à l'étranger. Ils sont élus pour 9 ans et renouvelables par tiers tous les 3 ans, par un collège électoral composé, dans chaque département, des députés, des conseillers généraux et des délégués des conseils municipaux.

Le **gouvernement** est constitué par le cabinet du Premier ministre (hôtel Matignon) et l'ensemble des ministères. Le Premier ministre est appelé par le chef de l'Etat à former un gouvernement.

Le **président de la République,** élu au suffrage universel tous les 7 ans, réside à l'Elysée. Il dirige la politique générale de l'Etat.

A quoi sert une mairie ?

L'activité d'une mairie peut varier en fonction de l'importance de la ville et du dynamisme du maire. Toutefois, voici ce qu'un particulier peut y faire en général :

- accomplir toutes les démarches relatives à l'état civil (naissance, mariage, décès, carte d'identité, passeport, éventuellement certificat de résidence, etc.) ;
- accomplir certaines formalités administratives (recensement, inscription sur les listes électorales, vote, légalisation de signature, inscription d'un enfant à l'école) ;
- obtenir communication de documents, copie conforme d'un texte (*Journal officiel,* cadastre, plan d'occupation des sols, montant des impôts locaux, budget et délibérations du conseil municipal) ;
- présenter des demandes de caractère social (allocation aux vieux travailleurs salariés, carte d'invalidité, de priorité, allocation supplémentaire du Fonds national de solidarité, secours aux indigents, etc.). En général, un bureau d'aide sociale y a ses guichets et une assistante sociale y assure des heures de permanence ;
- obtenir les adresses des principaux services publics ou privés intéressant le travail, la culture, la santé, les loisirs, etc. ;
- bénéficier des services, le plus souvent gratuits, des organismes municipaux qui s'occupent des sports, des colonies de vacances, des crèches et garderies, des bibliothèques et discothèques, des conservatoires de musique et de danse, etc. ;
- soumettre les problèmes concernant la voirie, le logement, la police municipale (chemins vicinaux, foires, marchés, débits de boissons).

Organigramme d'une préfecture

Il existe des différences dans l'organisation des préfectures en fonction de leur importance respective. En gros, cependant, elles présentent à peu près toutes les mêmes lignes, à l'exception de celle de Paris.

Le *préfet* représente le gouvernement dans son département. Il a donc autorité sur tous les services et c'est lui qui préside le conseil général. Il est assisté d'un *chef de cabinet*, qui joue plus spécialement un rôle politique, et d'un *secrétaire général*, qui coordonne l'activité des services administratifs.

Les bureaux de la préfecture sont, en général, les suivants :

- le *bureau du cabinet*, qui s'occupe du courrier, des décorations, des relations avec les services extérieurs, des études et recherches ;
- la *direction de l'administration générale*, qui gère le personnel, achète le matériel, organise les élections professionnelles et politiques ; c'est le plus souvent à elle que sont rattachés le service des affaires scolaires et celui de la formation professionnelle où sont traités les problèmes relatifs à l'instruction publique, l'enseignement privé, l'équipement sportif et culturel ;
- la *direction des finances et des affaires économiques*, qui établit le budget du département et contrôle la réglementation des prix, les foires et salons, la chambre des métiers et la chambre de commerce ainsi que tout ce qui touche au tourisme. Ses services répondent aux questions soulevées par la construction d'immeubles, les établissements insalubres ou dangereux ;

Organigramme d'une préfecture

- la *direction des affaires sanitaires et sociales*, où sont regroupés les services de l'aide sociale à l'enfance et aux vieillards, la santé publique, les hôpitaux psychiatriques, le marché du travail et la main-d'œuvre, les rapatriés et les étrangers ;
- la *direction de la réglementation*, qui s'occupe spécialement des problèmes de police et des étrangers, tâche dévolue à Paris à la Préfecture de police. Y sont regroupés les services de la circulation, la police générale, les voies publiques (Ponts et Chaussées), les permis de conduire, passeports, transports.

Les demandes adressées au préfet (permis de conduire, passeport, carte d'identité) doivent, dans les villes, être déposées au commissariat de police qui délivre les formules à remplir.

•

Le *commissariat de police* est habilité à :

- délivrer un certificat de domicile ou de résidence ;
- recevoir les déclarations diverses (changement de domicile, emploi des travailleurs étrangers) ;
- délivrer les visas de registre ;
- recevoir les déclarations de délits et de crimes, les déclarations d'accidents (survenus tant dans la vie privée que dans la vie professionnelle), de vol ou perte de papiers d'identité.

Organigramme d'une chambre de commerce

Il existe en France au moins une chambre de commerce par département (certains, comme le Nord ou la Seine-Maritime, en comptent jusqu'à sept). Il faut y ajouter une chambre par Région, soit 22 chambres régionales.

Tous les commerçants et industriels inscrits au registre du commerce peuvent participer aux élections dans leur circonscription. Le nombre des membres élus dépend de l'importance de la chambre. Les élus choisissent dans leur sein un président (renouvelable annuellement) et des vice-présidents, qui sont chacun placés à la tête d'une commission spécialisée. L'ensemble constitue le *bureau* qui détermine la politique de la chambre et donne ses instructions aux services permanents chargés de l'exécution.

A la tête des services se trouve un *secrétaire général,* choisi par le bureau de la chambre, qui n'est pas un fonctionnaire de l'Etat, mais un contractuel. Il n'est responsable que devant le bureau et il a la haute main sur les services.

Ceux-ci se répartissent habituellement ainsi :

• une *direction des services généraux* (administration, gestion du personnel, comptabilité, relations avec le public et avec la presse) ;

• une *direction de la promotion des idées* (service des études et de documentation, fichier-statistiques économiques, publication du bulletin de la chambre, conseil aux adhérents, etc.) ;

Organigramme d'une chambre de commerce

- une *direction de la promotion des hommes* (formation, apprentissage, enseignement, direction des écoles et laboratoires dépendant de la chambre) ;

- une *direction de la promotion des entreprises* (création d'établissements industriels, commerce extérieur, promotion commerciale, assistance au tourisme et à l'hôtellerie) ;

- une *direction de la promotion des équipements* (aménagement du territoire et des zones industrielles, transports, implantation des établissements, contribution des employeurs à l'effort de construction, urbanisme commercial).

Il va de soi qu'il s'agit là d'une répartition théorique, afin de faire connaître les principales activités de la chambre. Ces directions sont souvent regroupées dans les chambres de moyenne importance.

Une chambre recrute son personnel à son gré, sans être liée par les règlements de l'Administration. Toutefois, une tendance se manifeste vers l'élaboration d'un statut pour les principales catégories des membres des chambres. Ces travaux ont lieu au sein d'un organisme de liaison, l'A. P. C. C. I. (Association des présidents des chambres de commerce et d'industrie), dont le siège est à Paris. Elle dispose également d'un secrétaire général contractuel (ce peut être un ancien fonctionnaire) et de services assez importants.

Les différents services fiscaux

Ils relèvent du ministère du Budget (Direction générale des impôts et Direction générale des douanes et droits indirects) mais le contribuable a rarement affaire à l'administration centrale ; il n'a guère de rapports qu'avec les représentants des services extérieurs du Trésor, qui sont :

• les *trésoriers principaux* ou *receveurs-percepteurs,* chargés du recouvrement des contributions directes. C'est à eux que l'on paie les impôts ou que l'on adresse une demande de délai de paiement, ou de certificat de non-imposition ;

• les *comptables du Trésor* qui gèrent les trésoreries, recettes-perceptions et perceptions et contrôlent les chèques postaux ;

• les fonctionnaires des *brigades* de vérifications générales de comptabilité et de contrôle des revenus. Ce sont eux que l'on a surnommé les « polyvalents » ;

• les *inspecteurs centraux,* inspecteurs des contributions directes ou des contributions indirectes (les deux services sont parfois fusionnés). C'est avec eux que l'on discute de l'assiette des impôts et à eux que l'on envoie la déclaration des revenus ;

• les *receveurs* et *inspecteurs des douanes ;*

• le *directeur départemental des contributions indirectes.* C'est à lui que sont envoyées les déclarations prescrites par le Code des impôts pour les alcools et certains stocks ;

Les différents services fiscaux

- le *directeur de l'enregistrement* reçoit les demandes de remise de droits indûment perçus ;
- le *receveur de l'enregistrement* reçoit les déclarations de successions et enregistre les contrats ou actes sous seing privé.

•

Il est du rôle d'un *expert-comptable* ou d'un *comptable agréé :*

- d'organiser, vérifier, apprécier, et éventuellement redresser les comptabilités et toutes opérations comptables ;
- d'établir tous bilans et tableaux exigés ;
- de rédiger les déclarations de recettes — éventuellement des demandes de dégrèvement, d'abattement — pour les administrations fiscales.

Il peut être fait appel à un conseil spécialisé en cas de difficultés graves, dans la perspective d'un dépôt de bilan ou de faillite par exemple. Il existe à Paris, et dans quelques grandes villes, des *jurisconsultes*, ou *conseillers juridiques*, qualifiés spécialement dans le droit des sociétés et du commerce et dans les questions fiscales.

Les organismes de Sécurité sociale

• Pour vous faire rembourser vos frais de maladie ou de maternité ou consécutifs à un accident du travail,
• pour vous faire verser les indemnités journalières durant un arrêt de travail ainsi que les autres avantages auxquels vous pouvez avoir droit,
adressez-vous à la caisse primaire d'assurance maladie (C. P. A. M.).
• Pour percevoir les allocations familiales et pré- et post-natales ainsi que les autres allocations spécialisées,
• pour recevoir l'aide personnalisée au logement ou un prêt aux jeunes ménages,
• pour vous faire rembourser le salaire payé à un employé qui a pris un congé à l'occasion de la naissance de son enfant,
adressez-vous à la caisse d'allocations familiales (C. A. F.).
• Pour vous faire immatriculer comme employeur et verser vos cotisations sociales,
adressez-vous à l'Union de recouvrement des cotisations de Sécurité sociale et d'allocations familiales (U. R. S. S. A. F.).
• Pour demander la liquidation de votre retraite,
adressez-vous à la caisse régionale d'assurance maladie (C. R. A. M.).

Les divisions judiciaires

Les *juridictions de droit commun* sont :
- *au civil,* le tribunal d'instance, le tribunal de grande instance et la cour d'appel ;
- *au pénal,* le tribunal de police, le tribunal correctionnel et la cour d'assises.

Au civil, selon l'importance et la valeur estimée du préjudice subi, les procès sont jugés en instance ou en grande instance.

Au pénal, trois classes d'infractions sont retenues dans le droit français : les *contraventions,* qui relèvent du tribunal de police, les *délits,* qui relèvent du tribunal correctionnel, les *crimes,* qui relèvent de la cour d'assises.

Les magistrats

Les *magistrats du siège,* qui constituent la magistrature assise, rendent la justice. Au civil, ils départagent les parties adverses ; au pénal, ils estiment la culpabilité du prévenu.

Les *magistrats du parquet,* qui constituent la magistrature debout, sont les représentants de l'Etat chargés de la défense de la société ; ils appartiennent au ministère public et dépendent du garde des Sceaux. Hiérarchisés, ils ne bénéficient pas de l'inamovibilité, contrairement aux magistrats du siège.

Les tribunaux

Le **tribunal d'instance,** juridiction à juge unique, correspond à l'ancienne justice de paix ; il siège dans des chefs-lieux de canton ou d'arrondissement.

Le **tribunal de grande instance** siège, en principe, au chef-lieu du département. Formé au moins d'un *président* et de 2 *assesseurs,* un juge d'instruction et un procureur, le tribunal de grande instance peut être divisé en chambres avec un président de chambre à leur tête, selon la quantité des affaires à juger. Dans chaque juridiction, il existe des juges spécialisés, tels le juge des tutelles, le juge des affaires matrimoniales, le juge des enfants, le juge de l'application des peines, le juge des loyers commerciaux, qui sont plus spécialement habilités à juger les litiges relevant de leur compétence.

Au pénal, le juge d'instruction est chargé des poursuites qui lui sont confiées à la requête du procureur de la République. Son enquête pourra fournir des éléments de jugement.

Le tribunal correctionnel peut être saisi par la citation directe donnée au prévenu à la requête soit du procureur de la République, soit de la partie civile.

La **cour d'assises** siège au chef-lieu du département et tient des sessions trimestrielles, sauf à Paris où elle est permanente. Son président est un conseiller à la cour d'appel, ses 2 assesseurs sont choisis parmi les conseillers à la cour d'appel ou les magistrats du tribunal de grande instance de la ville où se déroulent les assises. Le procureur appartient soit à la cour d'appel, soit au tribunal de grande instance de la ville. Le jury est composé de 9 *jurés* choisis au sort sur une liste de session de 27 noms, eux-mêmes pris sur une liste annuelle établie dans le département.

La **cour d'appel** est une juridiction du second degré, couvrant plusieurs départements, qui statue sur des jugements rendus, *en premier ressort,* par les tribunaux d'instance, de grande instance et même par les juridictions d'exception.

Elle a à sa tête un *premier président* et est divisée en chambres à la tête desquelles se trouvent un président et 2 conseillers, ou assesseurs, qui représentent la magistrature du siège. Le *procureur général,* assisté d'un ou plusieurs avocats et d'un ou plusieurs substituts, représente, lui, le ministère public.

Il y a 30 cours d'appel sur le territoire français. Les décisions de la cour d'appel sont définitives, confirmant, modifiant ou annulant les décisions du premier jugement à l'issue duquel une partie a fait « appel » pour que soit révisé le procès. Les décisions de la cour d'appel sont donc prises *en dernier ressort,* sous la seule réserve d'un contrôle possible de la Cour de cassation.

Au pénal, deux chambres de la cour d'appel sont particulièrement importantes : la chambre des appels correctionnels qui statue sur les appels formés contre les jugements des tribunaux correctionnels ou de police ; la chambre d'accusation qui statue sur les ordonnances du juge d'instruction.

La **Cour de cassation** est la plus haute juridiction de l'ordre judiciaire. Elle est appelée à statuer sur les pourvois en cassation formés pour violation de la loi. Elle peut réviser et casser, s'il y a lieu, certains jugements. Il n'existe qu'une seule Cour de cassation sur le territoire national.

Le **tribunal administratif** est une juridiction administrative appelée à juger les conflits entre l'Etat et les collectivités publiques ou entre l'Administration et les citoyens dans les multiples domaines de la vie publique : le contentieux des élections, les contributions directes, les marchés de travaux publics, le domaine public et son occupation, la voirie, l'urbanisme et la construction, la responsabilité des fonctionnaires et de l'Administration... Si ses décisions sont frappées d'appel, elles sont alors renvoyées devant le Conseil d'Etat.

Le **Conseil d'Etat** est la juridiction la plus élevée de l'ordre administratif qui juge les litiges entre l'Etat et ses administrés.

La **Cour des comptes** est une juridiction administrative qui juge et apure les comptes publics et contrôle la gestion financière de l'Administration.

Les *juridictions d'exception* sont :
• *au civil*, les tribunaux de commerce, les conseils de prud'hommes, les commissions de Sécurité sociale, les juridictions des loyers (loyers commerciaux et baux ruraux) ;
• *au pénal*, les juridictions pour mineurs, les chambres des affaires militaires auprès des tribunaux d'instance, la Haute Cour de justice.

Les **tribunaux de commerce** jugent des contestations entre commerçants et de celles relatives aux actes de commerce entre toutes personnes ; leur siège correspond généralement à celui des tribunaux de grande instance. Les magistrats des tribunaux de commerce ne sont pas des magistrats professionnels ; ils sont élus pour 2 ans et rééligibles trois fois. Ce sont les *délégués consulaires*, désignés par les commerçants inscrits au registre du commerce, qui élisent les magistrats des tribunaux de commerce.

Les **conseils de prud'hommes** ont une compétence exclusive pour connaître de tous les litiges concernant le droit du travail. Ils sont élus à la représentation proportionnelle par l'ensemble des employés et des employeurs. Ils sont divisés en différentes sections (encadrement, industrie, commerce, agriculture, etc.). Chacune d'elles est présidée alternativement par un employeur ou un salarié.

Pour le règlement des conflits, les parties sont convoquées d'abord à une audience de conciliation. Si celle-ci n'aboutit pas, l'affaire est renvoyée devant le bureau de jugement qui statue le jour même, sauf s'il ne peut dégager une majorité. On fait alors appel à un juge départiteur, magistrat qui s'ajoute au conseil des prud'hommes. L'affaire est aussitôt replaidée, et le jugement rendu. Il est susceptible d'appel dans les quinze jours.

Les **commissions de première instance de Sécurité sociale** ont pour objet de résoudre les différends nés du fonctionnement de la législation en cette matière. Elles sont présidées par un magistrat du tribunal de grande instance auprès duquel elles siègent. Ce magistrat est assisté de 2 assesseurs, désignés pour 5 ans par le président du tribunal, représentatifs de leur profession, l'un représentant les salariés et l'autre les employeurs.

Il est du rôle d'un *avocat :*

- de renseigner sur les délais et formalités à observer dans un procès civil et sur les frais à prévoir ;

- de représenter un mandant devant un tribunal de grande instance (ou une cour d'appel) devant lequel celui-ci est assigné à comparaître par ministère d'huissier, dans un procès civil ;

- de faire saisir l'immeuble d'un débiteur, pour une créance importante ;

- de représenter ou assister un mandant devant toutes juridictions pénales, notamment les tribunaux de police et correctionnels, et devant tout magistrat chargé d'une mesure d'information ;

- de représenter un mandant, dans la France entière, devant toutes juridictions civiles, sauf la Cour de cassation, et toutes commissions administratives ou disciplinaires ;

- de prendre en charge les procès de toute nature et donner toutes instructions utiles aux officiers ministériels (huissiers, notaires) et auxiliaires de la justice (greffiers, secrétaires) ;

- d'évaluer le préjudice causé par un accident, par l'auteur d'une infraction ou de tout fait dommageable, notamment la perte d'un emploi (si le licenciement est abusif), et la possibilité d'en obtenir réparation ;

- de tenter un rapprochement avec l'adversaire, même en cours de procès ;

- de faire appel après une condamnation pénale ou civile ;

- d'étudier la possibilité d'une transaction ;

- de rédiger tous mémoires et toutes requêtes ;

- d'intervenir auprès des autorités, auxiliaires de justice, experts, compagnies d'assurances, sociétés, services publics.

A quoi sert un greffier ?

Le greffier est un fonctionnaire (sauf au tribunal de commerce).

Il assiste les magistrats à l'audience et dresse les actes du greffe. Dépositaire des « minutes » et archives, il délivre l'expédition des jugements.

Le secrétariat-greffe du tribunal de grande instance conserve le double des registres de l'état civil et a la charge de la tenue du casier judiciaire.

Il est du rôle d'un *notaire :*

- de régler une succession (formalités civiles, fiscales, hypothécaires), avec ou sans partage ;
- d'administrer les biens d'un mineur ;
- de procéder à un partage amiable (après décès, divorce, dissolution d'une société...) ;
- de contracter des emprunts en vue de faire construire un immeuble, ou pour d'autres causes ;
- de constituer une société, ou un dossier pour une administration ;
- de donner les renseignements sur la fiscalité (surtout en matière immobilière) ;
- d'acheter ou de vendre un immeuble ;
- de placer des capitaux ;
- de rédiger un contrat de mariage, et toute autre convention importante.

A quoi sert un huissier ?

L'huissier est un officier ministériel assermenté, nommé par le ministre de la Justice.

Dans un procès, c'est lui qui remet à l'accusé l'assignation en justice et qui est ensuite chargé de notifier la décision prise par les tribunaux et de veiller à son exécution, le cas échéant, au moyen de la saisie. Les saisies les plus fréquentes sont :

- la *saisie-exécution,* qui permet à un créancier, après décision de justice, de faire faire par un huissier l'inventaire des biens du débiteur et de les vendre, à l'exception des meubles indispensables à la vie familiale et au travail ;
- la *saisie-arrêt,* qui permet au créancier de faire prélever directement sur le salaire ou traitement du débiteur le montant de sa créance ;
- la *saisie conservatoire,* qui permet, avant toute décision sur le fond, de faire l'inventaire des biens du débiteur qui ne peut plus en disposer sous peine de poursuites (l'huissier peut mettre les scellés sur un immeuble ou un bien particulier).

A côté de cette action répressive, l'huissier peut au contraire fournir un appui dans une instance que l'on veut engager : il constate l'état des lieux, des choses ou des personnes, il adresse une sommation pour dettes impayées, il établit un protêt pour chèque sans provision, il dresse un constat d'adultère, etc.

Il peut renseigner sur la solvabilité d'un débiteur, recevoir des déclarations et en dresser procès-verbal.

L'huissier reçoit pour tout acte qu'il accomplit un paiement forfaitaire auquel s'ajoutent éventuellement les frais réels qu'il a supportés.

Explication des sigles les plus courants

A. et M. : Arts et Métiers
AFNOR : Association française de normalisation
A. F. P. : Agence France-Presse
A. M. : *Ante meridiem* (latin), avant midi
A. N. P. E. : Agence nationale pour l'emploi
A. P. : Assistance publique
A. R. : Aller-retour et accusé de réception
A. S. S. E. D. I. C. : Associations pour l'emploi dans l'industrie et le commerce
A. T. C. : Assistant technique du commerce

B. A. L. O. : Bulletin des annonces légales obligatoires
B. E. P. : Brevet d'enseignement professionnel
B. E. P. C. : Brevet d'enseignement du premier cycle
B. O. : Bulletin officiel
B. P. : Boîte postale
B. P. F. : Bon pour ... francs
B. U. S. : Bureau universitaire de statistiques

C. A. : Chiffre d'affaires
caf : Coût, assurance, fret
C. A. N. C. A. V. A. : Caisse autonome nationale de compensation de l'assurance vieillesse artisanale
C. A. P. : Certificat d'aptitude professionnelle
C. A. P. E. S. : Certificat d'aptitude pédagogique à l'enseignement secondaire
c/c : Compte courant
C. C. I. : Chambre de commerce et d'industrie
C/C/P : Compte courant postal
C. E. C. O. D. : Centre d'étude du commerce et de la distribution
CEDEX : Courrier d'entreprise à distribution exceptionnelle
C. I. D. J. : Centre d'information et de documentation de la jeunesse
cif : *Cost, insurance, freight*, expression anglaise équivalente de caf.
C. I. O. : Centre d'information et d'orientation
C. N. A. M. : Caisse nationale d'assurance maladie et maternité des travailleurs non salariés des professions non agricoles.
C. N. C. E. : Centre national du commerce extérieur
C. N. R. S. : Centre national de la recherche scientifique
C. N. T. E. : Centre national de téléenseignement
c/o : *Care of* (angl.), aux bons soins de

Co. : *Company* (angl.), compagnie
C. P. : Colis postal
cde : Commande
Cie : Compagnie
C. Q. F. D. : Ce qu'il fallait démontrer
C. V. : Curriculum vitæ

D. E. U. G. : Diplôme d'études universitaires générales
dito : ce qui a déjà été dit
D. O. M. : Départements d'outre-mer
D. P. L. G. : Diplômé par le gouvernement
D. R. E. E. : Direction des relations économiques extérieures
D. U. E. L. : Diplôme universitaire d'études littéraires
D. U. E. S. : Diplôme universitaire d'études scientifiques
dz : Douzaine

E. G. F. : Electricité-Gaz de France
E. R. : En retraite
E. S. S. E. C. : Ecole supérieure des sciences économiques et commerciales
E. V. : En ville

F. A. F. : Fonds d'assurance-formation
fco : franco
FFA : *free from alongside* (angl.), sous palan
F. I. D. E. S. : Fonds d'investissement du développement économique et social
FOB : *free on board* (angl.), franco à bord
F. P. A. : Formation professionnelle des adultes

g. l. : grand livre (comptabilité)

H. E. C. : Ecole des hautes études commerciales
H. L. M. : Habitation à loyer modéré
h. t. : Hors taxe

ibid. : *Ibidem* (latin), au même endroit
id. : *Idem* (latin), le même
I. F. A. C. : Inspection fusionnée d'assiette et de contrôle des impôts
I. N. C. : Institut national de la consommation
I. N. S. E. E. : Institut national de la statistique et des études économiques
I. P. C. : Institut de promotion commerciale
I. U. T. : Institut universitaire de technologie

J. O. : *Journal officiel*

kW, kWh : Kilowatt, kilowatt-heure

m/s : *Motorship* (angl.), navire à moteur

N. B. : *Nota bene* (latin), remarquez bien

O. N. I. S. E. P. : Office national d'information sur les enseignements et les professions
O. P. A. : Offre publique d'achat
ORGANIC : Caisse de compensation de l'organisation autonome nationale de l'industrie et du commerce
O. S. : Ouvrier spécialisé

P. A. : Prix d'achat
p.c.c. : Pour copie conforme
p. d. : Port dû
P. L. V. : Publicité sur lieu de vente
p. m. : Pour mémoire
P. M. : *Post meridiem* (latin), après midi
P. M. E. : Petites et moyennes entreprises
P. N. B. : Produit national brut
p. o. : Par ordre
P. O. S. : Plan d'occupation des sols
P. P. : Pertes et profits
p. p. c. : Pour prendre congé
P.-S. : *Post scriptum* (latin), après avoir écrit

R. C. : Registre du commerce
R. E. R. : Réseau express régional
R. P. : Réponse payée
r. s. v. p. : Réponse s'il vous plaît

S. A. : Société anonyme
S. A. R. L. : Société à responsabilité limitée
SERNAM : Service national de messageries
S. G. D. G. : Sans garantie du gouvernement
SICAV : Société d'investissement à capital variable
SICOB : Salon international de l'informatique, de la communication et de l'organisation du bureau
S. M. I. C. : Salaire minimum interprofessionnel de croissance
s/s : *Steamship* (angl.), navire à vapeur
SUP de CO : Ecole supérieure de commerce

T. C. A. : Taxe sur le chiffre d'affaires
TELEX : Système de dactylographie à distance
t. s. v. p. : Tournez s'il vous plaît
T. T. C. : Toutes taxes comprises
T. V. A. : Taxe sur la valeur ajoutée

UNESCO : *United Nations Educational, Scientific and Cultural Organization* (angl.), Organisation des Nations unies pour l'éducation, la science et la culture
UNICEF : *United Nations International Children's Emergency Fund* (angl.), Fonds des Nations unies pour le secours à l'enfance

V. I. P. : *Very important person* (angl.), personnalité très importante
V. R. P. : Voyageurs de commerce, représentants et placiers

X. : Ecole polytechnique

Z. A. C. : Zone d'aménagement concerté
Z. A. D. : Zone d'aménagement différé
Z. U. P. : Zone à urbaniser en priorité

Glossaire

Abattement : déduction faite sur une somme à payer. En matière fiscale, fraction du revenu qui n'est pas soumise à l'impôt.

Abus de confiance : action consistant à profiter de la confiance de quelqu'un pour en tirer un avantage illicite.

Accréditation : moyen de faire reconnaître officiellement la qualité de quelqu'un.

Accréditif : lettre ouvrant un crédit au client d'une banque auprès d'un correspondant, souvent étranger.

Accusé de réception : avis informant qu'une chose a été reçue par son destinataire.

Achat : acte par lequel on obtient contre une somme d'argent un droit de propriété sur un bien. Si l'achat est effectué dans l'intention de revendre le bien acquis, il a le caractère d'acte de commerce.
- *Centrale d'achats :* organisme accomplissant contre rétribution des activités de répartition, d'organisation et de documentation pour le seul compte de ses adhérents.
- *Groupement d'achats :* association de commerçants, de producteurs ou de consommateurs qui s'unissent pour effectuer leurs achats en commun afin d'obtenir de meilleures conditions auprès des fournisseurs.

Acompte : paiement partiel à valoir sur la totalité de la somme à payer.

Acte : écrit authentifiant un fait ou une convention.

Actif : ensemble des biens, meubles et immeubles, engagés par l'entrepreneur dans son exploitation.

Action (en bourse) : titre représentant les droits d'un associé dans une société ; il peut être ou non productif d'intérêts.

Actuariel : taux nominal d'un emprunt majoré des intérêts précomptés, selon la règle des intérêts composés.

Adjudication : vente de biens ou marché de fournitures, de travaux, faits avec publicité et concurrence.

Affiliation : lien entre une personne et un organisme, ex. : affiliation à la Sécurité sociale.

Affrètement : contrat de transport par mer.

Agence : entreprise commerciale s'occupant d'affaires diverses : agence de publicité, de voyages, d'information.

Agio : somme retenue, en sus de l'intérêt, par le banquier dans une opération d'escompte ou de prêt, pour répondre à des commissions et frais divers. Au pluriel, *agios* désigne le plus souvent les agios proprement dits et les intérêts.

Aides : secours officiellement accordés à certaines catégories de bénéficiaires.

Allocations familiales : prestations en argent accordées par l'Etat à certaines personnes ayant des charges de famille. Elles entrent dans le cadre des prestations familiales qui, outre les allocations, comprennent aussi le complément familial, l'allocation de logement, les allocations prénatales et postnatales, etc.

Amortissement : expression monétaire de l'amoindrissement de potentiel subi par les immobilisations en capital, soit par usure, soit par vieillissement, ou encore en raison du progrès technique.
• *Amortissement d'un matériel :* le fisc admet qu'un matériel s'use et perd chaque année de sa valeur ; cette perte annuelle peut être retirée du bénéfice imposable (amortissement).

Annonce : avis imprimé, parlé ou filmé portant à la connaissance du public un fait supposé ignoré jusque-là. Message publicitaire en faveur d'un produit. Dans les journaux, emplacement réservé aux insertions publicitaires.

Appel (faire) : recours à un juge ou à un tribunal supérieur. Un jugement sans appel ne peut être susceptible de révision.

Appel d'offres : procédure par laquelle on fait connaître les conditions d'une vente ou d'un marché aux entreprises susceptibles de soumissionner. Elle s'accompagne le plus souvent d'un cahier des charges décrivant les obligations du soumissionnaire.

Appointements : rémunération d'un montant fixe, à périodicité généralement mensuelle, payée à un employé.

Argument : raison donnée pour affirmer ou nier un fait. Sur le plan commercial, raison évoquée pour susciter l'intérêt de l'acheteur éventuel d'un produit. L'*argumentaire* est un recueil d'arguments sélectionnés en fonction de la nature du bien ou du service et des clientèles. L'*argumentation* est la mise en œuvre rationnelle des arguments.

Arrérages : ce qui est dû d'un revenu quelconque par le détenteur du capital investi. Ne pas confondre avec *arriéré,* qui désigne un paiement en retard.

Arrhes : argent versé à l'avance pour assurer l'exécution d'un marché. Toutefois, chacune des parties conserve la faculté de ne pas conclure définitivement le marché. Celui qui verse les arrhes les perd, celui qui les a reçues les restitue au double. Dans ce cas, arrhes est synonyme de débit, mais il est le plus souvent employé comme simple synonyme d'acompte.

Arrivage : arrivée sur le marché de marchandises ou de matériel par un moyen de transport quelconque.

Article : variante d'un modèle ou type de produit. Exemple : pour le gilet d'homme (produit) les différenciations par matière ou coupe correspondent à des modèles, tandis que les différenciations par taille ou couleur correspondent à des articles.
• *Gamme d'article :* ensemble des articles distincts d'un même produit.

Assemblée générale : réunion des actionnaires d'une société, aux fins de prendre, sur proposition du conseil d'administration, des décisions ordinaires ou extraordinaires. L'assemblée générale ordinaire, qui doit se réunir au moins une fois par an, approuve les comptes et décide de l'affectation des résultats; elle est souveraine et peut prendre toutes décisions, à l'exception de la modification des statuts qui est réservée à l'assemblée générale extraordinaire.

Assesseur : celui qui siège auprès d'un détenteur de l'autorité pour l'assister dans ses fonctions.

Assiette des impôts : détermination en qualité et en quantité de la matière imposable.

Assistance judiciaire : aide accordée aux personnes de ressources modestes pour qu'elles puissent recourir à la justice ou aux services d'un avocat. L'aide peut être totale ou partielle. Elle doit être demandée au procureur de la République auprès du tribunal de grande instance dont dépend le domicile de l'intéressé.

Association : groupement de personnes librement réunies dans un intérêt commun, mais sans but lucratif.

Assortiment : ensemble des articles présentés et vendus dans un magasin de détail.

Assurance : convention par laquelle, moyennant une prime, les assureurs s'engagent à indemniser d'un dommage éventuel. L'assurance peut être, dans certains cas, obligatoire (automobile, emprunt, etc.).

Attestation : affirmation verbale ou écrite de la véracité d'un fait.

Autographe : écrit de la main même de l'auteur.

Aval : garantie donnée sur un effet de commerce par un tiers qui s'engage à le payer si le signataire est défaillant.

Avarie : dommage survenu à un navire ou à sa cargaison. Par extension : détérioration, dégât.

Avenant : addition à un contrat, constatant une ou plusieurs modifications aux dispositions primitives de celui-ci.

Avis de passage : lettre ou circulaire par laquelle un organisme annonce aux intéressés la visite d'un de ses représentants.

Bail : contrat par lequel on cède la jouissance d'un bien meuble ou immeuble pour un prix et un temps déterminés.
- *Résiliation de bail :* annulation du bail par le simple accord de toutes les parties.

Balance : tableau dressé à intervalles réguliers, qui rassemble les masses et les soldes de tous les comptes inscrits au Grand Livre. C'est d'après la balance qu'on peut établir l'*inventaire.*

Barême : table ou répertoire des tarifs.

Bergerie : mobilier de vente, de forme quadrangulaire, à l'intérieur duquel se tient une vendeuse avec caisse enregistreuse.

Bilan : tableau présentant à un moment donné la relation qui existe entre l'*actif* et le *passif* (proprement dit) et la *situation nette.*
• *Déposer son bilan :* se déclarer en état de cessation de paiements.

Billet de banque : instrument de paiement considéré comme monnaie.
• *Billet de fonds :* billet à ordre souscrit par l'acquéreur d'un fonds de commerce qui n'est pas payé comptant.
• *Billet à ordre :* document portant l'engagement du souscripteur de payer une somme, à une date fixée, au bénéficiaire ou à son ordre, c'est-à-dire à toute personne à qui il aura transmis ce billet.

Blister pack (anglo-saxon) : emballage bulle consistant à fixer le produit sur un carton en l'emprisonnant dans un alvéole de plastique transparent.

Bon de caisse : écrit unilatéral comportant engagement de payer une certaine somme à échéance déterminée en remboursement d'un prêt productif d'intérêts.

Bon de commande : ordre d'achat émis par le client et portant généralement son en-tête.

Boni : excédent par rapport à la dépense prévue ou à la norme salariale.

Bonification : allocation d'intérêts accordée par le Trésor, ou avantage accordé sur un marché.

Bourse des valeurs mobilières : marché des titres, actions, obligations ou fonds d'Etat, où le monopole des négociations appartient à des agents de change.
• *Bourse de commerce :* lieu où se déroulent les transactions qui déterminent le cours du change, des marchandises, du fret, des transports, etc.
• *Bourse du travail :* lieu où se réunissent les syndicats ouvriers.

B. P. 5000 (Boîte postale 5000) : organisme récemment mis en place pour recevoir les plaintes de consommateurs s'estimant lésés.

Brader : vendre certains articles à des prix anormalement bas, lorsqu'une autorisation spéciale en a été obtenue.

Brain storming (anglo-saxon) : méthode de réunion tendant à stimuler l'imagination créatrice des participants en leur permettant de s'exprimer spontanément, sans plan préétabli et sans avoir à subir la critique.

Brevet : titre délivré par le gouvernement à l'inventeur d'un produit ou d'un procédé susceptible d'applications industrielles.

Bulletin de commande : ordre d'achat à en-tête du fournisseur, présenté par celui-ci au client pour qu'il le remplisse.

Bureau universitaire de statistique (B. U. S.) : service du ministère de l'Education nationale chargé de fournir des renseignements sur les établissements scolaires, et spécialement sur les débouchés qu'ils offrent.

Cadre : employé exerçant dans une entreprise une fonction de direction plus ou moins élevée, mais supérieure à la maîtrise.

Caisse : organisme public doté de l'autonomie financière et de ressources propres (caisse d'allocations familiales, etc.).

Capital : totalité des actifs dont dispose une unité économique. Dans une entreprise, les capitaux peuvent être « propres » (investis par les propriétaires) ou empruntés. Le capital social représente ce que des associés s'engagent à investir dans la société dont ils font partie. La partie entièrement souscrite est le capital « libéré », le reste, le capital « appelé ».

Carte : document prouvant l'identité ou permettant d'exercer certains droits et certaines professions.
• *Carte de crédit :* document fourni par une société commerciale ou une banque pour permettre à un particulier d'acquitter une facture sans faire de chèque ou de paiement en espèces.
• *Carte bleue :* carte de crédit fournie par les banques.

Cartel : entente entre groupements d'une même branche d'industrie pour organiser la production et limiter la concurrence.

Cash and carry (anglo-saxon) : méthode de vente selon laquelle le client doit payer comptant et emporter lui-même sa marchandise.

Cash flow (anglo-saxon) : pour une période considérée, montant des produits des ventes, diminué des charges d'exploitation donnant lieu à décaissement et à impôt, puis majoré des amortissements et provisions. Le résultat de ce calcul est disponible pour l'autofinancement.

Casier judiciaire : relevé des condamnations encourues par une personne.

Catalogue : recueil, généralement imprimé, énumérant les caractéristiques et les prix des produits offerts par une firme au choix de sa clientèle.

Caution : engagement par lequel une personne s'oblige envers un créancier à satisfaire aux obligations du débiteur principal si celui-ci n'y satisfait pas lui-même.

Centre de gestion agréé : organisme ayant pour objet de fournir à ses adhérents tous services en matière de gestion et de tenue de la comptabilité, ainsi que de les faire bénéficier d'avantages fiscaux.

Certificat : écrit officiel ou signé par une personne compétente pour attester un fait.

Cession : transmission à un autre de la chose ou du droit dont on est propriétaire ou titulaire.

Chaîne volontaire : groupement formé de grossistes et de détaillants en vue d'assurer la coordination des fonctions, d'organiser en commun l'achat et la vente et d'adapter en conséquence la gestion des entreprises associées, tout en respectant leur indépendance juridique et financière.

Chaland : acheteur habituel. La *chalandise* est la masse des acheteurs potentiels.
• *Zone de chalandise :* aire géographique sur laquelle s'exerce l'attraction d'un point de vente ou d'un ensemble commercial.

Chambre de commerce : organisme, composé de représentants élus des commerçants et de fonctionnaires d'exécution, chargé de défendre les intérêts du commerce dans tous les domaines. L'assistant technique du commerce (A. T. C.) y est responsable de l'aide aux commerçants (v. partie administrative, p. 337).

Check-out (anglo-saxon) : meuble-caisse placé à la sortie d'un magasin en libre service.

Chèque : écrit par lequel une personne qui a des fonds déposés chez un banquier lui donne l'ordre de payer une certaine somme soit à elle-même *(chèque de retrait)*, soit au porteur du chèque, soit à une personne dénommée ou à son ordre *(chèque à ordre)*, soit exclusivement à une personne désignée *(chèque nominatif)*.

Chiffre d'affaires : montant des opérations commerciales, spécialement des ventes.

Circonscription : division administrative du territoire.

Circulaire : lettre adressée à plusieurs personnes sur un même objet.

Classement : rangement de documents dans un certain ordre.

COBOL (sigle résumant l'expression anglo-saxonne *Common Business Oriented Language*) : en informatique, langage symbolique orienté vers la résolution des problèmes de gestion.

Colporteur : marchand ambulant qui sollicite les clients à domicile ou dans la rue.

Commande : demande de livraison d'une marchandise ou d'exécution d'un service, spécifiant la quantité, les prix, les délais d'exécution et de règlement, etc.

Commandite : société commerciale dans laquelle certains des associés apportent leurs capitaux sans prendre part à la gestion.

Commerce (formes de) : le commerce comprend deux grandes catégories : les formes non concentrées, qui n'intègrent pas les fonctions de gros et de détail et groupent le commerce indépendant et le commerce associé (chaînes) ;
les formes concentrées, qui prennent en charge à la fois les fonctions de gros et de détail et groupent, d'une part, les grands magasins, les magasins populaires, les hyper- et supermarchés, de l'autre, les sociétés à succursales et les coopératives de consommation.

Commettant : celui qui charge une autre personne d'exécuter certains actes pour son compte.

Commissaire aux comptes : dans une société anonyme, personne désignée par l'assemblée générale pour vérifier les comptes et en faire un rapport annuel.

Commission : rémunération qu'on laisse à quelqu'un qui s'est entremis dans une affaire.
• *Commissionnaire :* personne qui achète ou vend pour le compte d'autrui moyennant une commission.
Le commissionnaire en douane effectue, pour le compte d'autrui, toutes les formalités de douane concernant la déclaration en détail des marchandises.

Comptabilité : ensemble des comptes d'un individu ou d'une société.

Compte : état de ce qui est dû ou reçu. En comptabilité, tableau dans lequel sont groupées les opérations financières ayant un caractère commun.
• *Compte courant :* convention par laquelle deux parties s'engagent à compenser leurs dettes et créances réciproques de telle sorte que seul le solde, à la date de l'arrêté de compte, soit exigible.
• *Compte d'exploitation :* tableau mettant en évidence les mouvements de fonds qui intéressent l'exploitation d'une entreprise.

Concession : contrat par lequel un propriétaire cède à une personne le droit d'utiliser des biens qui lui sont propres, pour une entreprise déterminée et pour un temps généralement limité.

Concurrence : situation économique résultant de l'interaction des entreprises rivalisant sur un marché donné.

Conditionnement : ensemble d'opérations assurant la protection d'un produit et facilitant sa vente et son emploi.

Congé : autorisation temporaire de s'absenter ;
autorisation écrite donnée par le fisc de transporter une marchandise soumise à un droit de circulation.

Connaissement : récépissé de chargement des marchandises transportées par un navire.

Conseil : personne qui donne des avis, notamment en matière technique ;
assemblée de personnes délibérant sur certaines affaires.

• *Conseil d'administration :* organe d'administration d'une société anonyme.
• *Conseil de surveillance :* organe chargé de contrôler la gestion du directeur, mais sans pouvoir sur l'administration de la société.

Consignation : dépôt entre les mains d'un officier public ou d'un négociant.
• *Consignataire :* négociant auquel on adresse un navire ou des marchandises pour qu'il les revende avec commission.

Consulaire (organisme ou **compagnie)** : terme désignant des organismes, tels que les chambres de commerce ou des métiers, qui étaient, à l'origine, gérés par des représentants élus, appelés *consuls*.

Contentieux : bureau d'une entreprise qui s'occupe des affaires donnant naissance à un litige.

Contingent : quantité maximale des marchandises qui peuvent être importées ou exportées pendant une période donnée.

Contrat : convention entre deux ou plusieurs personnes.

Contrevenant : personne qui enfreint les lois ou les règlements.

Contributions : impôts payés à l'Etat.

Convention : accord verbal ou pacte écrit entre deux ou plusieurs parties.
• *Convention collective du travail :* accord relatif aux conditions du travail entre les organisations syndicales des travailleurs et les employeurs.
• *Convention d'établissement :* accord signé, dans le cadre de l'entreprise, par les syndicats les plus représentatifs et l'employeur, mais qui s'applique à tous les salariés, syndiqués ou non.

Coopérative : forme d'entreprise où tous les associés ont un droit égal à la gestion ; elle cherche non pas à réaliser un profit, mais à satisfaire au mieux les besoins de chacun des membres ; si, cependant, un profit se dégage, il est partagé entre les membres au prorata de leur activité.

Copropriété : propriété commune entre plusieurs personnes.

Cotisation : quote-part de chacun dans une dépense commune.

Coupon : partie détachable d'un titre, qui représente le droit de son propriétaire à encaisser une somme correspondant à l'intérêt d'une obligation ou au dividende d'une action.

Courtage : rémunération, généralement basée sur le montant des affaires réalisées, allouée à certains intermédiaires, les *courtiers*. Le courtier est un mandataire ayant le statut de commerçant, qui agit pour le compte d'un ou de plusieurs mandants ; il ne facture pas, il se borne à mettre les parties en rapport et à constater leur accord.

Couverture : ensemble des valeurs servant à la garantie financière d'une opération ;
zone territoriale de la diffusion d'un support publicitaire.

Créance : droit d'exiger quelque chose de quelqu'un ; titre qui établit ce droit.

Crédit : opération par laquelle un prêteur remet une somme à un emprunteur qui s'engage à la rembourser à l'échéance fixée et, généralement, à payer un intérêt convenu. Le crédit est dit *à court terme* si l'échéance est inférieure à un an, *à long terme* si elle est supérieure à cinq ans.
• *Lettre de crédit :* document remis par un banquier à son client pour lui permettre de toucher de l'argent chez un banquier d'une autre ville.
• *Crédit-bail :* opération par laquelle un établissement financier achète les biens d'équipement dont une entreprise a besoin, et les lui cède ensuite selon un système de location-vente.

Curriculum vitae (mots latins : carrière de la vie) : tableau présentant sous une forme résumée l'état civil, les études, la carrière professionnelle et, éventuellement, les desiderata d'une personne.

Découvert : prêt à court terme accordé par une banque au titulaire d'un compte courant au-delà de la valeur du compte.
• *Etre à découvert :* avoir fait une avance sans garantie.

Déflation : réduction des revenus nominaux dans l'intention de faire baisser les prix.

Dégrèvement : diminution d'une charge, surtout fiscale.

Demande : sur un marché, expression des besoins d'acheteurs actuels ou potentiels.
- *Demande d'emploi :* écrit par lequel on se propose pour effectuer un travail.
- *Demande de renseignements.*

Démarchage : technique de distribution qui se caractérise par la recherche à domicile de clients éventuels.

Dépôt : local établi en dehors de l'établissement principal et destiné à assurer le stockage ou la livraison des marchandises.

Dépôt de bilan, v. *bilan.*

Dévaluation : modification en baisse du taux de change d'une monnaie.

Devis : état détaillé, descriptif et estimatif, de biens ou de services, établi par un fournisseur en réponse à une demande.

Dictaphone (nom déposé) : magnétophone servant principalement à la dictée du courrier.

Discount : remise sur certains prix ; politique de vente à prix réduit.

Dispense : autorisation spéciale de ne pas faire ce qui est obligatoire.

Dividende : portion du bénéfice général qui revient à chaque actionnaire d'une société.

Domiciliation : indication du domicile choisi pour le paiement d'un effet de commerce.

Douane : administration chargée de percevoir les droits sur les marchandises qui franchissent la frontière.

Ducroire : convention suivant laquelle un commissionnaire répond de la solvabilité de ses clients et reçoit en échange une prime de la part du vendeur.

Duplicata : double d'un acte ou d'un écrit.

Echantillon : petit morceau coupé dans une pièce d'étoffe, ou petite quantité d'un produit permettant d'en apprécier les qualités.

Echéance : date de paiement d'une dette ou de l'exécution d'une obligation.

Effet de commerce : titre de crédit comportant de la part du débiteur l'engagement de paiement. Il y a quatre types d'effets de commerce : la lettre de change, le billet à ordre, le chèque et le warrant (v. ces mots).

Emission : mise en circulation.

Endosser : transmettre la propriété d'un titre de crédit par une formule ou une signature que l'on porte au dos.

Entreprise : unité économique de production, de service ou de distribution.

Escompte : opération par laquelle un banquier paye un effet de commerce avant son échéance, en faisant subir à la valeur nominale une déduction qui représente l'intérêt jusqu'à échéance et une commission, l'ensemble constituant l'*agio,* ou taux ;
réduction qu'un vendeur accorde à un acheteur en pourcentage de l'achat si le paiement est fait comptant ou comptant fin de mois.

Estarie : durée du séjour d'un navire de charge dans un port.

Etat civil : condition des individus en ce qui concerne les relations de famille, la naissance, le mariage, le décès, etc.

Exemption : privilège qui dispense d'une obligation.

Exercice : période comprise entre deux inventaires comptables ou deux budgets.

Exonération : dispense d'une charge ou d'une taxe.

Expédition : exécution d'une commande par envoi hors du magasin.

Exportation : transport ou vente à l'étranger de produits nationaux.

Fabrication : transformation de matières premières en produits finis.

Facture : document établi par un commerçant à l'intention du client pour lui notifier les éléments constitutifs de sa dette.
• *Facture pro forma :* facture simulée remise à un acheteur étranger à l'appui d'une demande d'ouverture de crédit ou de transfert de fonds.

Faillite : état du commerçant dont la cessation de paiements a été constatée par le tribunal de commerce et la bonne foi reconnue.

Fiche : note susceptible de classement, portant des renseignements à utiliser à tout moment.

Fiscalité : système de perception des impôts.

Flash (mot anglo-saxon : éclair) : information importante transmise en priorité et non développée.

Follow-up (terme anglo-saxon qui peut se traduire par *relance*) : ensemble des moyens utilisés pour relancer la clientèle après une première approche commerciale.

Foncier : qui a rapport à la terre considérée comme un fonds.

Fondé de pouvoir : personne qui a reçu mission et pouvoir d'agir au nom d'une autre personne ou d'une société.

Forains : commerçants non sédentaires exerçant leur activité sur les foires et marchés.

Forfait : évaluation par le fisc des revenus ou du chiffre d'affaires de certains petits contribuables.

Franco de port : sans frais d'expédition.
• *Franco de bord* (en angl. : *free on board*) : livraison sans frais de la marchandise à bord du navire qui la transportera.

Fret : rémunération due par l'affréteur pour le transport de marchandises par navire ;
cargaison d'un navire et, par extension, d'un véhicule quelconque.

Fréter : donner un navire en location ; *affréter* : prendre un navire en location.

Gérant : mandataire placé à la tête d'un établissement commercial ou d'une société.

Gestion : administration d'une affaire.

Gré à gré : à l'amiable, par entente directe entre les parties, sans appel d'offres.

Greffe : bureau où se font les déclarations concernant la procédure de justice et où l'on garde les originaux des actes.

Gros : vente ou achat par grandes quantités (par opposition à *détail*).

Habilité : autorisé de façon légale à faire quelque chose.

Hausse : augmentation de valeur.

Holding (mot anglo-saxon) : société anonyme qui contrôle un groupe d'entreprises grâce à ses participations financières.

Huissier : officier ministériel chargé de signifier les actes de procédure et d'exécuter les jugements.

Hypothèque : droit réel qui garantit le créancier sans déposséder le propriétaire.

Identité (carte d') : pièce officielle comportant la photographie, la signature et les empreintes digitales du titulaire, enregistrée sous un numéro par la mairie ou la préfecture, et portant la signature de l'administration « enregistreuse ».

Immatriculation : inscription sur un registre public.

Immobilisations : tous biens et valeurs destinés à rester durablement sous la même forme dans l'entreprise.

Importation : introduction, dans un pays, de marchandises provenant de l'étranger.

Indemnité : somme allouée pour dédommager d'un préjudice ou pour augmenter un salaire sans être prise en compte pour le calcul de la retraite.

Inflation : déséquilibre économique caractérisé par un excédent des moyens de paiement, et facteur de hausse générale des prix.

Informatique : technique du traitement automatique de l'information.

Inspection du travail : corps de fonctionnaires chargés de veiller à l'application des règlements du travail et de la Sécurité sociale.

Institut de promotion commerciale (I. P. C.) : établissement de formation professionnelle continue, spécialisé dans les problèmes du commerce.

Institut universitaire de technologie (I. U. T.) : établissement d'enseignement primaire supérieur à dominante technique.

Intéressement : participation aux bénéfices d'une entreprise.

Intermédiaire : personne physique ou morale qui met en relation, moyennant rémunération, un vendeur et un acheteur, sans avoir à se rendre elle-même acquéreur de la marchandise.

Inventaire : évaluation annuelle des marchandises en magasin.

Investissement : placement de fonds ou immobilisation de nouveaux moyens de production.

Justifier : démontrer l'exactitude d'une chose.
• *Pièce justificative :* document qui sert à prouver une chose.

Leasing : mot anglais désignant le *crédit-bail.* Forme de location appliquée généralement à des immeubles ou à de l'outillage professionnel ; les biens restent la propriété du bailleur jusqu'à la fin du bail, mais il est d'usage qu'il les remette alors à l'emprunteur pour une somme modique fixée préalablement dans le contrat.

Légalisation : déclaration par laquelle un officier public atteste l'authenticité des signatures apposées sur un acte.

Lettre de change : ordre écrit adressé par un « tireur » à un « tiré » (v. *tireur*) de payer une somme déterminée à un bénéficiaire ; celui-ci peut être soit le tireur lui-même, soit le dernier porteur si l'effet est négocié après endossement.

Licence : droit d'exploiter un brevet ou d'importer et exporter divers produits.

Licencier : congédier des membres du personnel.

Liquidation : vente à bas prix de marchandises en vue d'un écoulement rapide.
• *Liquidation judiciaire :* mise en vente rapide après une décision de justice.

Litige : contestation donnant lieu à arbitrage ou procès.

Livraison : remise de la marchandise à l'acheteur. Quand elle a lieu directement, l'acheteur doit recevoir un *bon de livraison;* quand elle est envoyée par un transporteur, un *bordereau d'expédition* l'informe de l'envoi.

Locataire : personne qui prend à loyer une terre ou un appartement.

Loyer : prix du louage d'une propriété ou d'un logement.

Magasin : lieu couvert où sont conservées les matières premières ainsi que l'outillage, etc. ;
local où l'on reçoit les clients, où l'on stocke les marchandises et où se traitent les ventes.
• *Grand magasin :* entreprise commerciale de vente au détail disposant d'une surface de vente importante, librement accessible au public et offrant dans un même établissement la quasi-totalité des biens de consommation dans des rayons spécialisés.
• *Magasin populaire :* magasin à commerces multiples ne vendant que des biens de consommation, principalement alimentaires, à des prix convenant à un large public.

Magistrat : fonctionnaire ou officier civil investi d'une autorité juridictionnelle, administrative ou politique.

Mailing (mot anglo-saxon) : système de relance à domicile par envois postaux.

Mandat : pouvoir qu'une personne donne à une autre d'agir en son nom ; celui qui donne le pouvoir est le *mandant,* celui qui le reçoit est le *mandataire.*

Marketing (mot anglo-saxon) : mot anglais pour *étude de marché.*

Media : supports publicitaires utilisés pour la diffusion d'un message.
• *Mass media :* ensemble des moyens de communication par lesquels une information atteint au même moment un très grand nombre de personnes.

Minute : écrit original d'un jugement ou d'un acte notarié qui reste en dépôt entre les mains d'un officier public, et dont il ne peut être délivré que des copies.

Montage juridique ou **financier** : ajustement de divers procédés techniques permettant d'aboutir à une solution unique.

Mutuelle : société mutualiste, c'est-à-dire association d'entraide qui ne vit que par les cotisations des adhérents.

Notifier : faire connaître une décision à une personne dans les formes légales.

Obligation : titre représentant une fraction d'un prêt à intérêt consenti à une société ou à une collectivité publique lors de l'émission d'un emprunt.

Offre : sur un marché, expression des désirs et possibilités de vente de la part des producteurs et marchands.

Offre publique d'achat (O. P. A.) : procédé par lequel une société fait connaître au public qu'elle a l'intention d'acquérir une autre société en achetant la majorité de ses actions.

Ordre : décision de vente ou d'achat adressée à l'autre partie.

Partie civile : plaideur qui exerce devant une juridiction pénale une action civile pour obtenir réparation du dommage qu'il a subi du fait de l'infraction commise par l'accusé.

Passif : ensemble des soldes créditeurs des comptes de bilan. Il comprend les capitaux propres et les capitaux empruntés.

Personne physique : individu, homme ou femme.
• *Personne morale :* groupement d'individus (société, syndicat, etc.) auquel la loi reconnaît une personnalité juridique distincte de celle de ses membres.

Piétonnière (rue) : rue aménagée pour le bien-être des piétons, interdite au trafic automobile.

Placier : représentant de commerce qui propose ses marchandises aux particuliers.

Plus-value : accroissement d'une valeur entre deux évaluations successives.

Police : contrat d'assurance.

Portefeuille : ensemble des valeurs appartenant à une personne ou à une entreprise.

Post-scriptum (loc. lat. : écrit après) : quelques mots ou quelques lignes que l'on rajoute après la signature sur une lettre.

Poursuites : procédure mise en œuvre par un plaideur qui veut se faire rendre justice.

Pourvoi : voie de recours contre une décision administrative.
• *Pourvoi en cassation :* attaque d'une décision judiciaire devant le tribunal le plus élevé.

Pouvoir : mandat par lequel un associé donne à un autre la faculté de le représenter et de prendre une décision en son nom dans une assemblée.

Prestations : fourniture, service fourni.
• *Prestations sociales :* sommes allouées au titre d'une législation sociale.

Prêt : contrat par lequel une personne en autorise une autre à utiliser un bien qu'elle lui cède temporairement, à charge de restitution et, la plupart du temps, d'intérêts.

Prime : objet que l'on offre en cadeau à un client pour l'engager à acheter (la vente à prime est soigneusement réglementée).

Prix : nombre d'unités monétaires contre lesquelles on peut échanger une marchandise ou rétribuer un service.
• *Prix de catalogue :* prix inscrit sur un document ou un tarif, à caractère indicatif.
• *Prix à l'exportation :* prix franco frontière, ou F. O. B., indiqué en monnaie nationale.

• *Prix à l'importation :* prix d'achat de la marchandise, en monnaie nationale, majoré des frais de transport jusqu'au lieu d'introduction sur le territoire de l'importateur.
• *Prix franco domicile :* prix comprenant la valeur de vente et les frais supportés pour le transport.
• *Prix à la production* (ou prix d'usine) : prix de vente à la sortie du magasin commercial du producteur.

Procuration : pouvoir qu'une personne donne à une autre d'agir en son nom.

Procureur : membre du parquet chargé de requérir l'exécution des lois (v. partie juridique, p. 347).

Propriétaire : personne qui jouit d'un droit de propriété sur une terre, une maison ou un immeuble occupé par un ou plusieurs locataires.

Proroger : reporter à une date ultérieure l'échéance d'un acte.

Prospectus : imprimé publicitaire donnant un aperçu d'un produit et de ses conditions de vente.

Protêt : acte dressé par un huissier à la requête du porteur d'un effet de commerce pour constater que le débiteur n'a pas rempli ses engagements.

Publicité : ensemble des moyens employés pour faire connaître une entreprise ou un produit.

Quittance : attestation écrite par laquelle un créancier déclare que son débiteur s'est libéré de sa dette.

Quitus : acte par lequel une gestion est reconnue exacte et régulière.

Rabais : diminution de prix ou de valeur.

Radiation : action de rayer ou d'effacer.

Ratio : rapports caractéristiques entre deux grandeurs.
Les *ratios de structure* indiquent si les proportions existant entre les principaux moyens d'exploitation sont rationnelles ou non.

Les *ratios de fonctionnement* permettent d'analyser les conditions d'emploi des moyens d'exploitation.
Les *ratios de synthèse* permettent d'étayer un diagnostic général sur la santé de l'entreprise.

Rayon : partie du magasin réservée à la vente d'articles de même nature ou de même catégorie.

Récépissé : écrit par lequel on reconnaît avoir reçu des papiers, de l'argent, une marchandise, etc.

Réception : accueil et enregistrement de marchandises livrées.

Réclamation : protestation contre les conditions de livraison d'une marchandise commandée.

Recours : demande de modification ou d'annulation d'un acte administratif ou d'une décision de justice.

Recouvrement : perception d'une somme due.

Réduction : diminution de prix.

Réel simplifié : procédure d'évaluation des revenus moins détaillée que le régime du bénéfice réel.

Refus : ne pas accepter de vendre une marchandise ou de la recevoir à la livraison.

Registre du commerce : livre public sur lequel tout nouveau commerçant doit se faire inscrire pour avoir le droit d'exercer. Ce livre est déposé au greffe du tribunal de commerce ou du tribunal civil de chaque localité.

Règlement : prescription de ce que l'on doit faire, mais aussi solde d'un compte.
• *Règlement judiciaire :* mise en vente rapide après une décision de justice. (Syn. de liquidation judiciaire.)

Relevé (d'un compte) : détail d'un compte fourni par écrit.

Renouveler : conclure un nouveau contrat du même type que celui qui expire.

Rente : revenu annuel.

Répertoire : recueil où les matières sont rangées dans un ordre qui les rend faciles à retrouver.

Repiquer : ajouter à la main ou à la machine des mots dans l'espace qui leur a été réservé dans un texte imprimé.

Représentant : salarié dont le rôle est de recueillir ou de provoquer des commandes de biens ou de services au nom et pour le compte d'un ou de plusieurs employeurs.

Reprise : acceptation en retour de produits récemment livrés.

Reprographie : technique permettant de reproduire un document par des moyens mécaniques ou chimiques.

Résilier : mettre fin à une convention ou à un contrat.

Ressort : zone de compétence d'une juridiction ou d'une administration ; également, compétence d'une personne.

Retour : renvoi d'une marchandise à son envoyeur.

Retraite : pension allouée à un salarié ou à un fonctionnaire qui doit cesser son travail en raison de son âge.

Risque : inconvénient possible ou préjudice que les compagnies d'assurance garantissent moyennant le paiement d'une prime.

Ristourne : remboursement au client d'une partie de la somme payée par lui.

Saisie : mesure judiciaire retirant à une personne l'usage ou la possibilité de disposer d'un bien.

Salaire : rémunération d'une personne effectuant un travail pour le compte d'autrui.

Sécurité sociale : ensemble des législations qui ont pour objet de garantir les individus et les familles contre certains risques sociaux.

Séminaire : groupe d'études se réunissant dans un local approprié.

Signature : nom ou marque qu'une personne appose au bas d'une lettre pour s'en reconnaître l'auteur, ou au bas d'un acte pour attester la sincérité de son engagement.

Signifier : faire connaître d'une manière expresse.

Sinistre : dommage subi par l'assuré et qui met en jeu la responsabilité de l'assureur.

Société commerciale : groupement de plusieurs personnes ayant mis quelque chose en commun pour exécuter des actes de commerce.

Solde : reliquat d'une somme à payer et également marchandise vendue au rabais.

Soumission : déclaration écrite par laquelle on s'engage à fournir des produits ou des services à certaines conditions, énumérées au cahier des charges.

Spécimen : exemplaire type d'une publication.

Stage : période d'études pratiques, le plus souvent temporaire.

Stand : espace attribué au participant à une manifestation commerciale pour présenter sa marchandise, attirer les visiteurs, répondre à leurs demandes et leur remettre la documentation.

Stéréotype : formule banale, reproduisant sans modification un original.

Stock : ensemble des marchandises, matières, produits finis ou non, déchets et emballages qui sont la propriété de l'entreprise.

Substitut : personne chargée de remplir une fonction lorsque celui à qui elle est dévolue est empêché ; magistrat chargé de remplacer le procureur.

Succursale : unité commerciale dépendant de la maison mère, dont elle est une simple émanation, sans individualité juridique.

Surestaries : jours pendant lesquels le chargement ou le déchargement d'un navire sont continués moyennant le paiement d'une indemnité.

Sursis : ajournement, remise à une date postérieure.

Tantième : dans les sociétés anonymes, rémunération statutaire allouée aux membres du conseil de surveillance.

Taxe sur la valeur ajoutée (T. V. A.) : impôt indirect prélevé aux différents stades de la production et de la commercialisation d'une marchandise.

Télex : service de dactylographie à distance, mis à la disposition des usagers au moyen de téléimprimeurs.

Tempérament (vente à) : système de vente où l'acquéreur se libère par des versements échelonnés dans le temps.

Tireur : personne qui établit une lettre de change par laquelle elle donne à son débiteur, le *tiré*, l'ordre de payer à une date fixée une somme déterminée à une personne indiquée, le *preneur*.

Traite : autre nom de la lettre de change.

Transbordement : transfert de la cargaison d'un navire dans un autre.

Transitaire : commissionnaire en marchandises qui s'occupe de transit et de douane.

Tribunal de commerce : juridiction qui connaît des contestations relatives aux actes de commerce. Il est constitué par des juges dits *consulaires*, élus par les commerçants remplissant certaines conditions (v. partie juridique, p. 347).

Valeurs mobilières : créances, titres de rente, actions, obligations, effets publics, etc., qui constituent le patrimoine d'un individu ou d'une société. Elles sont cotées quotidiennement à la Bourse des valeurs.

Vente : transfert de la propriété d'un bien ou prestation d'un service, à titre onéreux.
On distingue les ventes au comptant, à crédit, à terme, aux enchères, avec primes, à réméré, etc.

Viager : dont on possède la jouissance toute sa vie.

Virement : opération par laquelle une somme est transférée d'un compte bancaire ou postal à un autre.

Vitesse (grande) : service accéléré de transport des marchandises ; *petite vitesse :* transport moins rapide. La S. N. C. F. applique maintenant trois régimes : express, accéléré, ordinaire.

Voie de fait : acte de violence.
• *Voie de recours :* moyen de demander la modification ou l'annulation d'un acte administratif ou d'une décision de justice.

V. R. P. (abréviation de voyageur-représentant-placier) : représentant qui exerce sa profession de façon exclusive et permanente, qui ne fait aucune opération pour son compte personnel et qui est lié à la firme ou aux firmes qu'il représente par un engagement précisant les conditions de son activité.

Vue (paiement à) : paiement d'une lettre de change sur sa simple présentation.

Warrant : billet à ordre souscrit par une personne qui donne en garantie de sa signature des matières ou des marchandises déposées dans des magasins généraux (dans certains cas, elle peut les conserver dans son entreprise, par exemple un hôtel ou une raffinerie de pétrole).

Table des matières

Photocomposition M.C.P. – Fleury-les-Aubrais.

Imprimerie Berger-Levrault, Nancy
Dépôt légal : mars 1980 – 779034-2-85 – N° de série Éditeur 12520
Imprimé en France *(Printed in France)* – 701003-F-Février 1985